구영록 선생
10주기 추모

구영록 선생의 정치학

구영록 선생 10주기 추모

구영록 선생의 정치학

구영록 선생 10주기 추모학술대회추진위원회 편

인간사랑

구영록 선생 (1934-2001)

구영록 교수 연보

1934. 7. 8.	경남 함안 출생
1947–1953	경남중고등학교 졸업
1953–1956	켄터키 웨슬리안 대학교(Kentucky Wesleyan), 경제학 학사
1956–1958	밴더빌트(Vanderbilt) 대학교, 정치학 석사
1958–1966	미시간(Michigan) 대학교, 정치학 박사
1958–1959	밴더빌트 대학교 사회연구위원회 특별연구원
1962–1966	동부 미시간(Eastern Michigan) 대학교 강사
1966–1967	동부 미시간 대학교 조교수
1968–1970	외무부 외교안보연구원 비상임연구위원
1968–1972	서울대학교 문리과대학 정치학과 조교수
1972–1978	서울대학교 문리과대학 정치학과 부교수
1974–1975	한국국제정치학회 회장
1978–1999	서울대학교 사회과학대학 정치학과 교수
1979–1983	서울대학교 미국학연구소 소장
1984–1985	미국 우드로우 윌슨 국제학술센터 Fellow
1987–1989	미국 우드로우 윌슨 국제학술센터 자문위원
1993–1995	통일원 정책평가위원
1993–1999	세종연구소 자문위원
1994–1999	Rand 연구소 아 · 태정책센터 자문위원
1995–2001	대한민국 학술원 회원
2001. 5. 18.	별세(別世)

구영록 교수 저작목록

박사학위 논문

"Politics of Dissent in U.S. Foreign Policy : A Political Analysis of the Movement for the Bricker Amendment."

저서

1977. 『인간과 전쟁 : 국제정치이론의 체계』. 서울 : 법문사.

1978. *Politics of Dissent in U.S. Foreign Policy*. Seoul : Seoul National University Press.

1978. 『국제정치개론』. 서울 : 법문사.

1978. 『국제정치의 주요개념』(편저). 서울 : 법문사.

1975. 『신정치학개론』(공편). 서울 : 서울대학교 출판부.

1975. 『현대각국정치론』(공저). 서울 : 법문사.

1981. 『현대정치학의 대상과 방법』(공저). 서울 : 법문사.

1982. 『한미관계 : 1882-1982』(공저). 서울 : 서울대학교 미국학연구소.

1983. 『한국과 미국 : 과거, 현재, 미래』(편저). 서울 : 박영사.

1983. *Korea and America : The First Hundred Years and Beyond*(공저). Seoul : American Studies Institute, Seoul National University.

1984. 『미국과 동북아』(공저). 서울 : 서울대학교 출판부.

1984. 『미국의 사회과학 : 회고와 전망』(편저). 서울 : 박영사.

1984. *Korea and United States : A Century of Cooperation*(공저). Honolulu :

University of Hawaii Press.

1984. 『미국의 사회과학』(편저). 서울 : 박영사.

1985. *The Foreign Policy of the Republic of Korea*(공편). New York : Columbia University Press.

1985. *Security Interests in the Pacific Rim*(공저). Stanford : Hoover Institution Press.

1986. 『남북한 정치통합과 국제관계』(공편). 서울 : 경남대 극동문제연구소.

1986. 『정치학개론』(공저). 서울 : 박영사.

1988. 『국가망국론』(공편). 서울 : 어문각.

1990. 『남북한의 평화구조』(공저). 서울 : 법문사.

1995. 『한국의 국가이익 : 외교정치의 현실과 이상』. 서울 : 법문사.

1995. 『한국의 통일정책』(공편). 서울 : 나남출판.

1999. 『한국과 국제정치환경』. 서울 : 서울대학교 출판부.

2000. 『한국과 햇볕정책 : 기능주의와 남북한 관계』. 서울 : 법문사.

역서

1972. 칼 W. 도이취. 『국제정치의 분석』. 서울 : 법문사.

논문

1969. "The American Senate and Ratification of the U.N. Charter." 『인문사회과학』 제15집.

1969. "공산주의에 있어서 평등개념의 부정적 전개과정에 관한 연구." 『한국정치학회보』 제3집.

1969. "대미외교의 강화책 : 미국의 내정을 중심으로." 『외교』 제4집.

1970. "Two Patterns of Working 'Bureaucracy' : Supranationalism v. Intergovernmentalism." 『외교』 제5집.

1970. "Collective Security Re-examined." *The Political Science Review*.

December.

1970. "China's Representation Issue and Its Impact on Korea's Foreign Policy." Research Monograph. Ministry of Foreign Affairs, Republic of Korea.

1970. "New Dimensions in Korea's Security Policy." A Paper Presented at the Consultation Meeting of the Council of Churches of Korea and the U.S.A.

1971. "미국의 통한정책 : 미국의 극동정책에 반영된 한국안보문제와 통한이론에 대한 분석, 1945-1954." 『문교부 연구보고서』.

1973. "미국의 국제연맹규약투쟁과 브릿커개헌투쟁의 비교연구." 『공삼 민병태 박사 회갑기념논집』.

1973. "Multipolarity." *National Security Research Annual*.

1973. "American Politics." *Universal Encyclopedia* 1.

1974. "통합이론에 관한 연구 : 통합의 유형과 갈등." 『한국정치논총』 제13집 · 14집.

1975. "On The Forms, Chances, and Limits of North-South Transactions." In Gottfried-Karl Kindermann, eds. *Inter-System Detente in Germany and Korea*. Munchen : Tuduv Verlagsgesellschaft.

1975. "갈등과 국제정치 : 갈등이론의 연구." 『국제정치논총』 제15집.

1975. "International Relations and International Politics." *Dictionary of Political Science*.

1975. "The Conduct of Foreign Affairs." In Edward Reynolds Wright, eds. *Korean Politics in Transition*. Seattle : University of Washington Press.

1976. "현대 전쟁이론에 대한 연구." 『국방연구』 제19권 1호.

1976. "Korea in the Context of America's Future Policy." In the Proceeding of the Second Tamkang Conference.

1976. "The Future of Korean Foreign Policy." *Colloquium Paper*.

1977. "갈등이론에서 본 남북한 거래의 한계." 『최문환 박사 회갑기념논

문집』.

1978. “여론과 미국의 대외정책.” 『외교안보연구원 연구논집』.

1980. “Future Perspectives on South Korea's Foreign Relations.” *Asian Survey* 20(11).

1981. “한미관계의 향방.” 『미국학』.

1983. “Prospects for Broadening U.S.-Korean Cooperation.” In Robert L. Downen, eds. *Northeast Asia in the 1980s : Challenge and Opportunity*. Washington, D. C. : The Center for Strategic and International Studies.

1983. “Reflections on the Future of Korean-American Relations.” *The Korean Journal of International Studies* Vol. 14(1).

1984. “The First Hundred Years and Beyond.” In Youngnok Koo and Dae-sook Suh, eds. *Korea and the United States : A Century of Cooperation*. Honolulu : Univ. of Howaii Press.

1984. “미국 사회과학의 장래.” 『미국의 사회과학 : 회고와 전망』. 서울 : 박영사.

1985. “East Asian Lobbies in Washington : Comparative Strategies.” *Occasional Paper 21, Asia Program*.

1985. “Foreign Policy Decision-Making.” In Youngnok Koo and Sung-joo Han, eds. *The Foreign Policy of the Republic of Korea*. New York : Columbia Univ. Press.

1986. “동남아시아 국가의 대미로비전략 비교.” 『국제정치학론』 제26집 1호.

1987. “한국과 국가이익 우선의 문제점.” 『한국과 국제정치』 제3집 1호.

1987. “한국과 국가이익의 과제.” 『한국정치연구』 제1권 1호.

1988. “동아시아와 국제환경.” 일본국제관계연구소.

1988. “미국의 국력과 한국의 미래.” 『국가흥망론』. 서울 : 어문각.

1989. “90년대 국제정세와 전망.” 『외교안보연구원 연구논집』.

1989. “일본, 한국, 대만의 워싱턴 로비.” 『조순승 박사 회갑기념논집』.

1990. "민주화와 국제관계 : 대외정책 결정과정을 중심으로." 『한국정치연구』 제2집.

1990. "Korea's Global Economic Interests." *Shanghai Academy of Social Sciences.*

1990. "Korea's Regional Interests in Northest Asia." Institute of World Economy and International Relations, Moscow, Russia.

1990. "새로운 국제환경에 관한 소고." 『정치학의 전통과 한국 정치 : 인산 김영국 박사 회갑기념논집』.

1990. "한반도의 평화와 동아세아 국제환경." 『남북한의 평화구조』. 서울 : 법문사.

1991. "민주화와 국제관계 : 북방외교와 동북아." 『한국정치연구』 제3집.

1991. "Korea's Global Economic Interests : With Reference to Northeast Asia." *The Korean Journal of International Studies* 22(3).

1991. "한국과 동북아 협력체제에 관한 소고." 『한국의 자본주의와 민주주의 : 한배호 박사 회갑기념논문』.

1992. "국가이익과 한국의 외교정책." 『한국정치논총』 제31집.

1992, "Korea and Northeast Asian Regionalism." The Far Eastern Branch of the Russian Academy of Science, Vladivostok.

1992. "신세계질서 속의 동북아." 국민대학교 사회과학연구소와 동북아문화연구원 공동주최 국제학술회의 기조논문.

1992. "From the Inside out : Domestic Politics and International Trade in the Asia-Pacific Region-Korea." The Mansfield Center for Public Affairs and the Washington Council on International Trade, Port Ludlow.

1993. "한국의 국가이익과 통일정책." 『통일문제연구』 제5집 2호.

1993. "Northeast Asia in the New World Order." International Symposium on "Political Economy of Development and Cooperation in Northeast Asian Rim."

1994. "국제화와 국가이익." 『국제화와 국제경쟁력』. 성남 : 세종연구소.

1994. “대외정치의 핵심개념으로서의 국가이익.” 『한국과 국제정치』 제10집 1호.

1994. “한국의 국가이익과 경제정책.” 『국제정치논총』 제34집 1호.

1995. “한국의 안보전략.” 『국가전략』 제1권 1호.

1995. “동북아 다자안보협력에 관한 소고.” 외교안보연구원-일본국제문제연구소 공동주최.

1995. “세계화와 국가이익.” 『세계화 시대의 국가발전 전략』. 성남 : 세종연구소.

1997. “탈국가중심주의와 평화체제.” 『국가전략』 제3권 2호.

1997. “국가중심주의와 평화체제.” 『국제정치논총』 제37권 1호.

| 목 차 |

| 1 |

구영록 선생의 생애와 학문세계

| 2 |

21세기 한국의 국가이익

머리말

올해는 서울대학교 정치학과에서 후학을 양성하시면서 한국 국제정치학 발전의 초석을 마련하신 구영록 선생님의 10주기가 되는 해다. 구영록 선생님이 돌아가신 후 선생님의 가족분들이 후학들의 연구를 위해 출연한 기금으로 서울대학교 정치학과와 한국정치연구소는 2002년과 2004년 선생님 1주기와 3주기에 추모 학술회의를 개최했다. 1주기에는 구영록 선생님의 학문세계와 한국 국제정치학의 발전이라는 주제를 중심으로 선생님의 주요한 연구주제였던 남북관계와 국제정치이론, 동북아 국제관계 등이 논의되었다. 3주기 추모 학술회의에서는 정치학의 대상과 방법이라는 주제로 정치학의 거의 모든 영역을 논의하는 자리가 마련되었고, 이후 이 회의의 성과를 토대로 『정치학의 대상과 방법』이라는 좋은 교과서가 만들어질 수 있었다.

5월 20일 개최된 10주기 학술회의의 주제는 "21세기 세계질서와 한국의 국가이익"이었다. 구영록 선생님이 평생 천착하신 연구주제들인 한국의 국가이익과 외교정책, 한국과 주변 4강, 동북아 국제관계와 한반도, 남북관계와 통합 등을 동문과 후학들이 모여 논의하는 자리였다. 최명, 황수익, 김홍우, 안청시, 이정복 전 서울대 정치학과 교수께서 인사말과 사회를 맡아주셨고, "21세기 세계질서와 국가이익의 재구성"이라는 기조발표를 시작으로 총 14편의 논문이 발표되고 열띤 토론이 이루어졌다. 구영록 선생님의 『인간과 전쟁』, 『한국의 국가이익』, 『한국과 햇볕정책』 등의 저서는 학술회의 발표와 토론을 이끈 나침반이었다. 학술대회가 끝난 후 가졌던 추모와 친교의 시간을 통해서는 동문과 후학들이 구영록 선생님의 인품과 학문세계를 기억할 수 있었다.

구영록 선생님은 올곧은 학자의 길을 걸으신 분이셨다. 교육과 연구 이외의 영역에는 눈을 돌리지 않으셨던 진정한 학자이자 교수이셨다. 선생님은 언제나 교육과 연구를 천직으로 삼는 교수인 것을 자랑스럽게 생각하셨다. 또한 교수직에 대한 긍지도 대단하셨다. 그래서 교수직이 보람되고 의미 있는 것이 되도록 항상 신경을 쓰셨다.

구영록 선생님의 전공분야인 국제정치학은 선생님의 교육과 연구를 계기로 불모의 상태를 벗어날 수 있었다고 해도 과언이 아니다. 선생님은 정년 이후에도 연구의 끈을 놓지 않으셨다. 정년 후 학술원 회원으로 활동하시면서 한반도의 현실을 분석하고 이론화하는 작업을 계속 하시고자 했다. 선생님의 마지막 저작인 『한국과 햇볕정책』은 기능주의 국제정치이론과 남북한 관계를 접목하는 시도였다. 선생님이 21세기 한국의 미래를 제시할 수 있는 연구업적을 남기실 수 없음이 정말로 안타까울 따름이다.

구영록 선생님은 학문적으로 엄격했지만 제자들을 누구보다도 사랑하신 참다운 스승이셨다. 다양한 이론과 시각을 포용하시면서도 제자들이 학문의 객관성을 잃지 않도록 지도해 주셨고, 제자들의 앞날에 도움을 주기 위해 노력하셨다. 선생님의 제자들은 학계는 물론 사회 각계에서 중추적 역할을 하고 있다. 참다운 스승이셨기에 선생님의 제자들은 지금도 선생님을 그리워하며 선생님의 말씀을 가슴에 새기고 싶어 한다. 선생님의 학문의 길을 따르는 것이 우리가 선생님을 기릴 수 있는 길이라 생각한다.

구영록 선생님의 10주기를 추모하며 발간하는 이 책은 『공삼 민병태 선생의 정치학』, 『인산 김영국 선생의 정치학』의 뒤를 이어 구영록 선생님의 학문세계를 조망하는 내용을 담고 있다. 제1부는 "구영록 선생의 생애와 학문 세계"로, 선생님의 육성이 담긴 학문적 회고록인 "나의 인생과 학문"과 백창재 · 구갑우의 "한국적 국제관계이론의 형성과 적용 : 고(故) 구영록 교수의 연구업적을 중심으로"가 실려 있다. 두 글 모두, 서울대 한국정치연구소가 발간하는 『한국정치연구』에 게재된 논문이다. 제2부 "21세기 한국의 국가이익"에는, 장달중 · 김갑식의 "21세기 동아시아 질서와 국가이익의 재구성 : 구영록 교수의 국가이익 개념을 중심으로", 함택영의 "한국 외교안보정책의 과제와 접근방법 : 미중관계, 한미동맹, 한반도 평화체제", 한용섭의 "한국의 군비통제", 류석진의 "한국의 경제외교", 김의영의 "한국의 기여외교", 홍태영의 "한국의 문화외교"가 실려 있다. 제2부의 글들은 구영록 선생님 10주기 추모 학술회의에서 발표된 논문들이다.

이 책의 출간에 도움을 준 모든 분들께 감사드린다.

2011년 11월

장달중 (서울대 정치외교학부 교수)

구영록 선생의 생애와 학문세계

1 나의 인생과 학문

2 한국적 국제관계이론의 형성과 적용 : 고(故) 구영록 교수의 연구업적을 중심으로

1부

나의 인생과 학문

구영록

인생은 시작이 있고 끝이 있다. 우리가 살고 있는 이 지구도 언젠가는 끝이 올 것이다. 그러나 한 대학 교수의 퇴임이란 매우 부자유스러운 타율에 의해 그 인생의 한 시기가 끝나는 것이다. 그것도 그의 상상력과 활동이 가장 활발한, 인생에 있어서 가장 중요한 때를 마감하는 것이다. 하지만 거기에는 분명 긍정적인 면이 있기도 하다. 자유로운 활동 속에서 제2의 인생을 새로이 개척하면서 살아가는 또 하나의 황금기일 수 있기 때문이다. 퇴임이란 인생에서의 은퇴는 아니다. 어떤 면에서 그것은 임무와 구속에서 벗어나는 해방을 의미하는 것일 수도 있다. 자기 영역에서의 저술에 대한 구상이나 응용능력이 정점에 달하는 시기에 공식적인 교수와 연구생활을 마감한다는 것은 보다 자유롭게 자율에 의해 미개척 분야를 탐색할 수 있는 기회를 제공받는 것이다. 나는 그러한 새로운 삶을 보다 보람찬 것으로 만들기 위해 간단하게나마 나 자신의 과거를 회고하고자 한다. 이것은 일생을 학업에 바쳤던 한 사람의 기록을 남긴다는 또 다른 의미를 갖는 것이기도 하다.

Ⅰ. 유년기

나는 한국이 아직 일제의 통치하에 있었던 1934년 7월 8일 경남 함안군 가야면에서 출생하였다. 나의 아버님(구진현)은 함안의 남월농장과 창원의 북면농장을 경영하던 지주였고, 어머님(김포자)은 마산에서 환천상회라는 운수업을 하던 집안의 장녀였다. 함안의 가야면은 철도로 이어지는 함안군의 관문으로서 면소재지 중에서는 가장 번화한 곳이었다. 나는 가야면의 중심가에 위치한 이층집에서 유년기를 보냈다. 당시 가야면의 사거리에는 마주 보고 있는 듯한 두 채의 이층집이 있었다. 그 중 일본식 건축양식으로 지어진 목조 이층집은 일본인의 소유였고, 보다 현대식으로 지어진 대형 이층집이 내가 유년시절을 보냈던 집으로 엄친의 사무실을 겸한 또 한 채의 살림집으로 연결되어 있었다. 당시의 시골집으로서는 매우 크고 아름다운 건물이었다.

해방되기 몇 해 전 부친께서는 남월농장을 정리하시고 가야면을 내려다 볼 수 있는 당신 소유의 언덕에 네 채의 한옥을 사각형으로 배열시킨 새집을 지으셨다. 가야면 사거리에 있던 이층집은 일본에서 많은 돈을 모은 함안 출신의 안 씨에게 매각하였다. 그때 지은 네 채의 한옥 중 두 채는 헐리고 지금은 본채와 아래채만 남아 고아원으로 사용되고 있다고 한다.

가야에서의 생활은 매우 행복했다. 해방이 되던 해까지 나는 가야국민학교를 다녔다. 가야국민학교에서는 당시 한국의 모든 학교가 그랬듯이 일본인과 한국인 교사들 모두 일본어를 사용하면서 철저한 일본식 교육을 시키고 있었다. 당시에는 일본 문화의 수용이 절정에 달하고 있던 때였기 때문에 우리는 일본인 교사들이 하는 말은 거의 무조건 믿는 편이었다. 초등학교 2학년 때의 일로 기억된다. 당시 가야국민학교에는 스즈끼라는 중년의 일본인 교사가 있었다. 그는 항상 자기가 평범한 인간이 아니며, 엄청나게 큰 고목에서 태어나 하늘의 계시를 받은 슈퍼맨이라고 말하곤 하였다. 나를 포함한 많은 학생들은 그 말을 믿었고, 그가 내리는 명령은 절대적이었다. 그런 그가 하루는 학교 운동장에서 한국 청년들에게 몰매를 맞아 코피가 나고 이가 부러지는 사태가 발생했다. 학교 운동장에서 공놀이를 하던 한국 청년들을 학교 밖으로 내몰려다가 벌어진 사건이었다. 우리들은 아는 형들이 몰매를 가하는 광경에 마치 권투시합 구경하듯이 박수를 치면서 응원했다. 이 일로 우리는 일주일간이나 혹독한 벌을 받아야 했다.

또 하나 기억나는 일은 4학년 때 있었던 일이다. 제2차 세계대전이 절정으로 치닫던 시기에 미국의 B-29 폭격기가 포탄에 맞아 추락한 잔해를 순회 전시하는 모임이 학교 교정에서 있었다. 당시 일본 교사들은 미국 군인들을 머리에 뿔이 두 개 난 동물로 묘사하곤 하였다. 나는 그 폭격기의 잔해를 보고 그 큰 바퀴와 날개에 충격을 받았다. 과연 야만인들이 타고 다니는 비행기로구나 하는 생각에 사로잡혔던 것이다. 이 믿음은 종전 때까지 계속되었던 것으로 기억된다.

초등학교 생활은 즐거웠다. 가야면 유지의 장남이었기 때문에 학교에서도 사려깊게 돌보아 주었고, 학교 성적도 좋은 편이었다. 친구들도 많은 편이었고, 우리 집 구경을 하고 싶어 하는 친구들도 많아서 친구들이 우리 집에 초대받는 것을 큰 자랑거리로 생각하기도 했었다. 워낙 가난한 아이들이 많았던 시절이라 집에 놀러오게 하는 것도 조심스러웠지만,

집에 놀러오는 친구들은 많은 편이었다. 전쟁이 절정에 달한 4학년 말과 5학년 초에는 점심을 제대로 먹는 학생들이 드물 정도였다. 교정에서 공차기를 할 때도 새끼줄을 둘둘 말아 만든 공으로 했고, 또 신발도 없이 차는 것이 일과였다. 싱가포르를 함락한 후 맞은 일본 천황의 생일날에 연식정구공 3개가 학교에 배당되어 그것으로 즐겁게 공차기를 한 기억이 생생하다. 당시 나는 100m 경주나 축구에서는 타의 추종을 불허하는 선수였고, 우리 반에서 운동을 잘하는 학생으로 알려져 있었다.

해방 이후 우리 집은 곧 부산으로 이사를 하였다. 부산에서 부친은 오랫동안 연고를 가졌던 일본인이 대주주로 있던 한양공사문공장을 접수하여 운영하셨다. 이 공장은 부산 서대신동 2가의 상당부분을 차지했던 큰 공장으로 제재소, 창고, 공장 등을 두고 당시 한국 전역에 기계로 만든 문을 공급하고 있었다. 집은 이 공장 사장이 살던 동대신동의 2층집으로 옮기게 되었다. 부산으로 이사오면서 나는 부산 대신국민학교 5학년으로 전학하였다. 촌놈 왔다고 놀리는 아이들도 있었고 또 동정하는 눈으로 감싸주는 아이들도 있었다. 당시에도 요즈음 흔히들 말하는 '왕따'가 있었던 모양이다. 학교 가기가 싫어졌다. 다행히 그 무렵 동대신동 우리 집 부근에 있었던 일본인들의 학교가 동신국민학교로 새롭게 문을 열게 되었다. 나는 자연스럽게 그곳으로 전학하게 되었고, 아직 신설학교였기 때문에 '왕따' 그룹이 형성되지 않은 상태여서 별 문제 없이 학교생활에 적응할 수 있었다. 그런데 나의 문제는 여기에서 빚어지기 시작했다. 나는 친구들이 촌놈이라 놀리는 것이 무섭고 싫었기 때문에 가장 힘 있고 인기 있는 그룹에 속하려고 노력했다. 그러다 보니 공부는 점점 뒷전으로 밀려나고 운동과 노는 것이 전공이 되어 버렸다. 왕초는 되지 못했지만 누가 감히 놀리거나 조롱하지 못하는 존재로 부상하였다.

하지만 그 대가는 좋지 못한 학교 성적이었다.

갑자기 들이닥친 중학교 입학시험이 큰 문제였다. 당시 대구사범에 재학중이었던 막내 외삼촌의 과외를 받으면서 하기 싫었던 공부를 계속하여 1948년 경남중학교에 입학하게 되었다. 경남중학교에 입학한 후에도 공부보다는 주로 노는 것과 야구부 활동에 정력을 쏟았다. 당시 경남중학교 야구부는 전국대회를 휩쓰는 막강한 실력을 자랑하고 있었다. 야구부는 기강이 엄한 편이었고, 하급생들은 고된 훈련을 받아야만 했다. 학과 공부를 할 수 있는 시간도 없을 정도였다. 야구부의 엄한 기강에 불만을 느낀 나는 2년 후 야구를 그만두고 새로 창설된 정구부를 이끌었다. 그때는 상급생들 중에 정구선수들이 없었기 때문에 우리반에서 연식정구 A팀이 나오게 되었고, 나는 A팀의 후위를 보았다. 한반 밑에 있었던 추경석(전 건설부장관) 군이 B팀의 후위를 보았다. 정구부는 그다지 활발한 활동을 하지 못했고 전국 규모의 시합도 없었다. 언젠가 준전국 규모의 시합이 부산에서 열렸는데, A팀마저도 첫 시합에서 탈락의 고배를 마셔야 했다. 운동에 열중하면서 학업은 뒷전으로 밀려나 있었다. 후에 나의 어머님은 당신 눈으로 내가 책가방을 여는 것을 본 적이 없었다고 회고하셨다. 매일 같은 책이 들어 있는 가방을 열어보지도 않고 들고 다녔다는 말이다.

전쟁이 발발하면서 정상적인 학교 생활은 불가능해졌다. 학교 건물들은 미군이나 국군이 점령하고 있었고, 수업은 천막교사에서 받게 되었다. 전세가 불리해지면서 우리 집도 정리하고 공장 한쪽에 있던 집을 개조해 이사를 하게 되었다. 그 당시 공장은 징발당해 피난민 수백 명을 수용하는 데 사용되었고, 창고는 부산여고의 책상과 의자를 보관하는 데 사용되었다. 집에 있었던 승용차도 징발당했다. 우리 공장에 머물던 피난민들은 여름에 피난을 왔기 때문에 견디기는 비교적 수월했지만 화장실 시설과 밥을 할 수 있는 땔감이 큰 문제였다. 공장 구석의 공터는 이내 냄새가 진동하는 화장실로 돌변했고, 공장과 창고 벽에 붙어 있던 판자와 나무 문틀은 땔감으로 사용되었다. 수도꼭지도 몇 개 되지 않아 물을 공급받는 데에도 문제가 있었음은 두말할 나위도 없다. 모든 것이 모자라는 상황에서 서로 자기 몫을 차지하기 위해 다투고 싸우는 것은 비단 한국인만이 보이는 행태는 아닐 것이다. 극한적인 상황에서 노출되는 행태는 꼴불견 양상을 띨 수밖에 없는 것이다. 이러한 사정을 누구보다도 잘 이해하시던 어머님께서도 "아이구, 서울것들 무시라, 무시라" 하시던 것이 기억에 생생하다. 당시 거리에서는 남자들을 마구잡이로 잡아 군에 입대시키고 있었다. 나는 아직 군에 입대할 연령은 아니었지만 키가 큰 편이어서 거리에 나가지 못하도록 집안의 공부방에 감금되어 몇 개월 동안 집밖 출입을 금지당하기도 했다.

이 무렵 우리 집은 부산 대창동으로 다시 이사를 하게 되었다. 공장이 폐쇄상태에 있었기 때문에 엄친께서 한국안보화재보험주식회사(현 삼성화재보험)를 설립하시고 대창동에 있던 건물로 입주하면서 그 옆에 살림집을 마련하게 된 것이다. 새집으로 옮기면서 천막교사가 있었던 대신동 산골짜기까지 버스로 통학하게 되었다. 이무렵 부산중학교에 고등학교가 설립되면서 우수한 학생들의 상당수가 부산고로 진학하게 되었으나 나는 엄두를 내지 못하고 경남고로 진학할 수밖에 없었다. 공부는 잘 되지 않고 전쟁은 지겹게 계속되고 있었기 때문에 나는 고등학교 2, 3학년 때에도 계속 방황하고 있었다. 그 무렵 피난신세였던 대한민국 정부는 경상남도 도청에 자리 잡고 있었다. 대통령도 경남지사 공관의 신세를 지던 때였다. 외무부에서는 당시 외무부 차관과 장관 서리격이었던 조정환 씨가 공관으로 사용할 곳을 찾고 있었으나 마땅한 집이 없어 고생하고 있었다. 이러한 어려운 사정을 들은 부친께서는 외교를 잘해야 전쟁도 방지하고 종결시킬 수 있다고 하시면서 우리 집의 2층 접견실과 아래층 일부를 외무부 공관으로 기꺼이 내주셨다. 이 때문에 2층 일부를 차지하고 있던 나의 침실도 내주어야 했고, 불만스러웠지만 할 수 없이 아래층 온돌방으로 내려와야 했다.

외무부 직원들이 우리 집에 드나들게 된 것은 나에게는 하나의 동기를 제공해 주는 사건이었다. 그들은 신사들로 보였고, 외국으로 부임하는 경우도 많다는 것을 알게 되었다. 마음을 잡지 못하고 방황하던 나에게 여학생 친구가 생기면서 공부와는 거리가 더욱 더 멀어지던 때였다. 이 무렵 후에 외무부 장관이 된 조정환 장관이 나에게 틈나는 대로 영어를 가르치겠다고 자청하고 나섰다. 아마도 그분은 집세도 내지 않고 있는 것이 미안한 데다 내가 미국에 가게 되면 마음을 잡고 학업에 매진할 수 있으리라고 판단했던 것 같다. 본인도 열심히 지도해 주었고, 또 당시 미국공보원장이던 맥도날드(Donald E. Mcdonald)에게 소개하여 그는 영어를, 나는 한국어를 서로 몇 개월 간 가르치도록 주선해 주었다. 조정환 장관은 미국 켄터키 소재의 베리아(Berea) 대학을 졸업하고 미시간(Michigan) 대학에서 정치학 석사학위를 한 후 이화여대에서 영문학을 가르친 분이었다. 그분은 내게 베리아 대학 재학중 절친했던 친구가 켄터키주의 해자드(Hazard) 고등학교의 교장으로 재직중이라고 하시면서 그곳에 가서 공부하는 것이 어떻겠느냐고 제의하셨다. 나는 외무부의 수장이 결정하면 곧 갈 수 있는 것이라고 생각하고 좋다고 대답했다. 부친과 모친도 아들이 미국 유학을 하여 박사학위를 받아오게 될 것이라고 무척 기뻐하셨다.

하지만 나의 예상과는 달리 미국을 가는 것이 그렇게 어려울 수가 없었다. 초청장과 입학허가서는 받았지만 그 학교는 외국학생을 받을 수 있는 미 연방정부 법무성의 허가가 없었고, 재정보증을 한 웨슬리(H. M. Wesley) 교장 선생님의 은행예금 잔고가 적어서 미국 비자를 받을 수도 없었다. 뿐만 아니라 여권을 받는 데도 문제가 있었다. 병역의무 전이라 할지라도 관련 부처들의 심의를 거쳐야 했기 때문이었다. 이러한 문제를 해결하는 데 일 년이 넘게 걸렸다. 당시 미국으로 유학을 떠나는 사람들은 누구를 막론하고 이처럼 어렵게 수속절차를 밟아야 했다. 항간에는 상당수의 유학생들이 조국을 떠나 유학길에 오르면서 "다시는 이런 나라에 돌아오지 않겠다"고 입버릇처럼 말한다는 풍문이 있었다. 그렇게 맹세하고 출국한 유학생 중에 아직 한 번도 고국을 방문하지 않은 경우도 있다.

미국 유학 수속은 1952년 12월에야 완료되었고, 다음해 1월 말경에 부산 수영비행장에서 일본 동경으로 떠나는 NWA를 타게 되었다. 수영비행장은 전시의 임시비행장으로 미군의 양철막사들이 있었고, 그중 하나를 대합실과 항공사 사무실, 창구 등을 겸하여 사용하고 있었다. 경남고등학교생으로는 처음으로 미국 유학길에 오르는 일이라 전교가 시끌했었고, 우리반 학생들뿐만 아니라 많은 학생들이 환송객으로 나와 주었다. 꽃다발 세례도 받았는데, 그중에는 오빠부대인 여학생들로부터 받은 것들도 있었다. 내가 탄 항공기는 소형여객기로 불과 몇십 명이 타는 프로펠러기였다. 동경을 경유하게 된 것은 당시 부산에 미국 직행 여객기가 없었기 때문이다. 마침 부친께서 용무차 일본에 계셨기 때문에 그곳에서 미국에서 사용할 물품도 사고 또 며칠 간 동경 시내 구경도 했다. 동경 하네다 공항에서 Pan Am을 타고 하와이를 경유해 LA에 도착했다. 그곳에는 우리 집에 자주 드나들던 오 홍이라는 장관 비서관이 총영사로 계셨다. 그분도 도착한 지 얼마 되지 않아 정신없이 지내는 것같아 보였다. 나는 켄터키의 소도시로 가야 했기 때문에 총영사님과 의논해서 침대차를 이용해 목적 지역까지 가기로 했다. LA에 아침에 도착해서 오후 5시경 목적지로 출발하기로 하고 오 홍 총영사에게 기차표를 부탁했다. 오 홍 총영사와는 기차역 개찰구에서 헤어지고 혼자서 기차여행을 하게 되었다. 기차에 오르면서 객차가 백인만 승차할 수 있는 White Only라는 칸과 흑인만 타는 Colored Only라는 칸으로 구별되어 있다는 사실에 무척 당황스러웠다. "나는 어느 칸에 타야 하나"라는 염려가 갑작스럽게 닥쳐왔다. 미국에서 처음으로 맞이한 곤란한 상황이었던 것이다. 사전지식이 전혀 없었기 때문에 더욱 혼란스러웠다. "아이고 모르겠다. 백인칸으로 가보자" 하고 용기를 냈다. 침대차를 담당하던 흑인이 친절하게 짐을 받아주고 의자를 펴서 침대를 만들어 주었다.

3일이 넘게 기차를 타고 해자드라는 소도시에 도착하여 해자드 고등학교 교장 선생님 댁에서 하숙을 하게 되었다. 교장 선생님 댁은 목조로 된 건물이었고, 두 명의 딸을 둔 중류 가정이었다. 두 딸 중 장녀는 출가하고 차녀는 집에서 멀리 떨어진 주립대학교에 재학 중이었기 때문에 집에는 교장 선생님과 부인 두 분이 단출하게 살고 있었다. 60대의 매우 친절하고 자상한 분들이었다. 시골의 소도시라 그곳 사람들 중에는 동양인을 처음 보는 사람들이 많았고, 해자드 고등학교 학생들도 낯선 한국 학생을 맞이한다는 사실에 흥분해 있었다. 당시 나는 고등학교에서 2년 정도 착실하게 준비한 후 대학에 진학하겠다는 계획을 가지고 있었다. 첫 학기는 무척이나 힘들었다. 나를 괴롭혔던 두 가지 사안은 강의의 해득력 부족과 시골 여학생들의 호기심으로 인한 데이트 신청이었다.

나로서는 둘 다 감당하기 힘든 것이었다. 다행히 보증인이었던 교장 선생님이 공부에 방해되는 모든 잡념을 차단하는 역할을 해주셨다. 여러 과목 중 특히 미국 문학과목이 어려웠다. 깐깐하고 빈틈없이 생긴 여선생님이 담당한 이 과목은 매주 초에 시험이 있었다. 주로 새로 나오는 단어의 의미를 해설하는 것이었다.

나는 전쟁 중인 나라에서 온 유학생이라는 자각 속에서 새롭게 탄생했다고 해도 과언이 아닐 정도로 코피를 흘려가면서 열심히 공부했다. 그 결과 가장 어렵다고 느낀 미국 문학과목의 학기 중간 평균이 96점으로 학기말 시험의 면제 혜택을 받을 수 있었다. 전체 클래스에서 두 명이 평균 95점 이상을 받았었다. 다른 과목은 그나마 쉬운 편이었다. 첫 학기 성적을 본 교장 선생님은 고등학교 과정을 계속하는 것은 시간낭비라는 말을 하시고 곧 근처의 초급대학 여름학교에 가서 공부하게끔 주선해 주었다. 침례교 계통의 학교였기 때문에 그곳에 일 년간 있는 동안 기독교에 관한 교육을 철저하게 받았다. 그리고 교장 선생님은 대학 식당에서 식기를 닦는 일도 주선해 주었다. 그분 말씀은 본인이 졸업한 베리아 대학에서는 모든 학생이 일을 하면서 공부한다는 것이었다. 식당에서 일한 경험은 미국을 이해하는 데 많은 도움이 되었다. 2학기 동안의 대학경험은 4년제 대학으로 가는 길을 열어주었다. 특출한 성적은 아니었지만 어느 대학을 가도 무방하다는 평가를 받았다.

나의 보증인으로서 교장 선생님의 책임감은 대단한 것이었다. 그는 본인이 잘 아는 학교, 특히 교수님 한두 분을 아는 대학에 진학시키려 하였다. 먼 거리에서 직접 감독하기가 불가능하기 때문에 대리인을 두어야겠다는 발상이었던 것이다. 그분이 추천한 학교는 학생 수가 800명 정도 되는 켄터키 웨슬리안 대학(Kentucky Wesleyan College)이었다. 그분은 본인이 감리교 신도인 것도 있었지만 감리교 배경의 학교가 무난하다고 생각했고, 그런 대학 졸업생들이 좋은 대학원으로 진학하여 사회에 기여도가 크다고 말씀하셨다. 그 대학 2학년에 편입한 후 나는 정신생활에 관한 것을 배웠으며, 좋은 친구들을 만나게 되었다. 시그마 델타(Sigma Delta)라는 친목회에도 가입하여 다채로운 행사에 적극 참여하기도 했다. 이 학교에서는 전액 장학금으로 공부할 수 있었다.한국 학생들도 나 외에 남학생 1명과 여학생 2명이 있었다. 남학생은 졸업 후에 물리학 박사학위를 받고 큰 벤처기업을 운영하고 있으며, 여학생들은 결혼하여 미국에서 다복하게 살고 있는 것으로 알고 있다. 이 대학에서 나는 대학원에 진학할 준비를 열심히 하였다. 그 결과 성적은 계속 좋아졌고 졸업 때에는 우등생 대열에 끼어 대학 소재지 신문에도 보도된 기억이 있다.

II. 학문의 길로

대학원에 진학한다는 것은 중요한 결정이었다. 나는 학자가 되어 인생의 지로를 새롭게 개척하기로 한 것이다. 내가 학자의 길을 택하는 데는 나의 큰 외삼촌인 김금동 사장님의 영향이 가장 컸다. 큰 외삼촌은 마산에서 작은 외삼촌과 함께 유류공급업과 제지회사를 경영하는 기업인이었다. 그분은 장사를 잘 하시면서도 중소기업인이 겪는 수모와 고통을 솔직하게 말씀하는 경향의 소유자였다. 인간으로서는 해서는 안 되는 일들을 동생과 함께 하게 되는 것을 무척 고통스럽게 생각했다. 기회 있을 때마다 큰 외삼촌은 "너는 너희 아버지의 고민과 고통마저 이어받아서는 안 된다. 우리의 고난은 우리 세대에서 끝내고 너희 세대에서는 다른 보람찬 길로 가야 한다. 그 길은 미국에서 박사학위를 하여 학자가 되는 것이다"라고 말씀하였다. 나는 한국과 같은 열악한 기업환경에서 사업을 하는 것이 고통스럽고 어려운 일이라는 것을 어릴 때부터 체득하고 있었다. 그래서 대학원을 가기로 결정했던 것이다.

대학원을 갈 때도 교장 선생님과 의논해 결정하였다. 그 결과 미국 제2의 재벌 밴더빌트(Vanderbilt)가 남북전쟁 이후 그 상처를 아물게 하기 위해 남부와 북부의 경계에 설립한 밴더빌트 대학교 대학원을 택하게 되었다. 이 학교는 미국 테네시 주 내시빌(Nashville, Tennessee)에 소재한 학교로서 미 남부에서 가장 유명한 대학 중의 하나이다. 남부의 귀족학교라는 "악명"도 있지만 공부를 많이 시키기로 유명한 학교였다. 조지 피바디(George Peabody) 사범대학을 흡수하기 전에는 학생 수가 불과 3,800명 정도였으나 분야마다 박사학위 과정을 갖추고 있었다. 이 작은 규모에도 불구하고 노벨상 수상자를 두 명이나 배출한 우수한 대학이다. 학비가 비싼 사립학교였지만 나는 상당부분의 학비를 면제받을 수 있었다. 그리고 미국사회과학협의회가 주는 연구조교 급료로 생활비 일부를 조달하기도 했다.

나의 정치관은 밴더빌트 대학원에서 형성되었다. 한국적인 정치관과 기업가 집안이라는 배경은 보수주의적인 인간을 만들기에 충분한 것이었다. 대학원의 지도교수였던 플레밍(D. F. Fleming) 교수님은 진보주의자이자 국제주의자였다. 그분은 보기 드문 인격자이고 대학자셨다. 『미국과 국제연맹』(*The United States and the League of Nations 1918-1920*, 1932)이라는 저서는 그를 대학자로 만들었다. 많은 저서들 중 그분의 마지막 작품인 『냉전과 그 기원』(*The Cold War and Its Origin*, 1961)은 상 · 하 2권으로 출판되었고, 19개 국어로 번역된 대저작이다. 이 책은 수정주의자 제1세대에 속하는 저서이다. 나는 플레밍 교수님 밑에서 국제정치를 보는 시각은 다양할 수 있고, 거기에는 상대방의 입장에서 사물을 보는 훈련이 반드시 필요하다는 것을 배웠다. 특히 국제정치에 있어서의 문제의식을 철저하게 다듬어 주었다. 내가 정치학 분야에서 국제정치 쪽을 택하게 된 것은 이분의 영향에 기인한 바 크다. 플레밍 교수님은 외국 학생들을 지극히 보살펴 주셨다. 그분의 은덕을 입은 한국계 미국 학자로는 김영진 교수와 고 김종익 교수와 같은 저명한 학자가 있다.

밴더빌트에서의 공부는 결코 쉽지 않았다. 특히 과제물과 수가 많아 감당하기 힘들었다. 당시 밴더빌트에는 타대학의 저명한 학자들이 한 학기씩 와서 강의하는 석학 프로그램이라는 것이 있었다. 저명한 학자들을 한 학교가 독점할 수는 없다는 점에서 매우 인상적이고 효과적인 프로그램이었다고 할 수 있다. 이 프로그램을 통해 다른 명문대를 가지 않고도 저명한 교수님을 접할 수 있는 기회를 얻을 수 있었다. 그 많은 분들 중에서 특히 인상적인 분은 코넬 대학의 쿠시먼(Robert Cuchman) 교수였다. 이분은 강의하기 아주 어려운 미국 헌법사례 강의를 마치 물이 흐르는 것처럼 유연하게 하셨다. 참 대단한 학자라는 느낌을 받았다. 당시 우리 대학 정치학과의 학과장으로 있었던 라이솔슨(Leiserson) 교수는 미국정치학회 회장을 역임한 분이고 그의 저서가 널리 알려져 있었지만 강의를 못하는 것으로 유명한 분이었다. 강의능력과 저술능력은 서로 다른 능력이다. 석학 프로그램에 참여했던 예일 대학 교수로 역시 미국정치학회 회장을 역임한 코커(Francis Coker) 교수님도 좋은 예가 될 것이다.

한 가지 재미나는 사실은 외국 대학교 중에서 대한민국의 고위관리를 가장 많이 배출한 곳이 밴더빌트 대학교라는 점이다. 총리 1명(정원식), 부총리 2명(서석준, 정재석), 장관 6명을 배출한 학교이다. 정부관리들의 재교육 프로그램에서 배출된 것이기 때문에 어찌보면 당연한 것이기도 하다. 밴더빌트와 맞은편 대로변에는 피바디 사범대학이 있었고, 그 바로 밑에 감리교 계통의 스카릿(Scarritt) 대학이 위치하고 있었다. 세 학교가 공동으로 사용하는 종합도서관은 세 학교에서 가장 가까운 밴더빌트 대학교 교정에 있었고, 학점도 서로 교환하게 되어 있었다. 피바디 사범대학에는 상당수의 한국 학생들이 있었다. 한국 교육을 "피바디 사범대학이 망쳤다"고 할 정도로 많은 교육자들이 다녀간 곳이다. 피바디는 단과대학으로는 미국에서 가장 큰 사범대학이며, 전국 사대평가에서 5위를 점하던 유명한 대학이다. 현재는 밴더빌트 피바디 사범대학으로 되어 있다. 스카릿은 주로 사회사업 계통을 전공하는 학교이다. 김대중 대통령의 영부인이신 이희호 여사와 제1공화국 시절 국회의장을 지낸 이기붕 씨의 부인 박마리아 여사가 이 대학 출신이다. 이 세 학교의 학생들은 마치 한울타리 안에 있는 것처럼 자주 조우하면서 친분을 과시했다.

밴더빌트 대학교에서 석사학위를 마치고 1958년 9월에 미시간(Michigan) 대학교 박사과정에 입학하게 되었다. 미시간 대학에 가게 된 이유는 복합적이다. 진보적인 학교를 택하라는 플레밍 교수님의 권유도 있었지만, 이 학교는 미국에서 정치학과를 처음 창설한 곳이고 정치학 전반의 평가에서 미국 내 1, 2위를 다투는 학교다. 특히 미국 정치분야는 항상 1위 자리를 유지하고 있다. 인접 학문인 철학, 심리학, 사회학도 2, 3위를 차지하는 대학원 중심 대학이다. 또 하나의 매력은 미시간 대학이 소재한 앤아버(Ann Arbor)라는 소도시였다. 이 도시는 인구 18만 명 정도로 미국 500개 도시 중 가장 살기 좋은 곳의 순위에서 5위 안에 평가

되어 있는 아름다운 곳이다. 또한 정치행태학의 메카로 여름방학 동안에는 전국의 명문대학 박사학위 과정에 있는 학생들이 조사연구방법을 배우기 위하여 모여드는 곳이기도 하다.

미시간 대학교 대학원에선 주로 국제기구와 미국 정치를 공부했다. 나는 이곳에서 클로드(Inis L. Claude) 교수님을 만나는 행운을 얻게 되었다. 그분은 미국 남부 아칸소(Arkansas)에 소재한 학생 수 300-400명 정도의 조그마한 헨드릭스(Hendrix) 대학을 나와서 하버드 대학에서 체이스(Chase)상을 받고 석사와 박사를 마친 분이다. 하버드 대학에서 상당기간 교편을 잡은 후 미시간 대학교로 자리를 옮겼다. 하버드 대학 재직 당시 그분은 『칼을 쟁기로 : 국제기구의 발전과 문제』(*Swords into Plowshares*)라는 저술을 발표하여 국제기구 분야에서 으뜸가는 학자로 부상하고 있었다.

또 그는 미시간 대학교로 옮긴 후 『힘과 국제관계』(*Power and International Relations*)라는 저술을 발표하여 1963년도에 미국정치학회의 최고상인 우드로우 윌슨(Woodrow Wilson)상을 수상한 바 있다. 그분은 나에게 저술이 어떠한 것인가를 가르쳐 준 유일한 인물이다. 『힘과 국제관계』라는 저작은 16회의 수정을 가한 책으로 스위스의 시계와 같이 잘 다듬어진 저작으로 유명하다. 그는 항상 고등학교 학생이 읽어서 잘 이해할 수 있을 정도로 쉽게 문장을 구사하라고 주문하였고, 또 다람쥐와 같이 끝없이 자료를 물어나르는 것은 지양하라고 말씀하셨다. 기본적인 좋은 자료가 바탕이 되고 연구자 자신의 상상력과 사고가 더해진다면 좋은 저작이 나올 수 있다는 철학을 가지고 있는 분이었다.

미시간 대학에서 저명한 교수님들을 많이 접하게 되었으나 역시 나의 존경과 미움을 동시에 받으신 교수님은 지도교수인 클로드 교수님이시다. 그는 키가 아주 작아서 자동차 운전대에 앉아 있을 때 정면에서 보면 운전석에 앉아 있는 모습이 보이지 않을 정도였다. 눈이 내리던 어느 날 나는 시내에서 운전기사 없이 큰 자동차가 굴러오는 것을 보고 무척 당황한 적이 있었는데, 그 차의 주인공이 바로 클로드 교수님이었다. 그는 아이가 없었기 때문에 여러 명의 고아들을 양자로 두고 있었다. 그분은 작은 고추가 맵다는 속담처럼 키는 작았지만 매우 차갑고 엄한 분이었다. 저작도 일품이었지만 그의 강의 또한 타의 추종을 불허하는 명강의였다. 그런데 문제는 내가 제의한 박사학위 논문 주제—한국전쟁의 근원에 대한 연구—에 대해 그가 지도하기를 거부하면서부터 시작되었다. 그분은 한국에 관한 논문이면 자기가 지도할 수 없으니 서울대학교에서 하는 것이 좋겠다고 했다. 클로드 교수님은 내가 미국에서 가장 지도를 잘 받을 수 있는 미국에 관한 논문을 써야 한다고 강력하게 주장하셨다. 그 결과 박사학위 논문 주제를 미국 대통령의 조약체결권과 행정협정체결권에 관련된 브릿커(Bricker) 개헌운동에 관한 연구로 수정하게 되었다. 이 주제는 미국 정치 및 국제기구에 대한 연구와 밀접하게 관련되는 것이었다.

사실 이 연구는 클로드 교수 본인이 단편적으로 연구해 오던 분야였다. 나는 순수한 미국 정치 연구에는 자신이 없었다. 더구나 미국 정치분야의 대가들의 본산이었던 미시간 대학에서 이 제목을 소화한다는 것이 걱정스럽기만 했다. 그리고 클로드 교수님 본인이 연구해 온 분야이기 때문에 반드시 문제가 생길 것이라는 예감이 들었다. 이런 예감은 논문 연구 초기에 현실로 나타나기 시작했다. 지도교수님은 이 분야에 대해 연구하고 있었기 때문에 미국 의회의 청문회 회의록과 모든 관련 자료를 본인의 서가에 보관하고 있었던 것이다. 따라서 자료의 동원부터 사사건건 물고 늘어지시는 것이었다. 특히 본인의 연구와 시각차이가 있음으로 해서 문제가 생기게 되었다.

이 무렵 나는 장학금 혜택을 얼마 받지 못했기 때문에 바로 이웃에 위치한 동부 미시간(Eastern Michigan) 대학교의 전임강사로 취직하게 되었다. 당시 연봉 7,300달러는 나에게는 큰 돈이었다. 또한 일주일에 한번씩 가는 중·고등학교 교사들을 위한 미국 정치 강의를 통해 교통비를 포함한 200-300달러의 월수입을 추가할 수 있었다. 처음으로 학생시절의 가난에서 벗어나게 된 것이다. 중·고등학교 사회과학 교사들은 여교사들이 많은 편이었고, 특히 이혼녀와 미망인들이 많았다. 외국인이 미국 정치를 가르친다는 사실에 흥미를 느끼는 분들도 많았다. 휴식시간이나 수업이 끝난 후 가끔 학생들과 함께 차를 마시는 경우가 있었는데, 그 시간들은 매우 즐거웠던 추억으로 남아 있다.

동부 미시간 대학교에서는 국제기구, 국제정치 그리고 미국 정치를 가르쳤다. 동료 교수들도 매우 친절하고 우호적이었다. 통근거리가 짧기 때문에 학위논문을 계속하면서 교수생활을 하기에는 아주 편리했다. 하지만 클로드 교수의 엄격한 지도에는 두 손을 들 수밖에 없었다. 더구나 그분은 세계 도처에 있는 명문대학에서 연구와 강의를 하느라 도무지 만날 수도 없었다. 이런 이유로 해서 교수생활에 만족하면서 논문을 뒤로 미루고 있었다.

미시간 대학교에는 한국 여학생이 적은 편이었다. 특히 혼기에 있는 여학생은 몇 명 되지 않았다. 사춘기를 도서관에서 보낸 나로서는 시간과 돈의 여유가 생기게 되자 차츰 결혼문제를 생각하게 되었다. 이 무렵 나는 동부 미시간 대학교의 모의 UN대회 지도교수를 맡게 되어 일 년에 한 번씩 인디애나(Indiana) 대학교의 전국 대학 모의 UN대회에 학생들을 데리고 가게 되었다. 첫해에는 학교 버스 2대에 약 70여 명의 학생들을 태우고 갔었다. 어느 날 아침식사가 끝날 무렵 한 여학생이 나에게 계속 자리에 남아 이야기를 나누고 싶다고 하였다. 스파크(Sparks)라는 이름의 아름답고 공부 잘하는 여학생이었는데, 다른 학생들이 자리를 뜬 후 갑자기 나에게 자기가 곧 결혼할 계획을 세워야 하는데 내가 자기와 결혼할 의사가 없는지를 타진한 후 결혼문제를 확정할 것이라고 말하는 것이었다. 너무나 뜻밖이 일이었고 또 사제지간인지라 나는 큰 충격을 받지 않을 수 없었다. 이내 마음을 진정시키고 나는 조국인 한국으로 돌아갈 계획이며, 미국에 영주할 의사가 전혀 없음을 열심히 설득하느라 진땀을 흘렸던 기억이 난다.

학위논문은 별 진전이 없었고 교수생활에 만족하며 지내고 있던 차에 역사학과에서 박사학위를 하고 있는 최종석(John Chay)이라는 절친한 선배 한 분이 이화여대 출신의 한국 여학생이 대학원에 입학했는데 부인이 저녁초대를 하였으니 저녁에 불청객인 척하고 나타나 합석하라는 주문을 했다. 나는 내가 가진 옷 중 제일 좋은 양복으로 갈아 입고 그 집을 찾아갔다. 처음 만난 여학생이지만 나는 꼭 마음에 든다고 느꼈다. 그녀는 아름답고, 총명하며, 우아해 보였다. 저녁식사 중 주고받은 이야기도 내 마음에 들었다. 그러나 얼마 후 나는 경쟁자들이 있음을 알게 되었다. 데이트 신청도 거절당하는 상황이 계속되었다. 끈질긴 설득 끝에 간신히 첫 만남을 성공시킬 수 있었고, 그 이후 비교적 평탄한 교제가 계속되다가 1964년에 결혼하게 되었다. 정영자라는 나의 내자는 양가 집안의 장녀로 이해력, 인내력 그리고 강한 신앙심과 의지의 소유자로 나를 실망시키거나 절망에 빠뜨린 적이 한번도 없는 현모양처이다.

결혼을 하면서 학위논문을 마쳐야겠다는 생각을 심각하게 하게 되었고, 총력을 다해 논문을 쓰기 시작했다. 클로드 교수님은 논문의 각주를 무작위로 뽑아 일일이 자료에 대조하는 치밀함을 보였다. 그리고 그는 문장을 다시 수정하라는 지시도 자주 하였다. 그는 문장을 다듬는 데 무척 신경을 곤두세우고 있었지만 본인이 직접 문장을 고쳐주는 경우는 없었다. 다른 세 분의 심사위원들은 한 분을 제외하고는 나의 학위논문에 대해 크게 문제삼지 않고 통과시키려 하였다. 이러한 우여곡절 끝에 1966년 중순경 학위논문이 통과되었고, 이 무렵 직장에서도 조교수로 승진하게 되었다. 이 해는 첫아들 지용을 얻고 박사학위를 받은 생애 최고의 해이기도 했다. 그 해 8월의 졸업식에는 그 저명한 영국의 사학자 토인비(Arnold J. Toynbee)가 명예 박사학위를 받기 위해 참석하게 되어 졸업식장에 함께 행진하는 영광을 누리기도 했다.

학위를 받고 나자 계속해서 미국에 체류할 이유를 상실했다. 미국 유학의 궁극적 목표는 이미 달성했기 때문에 귀국해야 한다는 강박관념에 사로잡혀 있었다. 이 무렵 나의 지도를 받고 있던 인도 학생이 연구실로 찾아와 자기 부친이 부총장으로 재임 중인 인도의 푼잡 대학교에서 1, 2년 초빙교수로 초청하고 싶다는 제의가 왔다고 전해주었다. 또 미시간 대학교 선배인 현재 국민회의 소속 국회의원 조순승 박사(당시 네브라스카 대학 교수, 그 이후 미주리 대학교 정치학 교수로 재직)가 어느 날 아침 전화로 동부 미시간 대학보다 좋은 조건으로 네브라스카 대학으로 오는 것이 어떻겠느냐고 내 의사를 타진하기도 했다. 당시 내가 동부 미시간 대학에 있었던 것은 학위논문을 마치기 위해서는 가까운 거리에 있는 대학에 있는 것이 편리하다는 점 때문이었다. 나는 박사학위가 끝나면 귀국하여 고국의 대학으로 가기를 원했고, 부득이한 경우 자리를 한 번 옮겨서 보다 좋은 조건으로 교수생활을 할 수도 있다는 막연한 생각을 하고 있었을 뿐이었다. 그래서 인도 학생 부친의 제의와 조 선배님의 초청을 정중히 거절하고 귀국하기까지 당분간 자리를 옮기지 않기로 했다.

그 무렵 장인과 장모님이 앤아버를 방문하셨다. 장인어른은 나에게 장래 계획에 대하여 자상하게 질문을 하셨다. 나는 곧 귀국하여 한국에서 교편생활을 계속하고 싶다고 하였다. 장인어른(정인욱)은 일본 와세다 대학 출신으로 강원산업 창립자이며 탄광과 삼표연탄을 경영하고 계신 경영주였다. 그분은 대한석탄공사 총재로 재임할 당시부터 상당기간 동안 서울대 공과대학에 출강한 인텔리 기업가였고, 서울대에 상당수의 지인이 있었다. 그분 말씀은 서울대에서도 미국 출신 교수를 영입하려 한다는 것이었다. 당시에는 서울대 문리대는 배타적이기 때문에 미국 출신의 젊은 교수가 정치학과나 외교학과에는 단 한 사람도 없다는 풍문이 돌고 있었다. 나는 전공이 외교학과에서 가르치는 교과목과 가까웠기 때문에 외교학과에 의사를 타진해 보기로 했다. 외교학과의 반응은 냉담했다. 반면 정치학과에서 나를 채용할 의사를 알려옴에 따라 1968년 3월 서울대 정치학과 조교수로 부임하게 되었다. 귀국을 위해 서울로 출발하기 며칠 전 한국에서는 김신조 일당의 청와대 기습사건이 발생하여 정세가 극히 불안했다. 나는 귀국한다는 기쁨보다도 전쟁터로 가는 듯한 불안하고 긴장된 기분으로 서울행 여객기에 몸을 실었다.

Ⅲ. 서울대에서

서울대 문리과 대학에서의 강의는 나를 흥분시키기에 충분했다. 우수한 학생들과 동료 교수들의 협조는 내가 비교적 평탄한 교수생활을 할 수 있도록 해주었다. 그렇다고 나의 교수생활에 전혀 문제가 없었던 것은 아니다. 처음 부임하는 젊은 교수가 으레 겪어야 하는 문제로 전공과 관계없이 학과에 남아 있는 과목을 담당해야 하는 고충이었다. 다행히 서울대 정치학과에는 정치학연습과 특강이라는 과목이 있었다. 그러한 과목은 교수가 강의내용을 적절히 조정하는 것이 허용되었다. 나는 이러한 과목을 통해 미국 정치와 정치통합론을 처음으로 가르치기 시작했다. 특히 정치통합론은 한국에서 아직 가르치지 않던 때였기 때문에 학생들의 수강태도도 진지했다. 이 과목들은 몇 년이 지난 후에 정규과목으로 편입되었다. 갓 부임한 젊은 교수로서 몇 가지 고충은 있었지만 다행히 학생들이 잘 따라주었기 때문에 편안한 마음으로 가르칠 수 있었다.

교수생활 중에서 가장 나를 괴롭힌 문제는 군사 독재정권에 반대하는 학생들의 데모와 끝없는 대학의 소요사태였다. 이러한 대학의 소란스러운 상황은 정상적인 수업을 불가능하게 만들었고, 휴교사태로 이어지는 극한적인 상황도 빈번했다. 특히 1972년 10월에 있었던 유신헌법의 선포는 이처럼 어지러운 상황을 더욱 악화시켰다. 위수령과 계엄령으로 이어지는 한국 정치의 소용돌이는 교수들의 입지를 난감하게 만들기도 했다. 그중에서도 특히 어려웠던 것은 교수들의 학생지도 문제였다. 많은 학생들이 경찰이나 군인들에 의해 구타당하거나 체포되어 끌려가고 학사징계를 당하는 경우를 수없이 목격했다. 교수회의를 통해 학생들을 처벌하는 경우는 극히 드문 현상이었다. 학생들이 내세우는 주장의 정당성 여부와는 관계없이 학생들이 가혹한 처벌을 받는 현실은 교수로서 정말 가슴 아픈 것이었다. 나를 포함한 상당수의 교수들은 학생들의 입장에 동정적이었다. 헌법질서를 강압적인 방법으로 변경시키는 것은 무효라는 것이 법의 원칙이다. 이렇게 가르치는 교수들의 마음이 편할 수는 없는 것이다.

더구나 나를 슬프게 한 것은 교수들에 대해 가해지는 조직적인 압력이었다. 소위 지도교수라는 제도는 학업지도는 뒷전에 미룬 채 학생시위에 가담하지 못하도록 지도하는 것이 주임무였다. 심지어 현직 여당 국회의원과 고위관리들과 짝까지 지워서 '위험'한 학생들에 대한 설득 작업에 나서도록 하기도 했다. 엉터리 보고서를 작성하는 것은 더욱 곤혹스러웠다. 교수들에게 직 · 간접적으로 가해지는 압력도 있었다. 몇몇 정치학 교수들에게 가해지는 위협적인 '설득'은 나의 입지를 위험스럽고 어려운 것으로 만들었다. 정치학 교수를 한다는 것이 원망스럽기도 했다. 유신헌법 선포 후 나는 조선호텔에서 당시 공화당 길재호 사무총장과 현재 거물 정치인인 모 인사로부터 유신헌법을 지지하는 방송과 글을 써달라는 '설득'과 '압력'을 받기도 했고, 연말에는 이런 조건을 달고 선물이 보내지기도 했었다. 나는 내가 평생 배우고 가르친 것과 배치되는 짓을 할 수 없다는 말로 그들의 청을 얼버무리고는 간신히 그 자리를 빠져나올 수 있었다.

또 나는 그 해에 있었던 예비고사의 출제위원(사회과학)으로 지명되기도 했었다. 한사코 사양했지만 문리대에 함께 있었던 장세희(화학) 교수님이 전화로 “당신을 보호하려는 것이니 들어오는 것이 좋을 것”이라고 충고하여 받아들이게 되었다. 출제위원이 된 후 나는 삼청동의 교육공무원 연수원에 16일 동안 ‘감금’되어 있었다. 객관식 시험문제 20여 개를 쉽게 출제하고 나니 시간이 많이 남았다. 당시 출제위원장은 미국에서 나와 이웃 학교에 재학하고 있었던 김 모 교수였다. 나는 빈 방을 배정받아 나의 첫 저서가 된 『인간과 전쟁 : 국제정치이론의 체계』를 쓰고 있었다. 출제위원장이던 그 모 교수는 내 방을 여러 차례 찾아오곤 했는데, 이상한 느낌이 들 정도로 말수는 적었다. 며칠 후 문교부 장관이던 모 씨가 다녀간 후 위원장은 내 방을 다시 찾았다. 그는 나에게 유신헌법에 관한 시험문제를 한두 항목 내는 것이 어떠냐고 타진해 왔다. 출제위원에 임명될 당시 시험문제는 교과서 범위 내에서 내는 것을 원칙으로 하라는 부탁이 있었고, 그 지시에 따라 출제를 마쳤는데 이미 출제해 놓은 문제를 빼고 다른 문제를 추가하라는 것이다. 나는 누구의 주문을 받아서 시험문제를 출제한다는 것은 시험관의 인격에 대한 도전이라고 생각했다. 절대불가라고 되풀이해서 쏘아붙였다. 출제기간 동안 유신헌법에 대한 국민투표가 있었기 때문에 문교부에서는 꼭 출제해야 한다는 논리를 내세웠는지 모른다. 내가 워낙 완강히 저항하니 며칠 후에 수정된 제안이 나왔다. 그것은 20여 개의 5지선다형 문제 중 한 문제만 내달라는 것이었다. 옥신각신하던 끝에 결국 내가 이미 출제한 문제 중에서 하나를 삭제하고 빈칸을 내주었다.

누가 문제를 출제했는지는 잘 모르겠으나 유신헌법의 당위성과 관련된 문제가 출제되었다. 예비고사가 끝나는 날 아침 수험생들이 마지막 시험을 치르기 위해 시험장으로 들어간 후 출제위원들은 자유의 몸이 되어 집으로 돌아갈 준비를 하고 있었다. 그날 12시 뉴스의 첫머리는 유신헌법에 관한 문제가 출제되었다는 것이었다. 다른 몇몇 출제위원들은 사정은 전혀 모른 채 정부가 나에게 벤츠 자동차 한 대쯤은 선물할 것이라고 빈정대기도 했다. 나는 씁쓸하게 쓴웃음을 짓고 말았다.

다른 정치학 교수들의 사정은 잘 모르겠지만 당시의 상황은 나를 쉴 새 없이 괴롭혔다. 1971년 대통령 선거 때에도 미국의 TV토론을 변형하여 박정희 후보와 김대중 후보가 저녁 8시에 각각 20분씩 정견발표를 한 때가 있었다. 그때 KBS에서 당시 밤 11시경에 방송되던 "명강의 명교수"라는 프로그램을 박 후보의 정견발표가 끝난 직후로 시간을 옮겨 30여 분 동안 박 후보의 정견에 대해 강의해 달라는 부탁을 해온 적이 있었다. 그 제안을 거절했더니 이번에는 박 후보의 정견발표 전이나 며칠 후에 해도 무방하다고 또 다시 제안해 왔다. 나는 그것이 내 전공과는 너무 거리가 멀다는 이유로 거절했다.

또 그 무렵 모 일간신문에서는 토요일자 신문의 한 면 전체에 실을 김대중 후보의 4대국 보장론에 대한 비판원고를 청탁해 온 일이 있었다. 나는 당시 김대중 씨의 4대국 보장론을 명쾌하게 이해하지도 못하고 있는 형편이었고, 또 야당 대통령 후보를 비판한다는 것 자체가 문제가 있는 것이라고 보았다. 더구나 신문의 한 면을 통틀어 그러한 글을 내는 저의가 의심스러웠다. 즉시 앤아버에서 잠깐 함께 있었던 그 회사 간부에게 전화를 걸었으나 써보라는 대답뿐이었다. 그 청은 내가 받아들일 수 없었다. 그 청을 거절하는 데 개인적인 요인이 작용했던 것은 아니지만 나는 이희호 여사와 학창시절에 맺었던 친분관계만으로도 그 청을 받아들일 수 없었던 것이다.

대학 교수 생활을 하면서 이처럼 어처구니없는 사건을 헤아릴 수 없을 정도로 많이 겪었다. 문리과 대학시절 대학입학 구술시험에서 발생한 일이다. 당시 구두시험은 당락과는 관계가 없었고, 극히 나쁜 점수를 받거나 동점인 경우에만 영향을 미치는 정도였다. 교수 한 명이 기껏해야 20-30명 정도를 담당하게 되는데, 나는 정치학과 지망생들에게 무엇 때문에 정치학을 택했는지 가끔 물어보곤 했다. 상당수의 정치학과 지망생들은 정치가가 되는 것이 희망이라고 하였다. 한번은 10여 명의 수험생에게 세계 역사상 가장 위대하고 이상적이라고 생각하는 정치가로 존경하는 분을 말해보라고 한 적이 있었다. 답은 형형색색이었다. 주로 나폴레옹, 링컨, 처칠 등이 많이 나왔고 2-3명이 박정희, 1명이 김종필로 답변한 것으로 기억된다.

그런데 약 2주일 후 정치학과의 원로 교수이며 문리대 학장이었던 고 민병태 교수님으로부터 호출이 있었다. 그분은 격앙된 목소리로 방금 공화당 대변인으로부터 나의 구두시험 문제 때문에 강력한 항의가 있었다고 했다. 당시 여당 대변인인 김 모 의원은 민 선생님의 정치학과 제자였다. 말인즉 내가 구술시험 문제에 대한 학생들의 대답을 자료로 통계를 잡아 분석해서 일간신문에 발표한다는 것이었다. 나는 어처구니가 없었다. 그래서 민 선생님께 불과 10여 명의 자료로 통계를 낸다는 것은 있을 수 없는 일이고, 그것을 신문에 어떻게 게재할 수 있느냐고 대들었다. 그리고 어느 누가 시험관의 권리를 박탈할 수 있느냐고 항의했다. 당시 민 선생님께서 갑작스럽게 구 교수는 공동보조를 취하시오라고 하셨던 기억이 난다. 그 후부터 내가 평소에 존경하는 민 선생님과의 사이가 서먹하게 된 것같이 느껴졌다.

또 오해에서 비롯된 사건도 있었다. 어느 날 아침 청와대 정치담당 특별보좌관으로 재직 중이던 장 모 박사가 숨을 헐떡이면서 집에 들이닥쳤다. 그는 밴더빌트 대학교에서 나와 함께 석사학위를 한 분인데, 나이는 그분이 위였지만 학위는 내가 1년 먼저 한 셈이 된다. 1년 동안 같은 세미나를 함께 듣기도 했다. 그 후 박사학위를 서부에서 마치고 서울대 교양과정부를 거쳐 정치학과에서 나와 함께 한학기 재직한 경험이 있었다. 그분과는 매우 친한 사이였다. 그분은 소파에 앉자마자 큰일이 났다고 하였다. 그 이유는 내가 박 대통령을 모독했다는 정보가 들어와서 비서관들이 나를 잡아넣겠다고 의논 중이라는 것이었다. 나는 그러한 일이 없다고 했다. 그는 잘 생각을 더듬어 보라고 다그쳤다. 나는 생각이 나지 않는다고 하면서 화를 냈다. 그는 "우두머리가 한심하다고 했지 않느냐"고 했다. 갑자기 내 머리를 스쳐가는 사건이 있었다. 그것은 조선호텔 대회의실에서 국제정치학회 모임이 있던 날의 기억이었다. 그날 휴식시간 중에 정치학자 한 사람이 서울대에서 연달아 발생하는 과격한 학생 소요사태에 대해 질문을 던진 적이 있었다. 그 당시 학생들의 소요는 대학행정부에 대한 불만과 혼재되어 있던 때였다. 당시 서울대 총장을 맡고 계시던 분의 성함이 한심석 교수님이었다. 그래서 흔히 교수사회에서는 총장이 한심하다고 농담조로 말하곤 하였다. 내가 당시 그 정치학자의 질문에 무심코 우두머리가 한심해서 저 모양이라고 말한 것이 말썽이 된 것이다. 우두머리를 박 대통령이라고 생각한 것이다. 나는 장 보좌관에게 정말 당신네들이 한심하다고 비난조로 항의했다.

그러나 문제는 여기서 끝나지 않았다. 언젠가 검은 지프차 2대가 나를 체포하기 위해 대학에 들이닥친 적이 있었다. 모 기관에서 나온 수사관들은 강제연행을 주장했고 나는 영장제시를 요구했다. 여러 시간 동안 대치하다가 나는 당시 여당의 당의장 서리를 포함한 몇몇 고위층의 지인과 선배들에게 연락하게끔 조치를 취하고는 자발적으로 연행되었다. 연행된 후 72시간 동안 호된 심문을 받았으나 나는 내가 왜 그곳에

연행돼서 수모를 당해야 했는지 아직도 잘 모른다. 당시 내가 당했던 수모는 생각하기조차 싫은 것이다. 고문을 당한 것은 아니었다. 하지만 무지한 인간들이 가하는 모욕은 고문보다도 참기 힘들었다. 그들이 심문한 내용을 참작하여 추리해 보건대, 내가 연행된 이유는 정권에 비협조적이라는 것과 학생들에게 너무 관대하다는 것이었다. 그런데 뜻밖에도 그들은 내가 큰 정치적 야심을 갖고 있다고 믿고 있었다. 후에 나보다 먼저 잡혀갔던 존경받는 친구의 말에 의하면, 그들이 그려놓은 공산주의자 세포조직 차트(chart)에 나도 들어 있었다고 한다. 나는 참 기가 막히는 나라에서 살고 있었던 것이다. 비단 이런 일뿐이었겠는가? 이 외에도 대학 교수로서의 나의 입지를 어렵게 하고 나를 괴롭히는 일은 여러 가지 형태로 계속되었다. 어처구니없는 현실은 학업에 종사하는 한 교수에게도 쉴 새 없는 고통으로 다가왔던 것이다.

IV. 나의 학문

학문을 한다는 것은 지력만으로는 부족한 것이다. 인격이 없는 학문은 공허한 기술에 불과하다. 더구나 한국과 같이 혼란스럽고 열악한 연구환경에서 일관성 있는 정치관이나 자세를 유지한다는 것은 결코 쉬운 일이 아니다. 학계에는 우수한 두뇌를 가진 명문대학 출신으로 정계, 관계와 학계를 넘나드는 학자들이 있다. 정계나 관계의 경험은 학계에도 크게 기여할 수 있다. 문제는 정계에 투신했던 학자들이 독재정권의 하수인이나 변론자 역할을 하다가 강의실에 돌아와서는 민주주의의 대변자로 돌변한다는 점이다. 본인의 필요와 상황에 따라 학자들이 연구결과를 조작한다면 학문의 존재가치는 없어지는 것이다. 교단은 신성한 곳이며, 개인이나 당파적 이익이 유입되면 그 존재이유를 상실하게 되는 것이다. 지난 30여 년 간 한국의 양극화된 정치현상에서 나는 이러한 문제로 항상 고민하고 씨름해 왔다. 그리고 그 고뇌는 생명이 지속되는 한 계속될 것이다.

한국의 정치학자들은 분주하다. 사회구조의 여건상 그의 시간을 요구하는 곳은 수없이 많다. 그것을 적절히 조절하지 못하면 연구생활을 원활하게 할 수 없다. 나는 이 한국적 현실을 일찍 터득할 수 있었다. 그래서 평소에 조금씩 연구하는 습성을 키워왔다. 미국에서 귀국한 후 오랫동안 구상해 오던 국제정치학 연구서를 집필하려 했으나 초창기에는 교수생활이 너무 벅차 저술할 수가 없었다. 그러나 30여 년이 지난 현재에는 이러한 초창기의 여건을 극복하고 졸저이지만 20여 권의 저서와 편저서를 출간했다. 그중 혼자서 집필한 책은 4권이다. 그 외 상당수의 연구논문들이 있다. 나는 다작을 한 사람은 아니다. 내가 주저라고 할 수 있는 저작은 두 권이라고 보아도 무방하다. 『인간과 전쟁 : 국제정치이론의 체계』와 『한국의 국가이익 : 외교정치의 현실과 이상』은 나의 독특한 시각에서 특별한 목적을 갖고 집필한 책들이다. 이 두 저작은 교과서와 연구서의 중간점이라는 틈새에 위치한 것으로 보아야 할 것이다. 극히 한국적인 발상이지만 교과서는 연구업적으로 인정받기 어렵고, 또 연구서는 출판도 어렵고 독자층이 극히 적은 상황에서 이러한 여건들을 극복하려고 노력한 저작이다.

교수들의 열악한 연구여건을 더욱 악화시키는 데에는 문교부의 정책도 일조했다. 유신시절에 개정한 법령을 통해 정년보장제가 폐지되고 계약제가 도입되었다. 계약제하에서는 교수가 일 년에 최소한 연구논문 2편을 제출하여 그 평가에 의해 진급과 재계약이 결정되도록 되어 있었다. 법리적인 측면에서 이 법은 이미 정년보장을 받고 있던 교수들에게도 적용되었기 때문에 분명히 소급법으로서 위헌이었다. 계약제는 교수들이 정권에 대해 복종하도록 유도하기 위해 만들어낸 악법이었으며, 또한 교수들이 창의적이고 깊이 있는 좋은 연구업적을 내는 것을 사실상 거의 불가능하게 만드는 해악을 가져왔다.

연구를 일 년 단위로 완료해야 하는 연구비 지출 제도와 결과보고 제도도 문제다. 정치성이 다분한 제도를 도입하여 한국 교수들에게 대작을 기대하기 어렵게 만든 것이다. 이러한 제도에 묶여서 의무적으로 몇 편의 논문을 매년 학술지에 게재해야 하는 임무는 그 자체가 벅찬 것이다. 더 나아가 깊이 있는 저작이 나올 수 있는 기회도 적어지기 마련이다. 이미 집필한 논문들을 모아서 책으로 출간하면 체계적인 저서가 되기 힘들다. 또 의무적으로 매년 게재하는 논문 외에 추가적으로 저작을 목적으로 저술한다는 것도 현실적으로 어려운 일임에 틀림없다. 책을 구상하고 책의 장으로 의도된 논문을 집필하는 방법은 있으나 논문과 저술의 체계 자체가 다르기 때문에 접근방법이나 내용에 있어서 짜임새 있는 저술이 되기 어렵기는 마찬가지다. 이러한 고민은 나에게 국한된 것만은 아니다. 한국의 교수들이 공통적으로 느끼고 있는 문제일 것이다.

『인간과 전쟁 : 국제정치이론의 체계』(1977)는 오랫동안 구상해 오던 저서이다. 이 책은 저서의 제목부터 시작해서 모든 구상이 평면적인 틀에서 벗어나 독특한 시각과 접근방법을 제시하도록 계획되었다. 전쟁을 국제정치의 핵심 과제로 취급하여 전쟁발발과·전개과정을 단계적이고 복합적인 시각에서 볼 수 있게끔 설계했던 것이다. 정치행태학의 주류에 있는 학자들의 연구결과를 종합하는 것을 1차적 목표로 세웠고, 국제정치의 분석단위를 국가가 아닌 인간으로 보고 인간행태의 집합이 변형된 집단행태의 국가행태로 나타난다는 가설이 이 책의 근간을 이루고 있다.

이러한 시각에서 볼 때 국제정치의 연구는 인간의 행태와 그 변형과정에 대한 연구가 가장 중요한 부분을 차지하게 되는 것이다. 이 책에서 나는 설명을 단순화하기 위해 전쟁으로 가는 단계설을 도입하고, 전쟁의 발발을 방지하기 위한 복합적 접근방법과 전쟁을 예방하는 복합적이고 중복적인 과정을 기술하였다. 이 모델은 내가 어릴 때 시골에서 관찰했던 개싸움의 과정을 단계별로 정리한 것이다. "전쟁으로의 행진"이라고 된 책의 제1부는 갈등, 분쟁 그리고 전쟁의 3단계로 되어 있다. 즉 개들이 싸울 때는 으르렁거리는 단계가 있고, 그 후 이빨을 드러내 보이면서 꼬리를 올리고 크게 으르렁거린다. 이때 한쪽이 꼬리를 내리고 이빨을 감추면 그쪽이 전의가 없음을 알리는 것이다. 중간단계인 분쟁의 단계는 해소되거나 갑자기 백기를 든 상대방을 공격하는 두 경우가 있는 것이다. 양측이 양보 없이 꼬리를 올리고 이빨을 보이며 한참 으르렁거리다 양측 혹은 어느 한쪽이 공격을 개시하면 전면전이 되는 것이다.

이러한 싸움의 과정을 단계로 표시하면 갈등, 분쟁, 전쟁으로 명명할 수 있는 것이다. 이 도식은 전쟁의 방지와 예방에도 쉽게 도입될 수 있다. 나의 전공이 국제기구와 국제법이었기 때문에 UN의 구조에서 각각의 단계에 해당하는 처리방법을 찾을 수 있었다. 즉 갈등은 경제사회이사회의 전문기구들의 활동과 같은 영역에서, 분쟁은 총회, 안보이사회, UN 사무총장, 국제사법재판소 등의 협상과 타협의 여러 형태에서, 전쟁은 힘을 통한 힘의 균형과 집단안보 및 지역방위체에서, 그리고 전쟁의 예방은 지역통합과 세계통합, 그리고 국가체제의 변형에서 찾으려 했다.

이 책은 출간되자마자 학계의 좋은 평가를 받게 되었고 초판 1쇄는 순식간에 팔려나갔다. 이 책은 해를 거듭하면서 대학생뿐만 아니라 대학원생들의 필독서로도 자리 잡게 되어 곧 11쇄를 발간할 예정인 것으로 알고 있다. 한국의 서적시장이 지극히 협소함에도 불구하고 꾸준한 시장성을 유지하고 있는 것이다. 나는 이 책에 수정을 가한 적이 없다. 20년간 손을 댄 부분은 UN회원국 수치를 바로 잡아준 것뿐이다. 그 이유는 이 책이 제시하고 있는 기본 개념과 이론 등은 금일의 국제정치를 이해하고 분석하는 데도 여전히 타당하다는 판단 때문이다. 그동안 몇 명의 우수한 후배 정치학자들로부터 책의 내용을 함께 수정하는 것이 어떻겠느냐는 제의를 수차례 받은 바 있다. 나는 나의 책이 공저 형태로 된다는 것보다는 이 책의 내용과 구조에 변화를 주는 것에 우려를 표명하고 책의 원형을 그대로 보존하기로 하였다. 그것은 이 저서의 적실성이 현저히 저하되었을 때 저자가 직접 수정하는 것이 개정판의 의미를 보다 잘 살릴 수 있다는 생각에서였다.

나는 『인간과 전쟁』의 출판 이후 비교적 자유롭게 많은 국제학술회의에 참가했다. 국립대학의 불필요한 많은 규정에도 불구하고 서울대학이 나의 해외에서의 학술활동에 지장을 준 경우는 없었다. 이 점은 내가 항상 감사하게 생각하는 부분이다. 나의 학술활동은 미국과 러시아 등을 위시한 10여 개국으로 국한되었으나 그 횟수는 50여 회가 넘는 것으로 기억된다. 국내에서 국제회의를 주최하거나 참가한 횟수는 더욱 많아서 몇 회가 되는지 기억하기 힘들다. 이러한 활동에 힘입어 1974–1975년도 한국국제정치학회 회장으로 추대받아 만장일치로 당선되는 영광을 누리기도 했다. 당시는 학회의 규모가 상대적으로 작았기 때문에 이러한 일이 가능했다. 지금은 상상도 못할 일이다. 더구나 당시 나는 부교수였던 것이다.

대학에 몸담고 있다는 것은 항상 마음을 무겁게 한다. 그것은 쏟아져 나오는 출판물을 소화하고 뒤떨어지지 않으려는 연구에 대한 압박 때문이다. 1970년대 말에 나는 재충전을 위해 일 년 동안 미국 대학에 다녀올 것을 계획하고 있었다. 하지만 한국에서 연구비를 받아 집필 중인 논문들이 끝나면 다녀온다는 막연한 생각만 하고 있을 뿐이었다. 내가 가고 싶었던 곳은 우드로우 윌슨 국제학술센터(Woodrow Wilson International Center for Scholars)였다. 이 연구소는 미국 정부가 윌슨 대통령을 기리기 위해 출자하여 세운 곳이다. 펠로우(fellow)로 선발되기는 어려운 곳이지만 세계 어느 연구소보다 대우가 좋기로 이름난 곳이기도 하다. 그러나 이 계획은 갑작스럽게 미국학 연구소 소장직을 맡게 되면서 차질을 빚게 되었다. 나는 당시 고병익 총장님의 통고를 받고 소장직을 사양했다. 그 이유는 나의 연구생활에 지장이 있고 또 전임 소장이었던 김종운 교수(후에 총장에 선출됨)가 함께 일하자고 제의한 것을 거부한 적이 있었기 때문이었다. 그런데 며칠 후 총장실에서 차나 한잔 같이 하자는 초청을 받았다. 고 총장님과 차를 마시면서 잡담을 나눈 후 자리에서 일어서는데 자리에서 일어서자마자 고 총장님이 발령장을 내주시는 것이었다. 할 수 없이 소장직에 취임하게 되었다. 나는 재정난에 허덕이던 연구소의 기금과 재정을 기반에 올리기 위해 국내외의 자금원을 발굴하고자 노력했다. 하지만 나는 연구소의 독립성을 분명히 하기 위해서 재임기간 중 미국 공보원이나 대사관의 자금지원을 사양했다. 문교부와 미국 루스 재단(Henry Luce Foundation)의 배려로 당시로서는 충분한 연구활동을 할 수 있는 여건을 갖추게 되었고 약간의 기금도 마련할 수 있었다.

연구소 소장직을 벗어난 것은 1984년도였다. 이 무렵 나는 미네소타(Minnesota) 대학교의 초빙교수로 초청받고 있었으나 그동안 준비하고 있던 윌슨센터 펠로우로 선발되어 미국으로 가게 되었다. 가족과 함께 생활했던 관계로 워싱턴 D. C. 근교에 거주하면서 연구소까지 통근을 하였다. 미국에서의 생활은 단조로운 면도 있었지만 즐겁기도 했다. 윌슨센터에는 36명의 석학들과 객원연구원 자격으로 6개월간 머무르는 정치인들과 고위 행정관료들도 있었다. 일 년에 200여 회의 석학초청 세미나가 있었기 때문에 재충전을 하기에는 알맞은 곳이었다. 특히 서울대 총장으로 계셨던 고 박사님과 6-7개월 간 함께 있게 되어 즐거운 시간을 보내기도 하였다. 나는 이 연구소에 있는 동안 내가 진행하고 있었던 로비(lobby)에 대한 연구 외에도 많은 것을 배웠다. 이때 나는 연구소로 가는 지하철에서 매일 학술논문 한 편씩을 읽는 것을 목표로 정하고 실천에 옮겼다. 연구소까지의 통근거리가 멀었기 때문에 가능할 수 있었다. 긴 논문은 다음날까지 읽어서 마쳤다. 이러한 습관은 후에 나의 연구생활에 많은 도움을 주었다.

귀국 후 나는 오랫동안 나를 괴롭혀 오던 문제를 일부나마 해결하기 위해 국제정치에 있어서 한국의 국가이익이 무엇인가 하는 문제를 연구하기 시작했다. 이 연구는 1983년도에 미국 스탠포드(Stanford) 대학교의 후버(Hoover) 연구소에서 발표했던 논문을 기초로 하여 진행되었다. 이 저서의 목적은 정치행태학의 등장 이후 거의 버려지다시피 했던 국가이익의 개념을 쓸모 있게 수정하는 것이었다. 국가이익의 개념은 16세기 독립주권국가의 등장 이후 국가의 행태를 관찰한 학자들이 19세기와 20세기 초에 외교정책의 중심 개념으로 개발한 개념이다. 한때 전성기를 이루기도 했으나 편협하고 주관적인 면이 노출되면서 그 매력이 점차 사라져 정치학 연구의 도구로서는 그 기능을 거의 상실한 상태였다.

그러나 나는 정치행태학 연구에서 부분적으로 정치현상을 설명하고 분석하는 이론은 있어도 전체를 꿰뚫어 보는 이론이 없다는 데 불만을 느껴왔다. 따라서 비록 버림받은 개념이라 할지라도 변화한 세계 정치구도나 대외정책 수립에 맞게 적절하게 수정한다면 기존의 이론보다 더 유용한 것으로 만들 수 있을 것이라는 생각을 하게 되었다. 뿐만 아니라 한국의 정치학계도 그동안 풀지 못한 숙제를 안고 있었다. 그것은 서구 이론, 특히 미국 이론의 토착화 문제였다. 상당수의 정치학자들이 이 문제를 제기하고 비판하면서도 누구도 대안을 제시하는 것을 볼 수는 없었다. 더구나 미국에서 학위를 마친 일부 정치학자들마저 미국 유학파 교수들이 앵무새같이 미국 이론과 개념을 여과없이 가르치고 있다고 비난하는 현실이 나를 포함한 상당수의 학자들을 괴롭혔다. 나는 이러한 논쟁에 휘말려들지 않기 위해 이런 류의 논쟁을 하는 대중잡지의 특집이나 학술지에의 기고는 삼갔다.

나는 이러한 중대한 문제를 한 학자가 해결할 수 있다고 보지는 않는다. 하지만 해결의 실마리를 제공해 주는 중요한 역할을 할 수는 있다고 믿는다. 1995년 3월에 출간된 『한국의 국가이익 : 외교정치의 현실과 이상』은 저자가 오랫동안 품어온 숙제를 풀기 위한 것이었다. 이 책은 과거 서구의 개념이었던 '국가이익'의 개념이 정치현실주의자들의 주무기로 사용되면서 과격한 정치현실주의적 시각, 즉 힘만을 중시하는 경향을 가지게 된 것을 수정하고 법, 윤리, 도덕 등을 보다 강조하는 정치이상주의의 비중을 높여 현재의 세계 정치구도에 적응할 수 있게끔 대폭 수정을 가한 책이다. 그것을 설명의 편의상 수치로 표현하자면, 과거에 정치현실주의 90+정치이상주의 10이었다면, 이것을 수정하여 정치현실주의 60+정치이상주의 30+의리·보은 10의 개념을 대외정책의 기본개념으로 상정하자는 기본틀을 제시했다. 이것은 의리·보은의 개념을 첨가함으로써 국가이익이 한국의 대외정책과 국제정치의 중심 개념으로 토착화되어 자리 잡게 하려 함이었다. 그러나 국가이익의 분류방법을 수정하지는 않았다. 예를 들면 존망의 이익과 핵심적 이익 등의 일반적 분류방법을 그대로 사용했다. 여기에서 문제가 되는 의리·보은의 개념은 동양문화의 산물이다. 중국이나 한국에서는 국가와 국가관계를 설정·조율하는 개념이 없었다. 인간관계를 조율하는 의리·보은의 개념이 확대되어 국가관계에도 적용된 것이다. 나는 비록 의리·보은의 개념이 국가이익의 증진에 부정적인 영향을 미칠 수 있는 요인을 가지고 있다 하더라도 이 개념을 한국 문화의 일부로서 긍정적으로 받아들여야 한다는 것과, 또 다른 국가의 문화에도 최소한의 의리·보은의 개념이 모든 정책작성의 기저에 깔려 있다는 것을 전제하였다.

나는 이 책이 내가 목표로 한 전통적인 국가이익 개념의 수정과 토착화를 동시에 달성했다고 보지는 않는다. 내가 할 수 있는 것은 국가이익 개념의 개발이 황무지로 되어 있는 상태에서 이러한 문제제기와 시안을 제공하는 것뿐이다. 앞으로 많은 학자들이 토론하고 연구해야 할 과제라고 생각한다. 이 책도 국가이익 개념의 개발에 크게 기여했다는 과분한 평가를 받았다. 서평 중에는 한국의 의리·보은 개념을 부정적인 장애요인으로서만 보지 말고 긍정적으로 받아들여야 한다는 저자의 주장을 오히려 저자를 비판하는 데 역이용한 학자의 것도 있었다. 내가 이 책을 통해 제기한 문제는 수정된 개명한 국가이익관이 한국 대외정책의 중심 개념으로 자리 잡아야 한다는 것이었다.

퇴임하는 해에 나는 나의 국제정치에 관한 견해와 그 변천에 관한 견해를 피력하는 저서를 출간했다. 『한국과 국제정치환경』(1999)은 특정한 시각이나 접근방법을 도입하여 저술된 책은 아니다. 이런 맥락에서 본다면 이 저서는 나의 주저라고는 할 수 없다. 이것은 나의 학문적 성장과정의 일부를 보여주는 일종의 자전적인 저술이라 할 수 있을 것이다. 학술활동을 하면서 국내외에서 발표한 논문들 중 한국의 국제정치환경과 관련된 것만을 골라 정리하고 책의 체제를 갖추기 위하여 새로운 글을 추가해 본 것이다. 결론을 대신한 부분은 한국과 지역평화에 대한 나의 국제정치관의 일부이다. 한마디로 그것은 국제지역 평화든 세계 평화든 독립주권국가 수준에서는 담당할 수 없다는 것이다.

과학기술의 발달과 무기체제의 혁명은 국가들을 상호 의존적인 관계에 놓이게 하였다. 뿐만 아니라 거의 모든 중요한 국가의 문제가 순수한 국가 관할권에 속하던 시기는 점차 사라지고 있다. 국가주권을 앞세워 한 국가가 자국민이나 타국민에게 저지르게 되는 만행이나 대량학살을 허용하는 시기도 막을 내리게 되었다. 국가중심주의는 탈국가중심주의로 서서히 옮아가고 있는 것이다. 나는 이러한 국제환경의 변화를 받아들여 한국의 안보문제를 새롭게 다루고 또 이를 뒷받침하는 경제 · 교역의 문제도 새로운 권위체인 지역기구의 구상으로부터 찾으려고 하였다. 한국 안보에 대한 나의 구상은 한국 안보를 3차원적인 방식으로 구조화하는 것이다. 그 내용은 첫째 한국의 자체 방위능력과 한 · 미 방위조약에 의한 군사동맹 관계, 둘째 동북아 집단안보 체제의 구축과 지역분쟁 조정기구의 창설, 셋째 집단안보와 협동안보로 미래에 대비하자는 것이다. 안보가 국가존망의 이익이라고 한다면 경제는 이를 뒷받침하는 핵심적 이익이다. 따라서 경제와 교역도 안보와 마찬가지로 첫째 자체 경제능력의 향상과 상호 교역 및 협력, 둘째 동북아 지역의 경제협력기구와 경제 · 교역 분쟁조정기구의 설립, 그리고 WTO와 OECD라는 3차원 모델의 접근을 구조화하자는 것이다.

몇 년 전에 나는 이호재 교수의 『한국인의 국제정치관』이라는 좋은 저작을 읽으면서 큰 충격을 받은 바 있다. 내가 충격을 받은 부분은 한국의 당면과제에 대한 한국인들의 인식이 주로 일본을 중심으로 한 동북아 정세나 미국과 러시아 정도에만 국한되어 있다는 점이었다. 이는 어쩌면 당연한 일인지도 모른다. 그동안 받았던 교육이나 처했던 나라의 상황으로 인해 국제정치의 구조나 세계 평화를 논하고 연구한다는 것이 한국인에게는 사치스럽게 느껴질 수 있는 것이다. 그러나 오늘날의 여건은 과거와는 다르다. 학자나 정치인도 세계정치관이 뚜렷해야 한다. 한 국가는 세계 속에 존재한다. 세계정치관이 없는 학자나 정치가가 국가의 진로를 모색한다면 그 나라의 장래는 비관적일 수밖에 없다. 내가 현재 진행하고 있는 저술은 나의 세계정치관을 담고 있는 『평화의 구조』라는 책이다. 퇴임 후에도 나에게는 계속해서 해야 할 작업이 남아 있는 것이다. 나의 학문세계는 퇴임 전이나 후나 어떠한 큰 변화가 있을 것으로 보이지 않는다.

Ⅴ. 국제정치관

교수생활을 통해 나는 내 나름의 뚜렷한 국제정치관을 얻을 수 있었다. 이는 또한 내 인생의 대부분을 바친 학문연구 속에서 형성된 나의 소중한 세계관의 일부이기도 하다. 국제정치관을 정립하는 데 있어서 가장 기본이 되는 것은 인간의 의식과 행태 그리고 사회체계와 정치체계를 보는 관점이다. 또 하나는 국제정치의 분석단위를 무엇으로 볼 것인가 하는 문제이다. 국제정치의 분석단위를 개인으로 보느냐 국가로 보느냐에 따라 국제정치관이나 이론의 형성에 차이가 생기게 된다.

제2차 세계대전 이후 국제정치학 분야에서 가장 격렬한 논쟁을 일으킨 학자는 모겐소(Hans J. Morgenthau) 교수였다. 그를 준거의 틀로 하여 나의 국제정치관을 설명하는 것이 쉽고 명쾌하게 나의 입장을 정리하는 하나의 방법이 될 것이다. 흔히 동료 교수들과 학생들로부터 모겐소 교수의 입장과 나의 입장의 차이점에 대한 질문을 받곤 한다. 분명한 것은 나는 모겐소 교수를 태두로 하는 정치현실주의자는 아니라는 점이다. 그러나 그렇다고 해서 그와 반대 입장에 서 있는 정치이상주의자로 분류될 수 있는 것도 아니다. 굳이 정치현실주의자와 정치이상주의자라는 분류방법 속에서 보아야 한다면 나의 국제정치관은 그 양극의 중간 부근에 위치해 있다고 할 수 있다. 이는 정치현실의 토대 위에서 이상을 추구한다는 의미로 요약될 수 있겠다.

나의 국제정치관을 설명하기 위해 모겐소 교수의 국제정치 세계를 요약해 볼 필요가 있다. 그는 인간의 선악설과는 별개로 인간은 항상 권력(힘)을 추구한다는 관점에서 정치를 이해하며, 인간이 "권력이라는 표현에 의하여 규정되는 이익의 개념"에 준거하여 행동한다고 보았다. 그는 국제정치도 "다른 모든 정치와 마찬가지로 권력을 위한 투쟁"이며, "국제정치의 목표가 무엇이든 간에 권력이 항상 일차적인 목표"라고 주장한다. 모겐소 교수는 인류학자들이 흔히 주장하는 에스키모(Eskimo)족이나 시킴의 렙차스(Lepchas)족 등은 방어적인 전쟁조차도 이해하지 못하고 있다는 점을 인정하면서도 힘으로 정예화된 현대인들의 행태는 변할 수 없는 것임을 강조한다. 그에 따르면 현대인들이 그러한 원시적인 문화에 접하여 생활할 수도 없고, 또 그렇게 한다 해도 현대인들의 행태에는 영향을 줄 수 없다고 본다. 이로부터 그는 국제정치는 과거에도 권력투쟁으로 일관되어 왔고, 현재에도 그러하며 또 미래에도 그러할 것이라는 결론을 내린다.

이러한 관점에서 국가 간의 평화를 유지할 수 있는 유일한 대안은 힘의 균형(Balance of Power)에 의존하는 것이다. 인간은 힘의 투쟁이라는 악순환이 과거, 현재, 미래에도 계속될 수밖에 없는 운명에 처해 있는 것이다. 이러한 정치현실주의자들의 논리에는 정치이상주의자들이 주장하는 법, 도덕, 윤리 등이 국제정치에서 차지할 수 있는 비중은 지극히 제한적이라는 인식이 전제되어 있다. 그러나 이와 같은 정치현실주의적 관점은 미래의 가능성을 미리 차단해 버린다는 점에서 문제점을 안고 있다.

이와는 대조적으로 나는 국제정치의 분석단위는 인간이며, 인간은 전성적(malleable)이라고 이해한다. 인간은 개인의 성장과정 속에서 끊임없이 이루어지는 사회화 과정(socialization)과 인류학자들이 같은 맥락에서 말하는 문화수용 과정(enculturation)을 통해 그 심상과 행태가 결정되는 경향이 다분하다고 믿는 것이다. 인간은 인지구조를 통해 개인들 사이에 공유된 지식을 공공 지식으로 만들게 된다. 나는 현대 사회과학에서 인정하는 식욕, 육욕, 고통이 인간의 본성이라고 믿는다. 그리고 이러한 인간의 본성 또한 사회화 과정을 통해 순화되거나 어느 정도 변질될 수 있다고 본다. 인간의 역사는 이를 잘 보여준다. 인류문명이 도약한 약 3만 년 전의 인간의 삶이 현대와 전혀 다른 형태였다는 것을 상기한다면 이를 쉽게 이해할 수 있을 것이다. 인류학자들은 그 당시의 인간사회가 호혜성(reciprocity)을 축으로 한 사회였다는 점을 우리에게 가르쳐 준다. 그 당시의 인간사회는 부와 권력의 불평등이나 지배자도 없는 자율에 의해 운영되는 사회였다. 이러한 무리(band)사회는 오늘날 문화의 발상지로 알려진 중동지역에 산재되어 있었던 것으로 보인다.

장기간에 걸친 인간사회의 발달 속에서 16세기에는 국가주권론이 등장하게 되었다. 주권국가 체제의 등장으로 과거 느슨하고 막연하게 작용하고 있던 힘의 균형체제가 탄생되었고, 국가이익 개념이 독립주권국가의 대외정책의 중심 개념으로 자리 잡게 되었다. 독립주권국가 체제는 평화를 유지하는 유일한 수단을 힘의 균형체제와 동일시했다. 그런데 힘의 균형체제는 장기간의 평화를 유지하는 데 도움을 주기도 했지만, 그 균형의 붕괴나 승리의 유혹을 제공함으로써 엄청난 수의 전쟁이 발발하도록 하는 요인이 되기도 하였다. 평화유지정책으로서의 힘의 균형체제는 이 체제를 유지시키는 많은 여건들이 충족되지 않는 한 신뢰할 수 있는 평화보장 장치가 될 수 없는 것이다. 결국 정치현실주의자들이 유일한 평화유지 장치로 주장하는 힘의 균형체제는 독립주권국가 체제의 등장에 따른 역사적 산물이었고, 따라서 시대의 변화에 따라 힘의 균형체제가 아닌 다른 수단에 의한 평화유지의 가능성을 제기한다는 점을 이해하는 것이 중요하다.

세계는 평화의 시기와 전쟁의 시기를 반복하면서 조금씩 발전해 왔다. 전쟁의 도구가 엄청난 발전을 해온 것과 마찬가지로 평화유지를 위한 수단도 비약적으로 발전해 왔다. 전쟁의 도구가 활에서 총으로, 그리고 핵무기와 미사일로 발전해 온 것과 마찬가지로 평화유지를 위한 도구도 무리의 사회로부터 독립주권국가 체제로, 그리고 초국가주의를 상징하는 EU나 WTO체제 등의 형태로 발전해 왔다. 비록 경제와 교역이라는 분야에 국한된 것이기는 하지만, 이러한 발전은 마치 무기가 소총에서 핵무기로 변모한 것과 같은 가히 혁명적인 사건이다.

경제와 교역분야에서의 이러한 변화와 더불어 국제기구와 국제법 영역에서도 일대 혁신이 일어나고 있다. 특히 국제법 영역에서는 그 대상이 국가에서 개인으로 확대 · 강화되어 가고 있다. 제2차 세계대전의 전범처리를 목적으로 했던 뉴렌버그(Nuremberg) 재판과 동경 재판 이후 보스니아와 르완다의 전범이 UN 전범재판소에 기소된 것은 국제법 영역에서 가히 혁명적인 선례를 남긴 사건이라 할 수 있다. 전쟁의 정당성 유무와는 상관없이 최근 코소보 전범들이 국제전범재판소에 기소된 것 또한 분명한 변화이다. 특히 2000년 말에 회원국들의 비준이 완료되면 세계는 상설 국제형사재판소의 시대로 진입하게 되는 것이다.

나는 국제관계에도 '나비효과'(butterfly effect)라는 것이 있다고 믿고 있다. 북경의 외곽에서 한 마리의 나비가 일으킨 바람이 워싱턴 D. C.에서 폭풍으로 변하는 것과 같은 현상을 국제정치에서도 목격하게 된다. 우연적이고 지엽적인 사건이 체제 전반의 변화를 낳는 혁명적인 사건으로 발전하기도 하는 것이다. 호혜성을 중심으로 한 원시사회가 독립주권국가로 발전했고, 현재에 이르러서는 탈국가중심주의로 옮아가는 현상이 계속되고 있다. 이러한 변화와 더불어 평화를 유지하는 방법도 다양한 형태로 발전했다. 즉 힘의 균형체제, 집단안보 체제, 집단방위 체제, 협동안보 체제, PKO 등으로 다변화되고 복합적인 형태의 평화체제가 상호 보완적으로 형성된 것이다. 나는 UN과 구분되는 지역집단 안보체제와 지역분쟁 조정기구가 이러한 평화체제를 보완하는 역할을 수행하면서 안보영역과 경제 · 교역 분야에서 탄생하게 될 것으로 보고 있다.

미래의 안보문제는 주권국가들이 초국가주의적 차원에서 해결하려 할 것으로 보며, 이는 단순한 나의 희망사항은 아니라고 확신한다. 이러한 경향 속에서 평화유지책으로서의 힘의 균형체제는 상당기간 존속되겠지만 그 비중과 명성은 점차 감소하고 퇴색될 것이다.

모겐소 교수와 나의 국제정치관을 비교·정리하면 그는 정치현실주의자의 태두로서 실재성에 바탕을 두고 있으나 나는 실재성과 당위성을 적절히 조합하는 가변적 사고를 국제정치관의 핵심으로 삼고 있다. 따라서 나는 국제정치 상황의 변화에 따라 당위성의 비중이 증가할 수 있음을 전제한다. 모겐소는 인간이 단일목적지향적(unipurposeful)이라고 보았으나 나는 인간이 다목적지향적(multipurposeful)이라고 본다. 또한 정치현실주의자들이 힘을 중심으로 하는 국제정치관에 바탕을 두고 있는 것과는 달리, 나는 정치현실주의의 비중이 점차 쇠퇴하고 정치이상주의의 비중이 차츰 증가하는 추세를 국제정치관의 근저에 반영하고 있다. 평화체제의 문제와 관련하여 모겐소 교수는 주권국가들의 힘의 관계에서 평화를 모색하고자 한 반면, 나는 탈국가중심주의의 확대에 따른 초국가주의적인 힘의 관리체계에서 평화체제를 구상하고 있다.

모겐소 교수가 힘이라는 단일변수의 움직임과 힘의 조정에서 국제정치를 이해하고 그의 현실주의 이론을 정립했던 것과는 달리, 나는 사회과학에서 얻은 경험적 지식과 정치행태학에서 수용한 적실성 있는 연구결과에 바탕을 두고 나의 국제정치관을 형성하였다. 그렇기 때문에 나는 모겐소 교수와 달리 시공을 초월하는 일관성 있는 국제정치이론의 정립은 불가능한 것이며, 사회과학의 발전도에 따라 국제정치이론도 가변적일 수밖에 없다는 결론에 도달한 것이다. 이론이란 정치현상에 대한 서술의 정확성과 설명의 타당성, 그리고 신빙성 있는 예측력을 갖추어야 한다. 이러한 맥락에서 볼 때 시공을 초월한 국제정치이론이란 불가능한 것이며, 다만 일정 수준의 서술력과 설명력을 가진 가변적인 학설만이 가능할 뿐이다. 바로 이 점이 사회과학의 한 분야인 국제정치학과 자연과학의 일부인 물리학과의 차이점인 것이다.

VI. 후학들에게

나의 인생과 학문세계에 대한 이 짧은 회고를 마치기 전에 마지막으로 후학들에게 남기고 싶은 말이 있다. 정치학자들은 특히 정치의 유혹에 빠지기 쉽다. 그리고 이 문제는 나를 괴롭힌 문제이기도 하다. 솔직히 나는 노태우 정권 이전에는 정치에 대해 유혹을 느끼거나 유혹을 받은 적이 없다. 물론 그 이후로도 내 스스로 정치에 대해 유혹을 느낀 적은 없었지만 직·간접적으로 지원요청을 받은 적은 있다. 그것은 나와 두 민간 대통령들과의 개인적인 관계에서 비롯되었다. 내가 만일 정치할 생각을 가지고 있었다면 두 민간 대통령 중 누구라도 적극 지원하면서 정계에 입문했을 것이다. 하지만 나에게는 정치할 생각도 욕심도 없었다. 돌이켜 보면 내 인생도 과도기적인 정치상황 속에서 지속된 것이었기 때문에 내 나름대로 야당의 정치인이나 대표 못지않은 고통을 느낀 적도 많았다.

나는 그렇게 어려운 상황 속에서 유지한 서울대 정치학과의 교수직을 포기한다는 것은 어떠한 보상과도 바꿀 수 없는 것이라고 생각해 왔다. 또 나는 내가 정치를 할 수는 있어도 정치인은 내가 점하고 있는 자리로

올 수 없다는 점을 항상 염두에 두고 있었다. 뿐만 아니라 나는 항상 내가 하고 있는 일이 어느 정치인이 하는 일보다 더 중요한 것이라는 자긍심을 가지고 있었다. 그러한 생각으로 교수직에 임했기 때문에 흔히 오르내리는 자천타천의 하마평에 한번도 오르지 않았다. 세상에는 마치 정치학자들이 정치를 해야만 좋은 정치학자인 것처럼 생각하는 세속적인 사람들도 많다. 나는 그러한 질문이나 나의 의도를 시험하는 사람들을 별로 좋아하지 않는다. 학자는 분명히 학문을 해야 하는 것이다. 좋은 정치인이 되는 데는 외국의 유수한 대학교의 박사학위나 연구경력이 필요한 것은 아니다. 특히 학자가 독재자의 하수인이나 대변자가 되는 것은 그의 자존심과 긍지를 버리는 것이다.

학자로서의 인생에도 기쁨은 있기 마련이다. 나는 서울대학교에서 보낸 32년간의 교편생활을 매우 소중하게 생각한다. 시골에서 태어나 미국의 명문대학, 특히 정치학이 뛰어난 대학원에서 학위를 하고 모국에서 가장 우수한 학생들이 모여드는 서울대학교 정치학과에서 인생의 제일 신 부분을 보내게 되었다는 것은 내 개인으로는 매우 영광스러운 일이 아닐 수 없다. 내가 가르친 제자들은 한국 사회 곳곳에서 이 나라의 발전에 기여하고 있다. 실망시킨 소수의 제자들도 있지만 대체로 나는 그들의 활동상을 매우 자랑스럽게 생각하고 있다. 또 나는 20여 년 전 어느 날 나의 부친과 경복궁을 찾았던 날을 기억한다. 경복궁 안에는 아름답고 참하게 다듬어진 대한민국학술원 건물이 있었다. 그곳 앞에 멈춘 나의 엄친은 나에게 학술원 회원이 언제쯤 될 수 있겠느냐고 물어보셨다. 나는 한마디로 그럴 가능성은 없다고 하였다. 그 후 나는 나의 아버지를 실망시킨 데 대한 자책감을 느끼며 살아왔다. 그런데 4년 전 내가 소속한 학회의 추대로 현역 정치학 교수로는 유일한 대한민국학술원 회원으로 선출되는 영예를 안게 되었다. 생각지도 못한 영예였다. 하지만 이미 나의 부모님이 돌아가신 후였다는 사실이 내게는 몹시도 아쉬웠다.

나는 이제 내가 자랑스럽게 생각하고 출퇴근하던 정든 직장을 떠난다. 직장을 떠나는 사람은 슬퍼할 수도 있고, 어느 저명한 노병의 유명한 말과 같이 조용히 사라질 수도 있다. 하지만 나는 슬퍼하지도 사라지지도 않으련다. 나는 서울대학교 정치학과의 교수였다는 무한한 긍지를 가지고 떠나며, 그 명예에 손색 없는 학술활동을 계속하려 한다.

한국적 국제관계이론의 형성과 적용 :
고(故) 구영록 교수의 연구업적을 중심으로*

백창재(서울대학교)

구갑우(북한대학원대학교)

Ⅰ. 문제제기

국제관계이론의 '한국적 정체성' 모색이라는 맥락에서 한국에서 국제관계이론 연구의 현황을 정리한다고 할 때 우리는 먼저 "국제관계이론의 한국적 정체성이란 무엇인가?"라는 질문을 던질 수 있다. 그리고 이 질문을 "한국적 국제관계이론이 존재하는가, 그렇다면 그것은 무엇이고 어떻게 형성될 수 있는 것인가, 만약 한국적 국제관계이론이 존재하지 않는다면 국제관계이론의 한국적 정체성이 의미하는 바는 무엇인가?"라는 방식으로 보다 구체화할 수 있을 것이다. 즉 국제관계이론의

---

* 이 논문은 고(故) 구영록 교수의 1주기를 맞아 제자들과 후학들이 선생님을 추모하기 위해 마련한 학술회의(2002년 11월 7일, 서울대 호암교수회관)에서 선생님의 학문세계를 돌이켜보려는 뜻으로 쓰여졌다.

보편성과 특수성의 문제다. 그리고 이 질문의 의미를 명료화하기 위해서는 "'국제관계학'이 자기정체성을 가지고 있는 하나의 학문분과인가?", "'한국적 정체성'이란 무엇인가?", "이론이란 무엇인가?"라는 질문들에 대한 답이 필요할 것이다. 질문의 답을 작성하기 위해서는 질문의 구성요소가 엄밀하게 정의되거나 또는 각 구성요소의 의미에 대한 합의가 필요하기 때문이다.

이 글은 한국적 국제관계이론의 형성과 적용에 관한 포괄적 연구를 위한 준비작업으로, 국제관계이론의 한국적 정체성에 지속적인 관심을 가지고 연구작업을 수행했던 한국의 대표적인 국제정치학자 가운데 한 분인 구영록 교수[1]의 업적을 중심으로 논의를 전개한다. 이 글은 네 부분으로 구성된다. 국제관계이론의 발전과정을 간략히 소개하고, 그 과정에서 학문분과로서 국제관계학의 성격을 논의한다. 둘째, 국제관계이론의 한국적 정체성에 관한 기존의 논의를 통시적으로 개괄한다. 한국정치학회 및 한국국제정치학회가 발간한 『한국정치학회보』와 『국제정치논총』에 게재된 연구논문이 그 주요한 분석대상이다. 셋째, 구영록 교수의 연구업적을 한국적 정체성 모색이라는 맥락에서 정리하고 평가한다. 마지막에서는 구영록 교수의 학문적 삶을 돌이켜 보며 구영록 교수와 학문공동체의 관계를 공헌의 측면에서 되짚어 본다.

---

1) 글의 성격상 일체의 존칭을 생략함에 대해 양해를 구한다.

II. 분과학문으로서 국제정치학

각 국별로 그리고 세계적 차원에서 국제관계학의 연구를 직업으로 삼고 있는 전문가들의 모임인 국제정치학회가 조직되어 있다는 사실이야말로 국제관계학 또는 국제정치학이 하나의 학문분과임을 나타내는 가장 좋은 지표 가운데 하나다. 즉 국제관계학이 다른 학문분과처럼 전문가들로 구성된 학문공동체의 '자기구속적 기제'를 바탕으로 연구되고 있음을 부정할 수는 없다.[2] 그럼에도 국제관계학은 다른 사회과학의 분과학문과 구별되는 몇 가지 특징을 가지고 있다. 국제관계학 시장은 외견상 자기 고유의 이론을 가지고 있는 몇 안 되는 학파 또는 접근—현실주의와 기타—이 경쟁하고 있는 과점시장이고, 이 시장에서 이론을 공급하는 지배적 행위자가 미국의 학계라는 사실이다.[3] 국제관계학이 하나의 분과학문으로 등장하는 과정이 미국의 세계권력으로의 부상과 밀접히 연관되어 있었기 때문이다. 즉 국제관계학은 호프만(S. Hoffman)이 지적하고 있는 것처럼 그 태생이 미국적 사회과학이다.[4]

---

2) 예를 들어 분과학문으로서 정치학의 성격과 관련해서는 G. Goodin and H. Klingemann, "Political Science : The Discipline," R. Goodin and H. Klingemann eds., *A New Handbook of Political Science* (Oxford : Oxford University Press, 1996), pp. 4–10 ; G. Stoker, "Introduction," D. Marsh and G. Stoker eds., *Theory and Method in Political Science* (London : Macmillan Press, 1995), pp. 1–18 참조.

3) K. Goldman, "International Relations : An Overview," R. Goodin and H. Klingemann eds., pp. 401–404.

4) S. Hoffman, *Janus and Minerva* (Boulder : Westview Press, 1987), pp. 3–24. 국제정

따라서 국제관계학 또는 국제정치학이 미국 외교정책의 도구로 기능했고 지금도 기능하고 있다는 사실이 놀랍지는 않다. 이 도구화하는 현실에 대한 기존의 국제정치학 학문공동체 '안'과 '밖'으로부터의 도전이, 국가중심적 국제관계이론 및 그 이론의 근저에 놓여 있는 철학적 기초에 대한 공격을 중심으로 전개되었던 1980년대 후반의 이른바 '세 번째 논쟁'이다.[5] 신현실주의와 신자유주의 논쟁은 기본적으로 국가중심성을 공유하면서 국제제도를 매개로 한 국제협력의 가능성에 대한 논쟁이라고 할 수 있고, 따라서 미국적 사회과학인 국제관계학이 현실의 변화에 따라 주기적으로 수행하는 개정작업이었다고 해도 과언이 아니다. 반면, 국제관계학의 철학적 기초 및 국제적 수준에서의 좋은 사회에 대한 고민은 신현실주의 대 신자유주의 논쟁과 달리 미국 중심의 국제관계학에 대한 발본적 반성을 가능하게 했다고 할 수 있다. 즉 국제관계학계 내부에서 새로이 열린 '이론의 다원주의'는 국제관계학이라는 분과학문의 국지적(局地的) 성격을 넘어설 수 있게 한 중요한 계기였다.

치학이 그 출범부터 미국적 사회과학이었다는 사실에 주목할 필요가 있다. 왜냐하면 오늘날 인문 · 사회과학의 영역에서 미국의 학계가 지배력을 행사하고 있는 것은 사실이지만, 대부분의 인문 · 사회과학은 유럽에서 시작했기 때문이다. 따라서 서구중심주의적 분과학문체제는 유럽중심적 분과학문 체제와 동의어였다. 이 분과학문 체제가 서구중심주의를 확대재생산하는 기제라면 국제정치학은 미국중심주의를 확대재생산하는 역할을 맡고 있다고 할 수 있다. 유럽중심적 분과학문 체제의 효과에 대한 간략한 소개로는 박한제 · 김호동 · 최갑수, 『유라시아 천년을 가다』(서울 : 사계절, 2002), 279–88쪽.

5) 세 번째 논쟁과 관련한 자세한 철학적 논의는 M. Neufeld, *The Restructuring of International Relations*(Cambridge : Cambridge University Press, 1995) 참조. 국제관계학에서 첫 번째와 두 번째 논쟁은 이상주의 대 현실주의, 과학주의 대 전통주의의 대립이었다.

III. 국제관계이론의 한국적 정체성

한국에서는 해방이 되면서 분과학문으로서 국제관계학에 대한 연구와 교육이 이루어지게 되었다. 1946년 서울대학교의 전신인 경성대학과 고려대학에 '국제정치론' 강좌가 개설된 것이 국제관계학 강의의 효시라고 할 수 있다. 그러나 교수진 및 교재의 부족으로 본격적인 국제관계학 강의가 이루어졌다고 보기는 힘들다. 1950년 전쟁을 겪으면서 국제관계 및 국제정치에 대한 관심은 보다 제고되었고, 1956년 '한국국제정치학회'가 설립되면서 하나의 학문분과로서 국제관계학 및 국제정치학의 연구와 교육을 위한 학문공동체가 형성되었다.[6] 1963년 학회지로 『국제정치논총』이 발간되면서 한국 국제정치학계에서는 국제관계이론의 한국적 정체성에 대한 고민이 시작되었다고 볼 수 있다.

한국의 국제정치학계를 선도한 초기의 학자들은, 일단 지면을 통해서 확인할 수 있는 수준에서는 한국적 정체성에 대해 매우 '급진적인 사고'를 한 듯이 보인다. 학문에는 국경이 없다는 생각을 하면서도 자신들이 선택하는 이론들이 '남의 것'이라는 생각이 대단히 강했다고 할 수 있다. 즉 국가의 수만큼 국제관계이론이 존재하는 것은 아니지만 한국적 정체성을 담은 국제관계이론이 필요하다는 생각은 한국국제정치학회의

6) 이 시기까지 국제관계학의 연구와 교육현황에 대해서는 손제석, "국제정치학의 연구 및 대학교육 경향," 『한국정치학회보』 2집(1967), 102–105쪽.

출범부터 주기적으로 등장하고 있다.[7] 1963년의 『국제정치논총』 창간호에 실려 있는 당시의 "국제정치학회 편집위원회" 이름으로 게재된 "한국국제정치학회약사"에는 국제정치이론에 관한 명확한 문제의식이 다음과 같이 표출되어 있다.

> 국제정치학이 20세기의 학문이며 동시에 영미의 학문이라는 것은 주지하는 바와 같다. … 수입된 학문이라고 하더라도 일단 내것이 된 이상에는 그것은 나의 학문이며 우리의 학문으로 만들어야 한다. … 오늘날의 국제정치학이 영미, 특히 미국의 진영정책의 요청에 따르고 있음은 사실이다. 그러면 오늘날 우리나라에 있어서의 국제정치학은 과연 어떠한 것이며 또 어떠해야 할 것인가? … 구미적 역사의 산물인 이 이론을 이 땅에서 수용하는 태도를 제창해 본다면 우리는 모름지기 그 역사를 역으로 뒤집어서 재평가하면서 국제정치이론 자체를 재음미 · 재평가하여 이것을 우리의 것으로 새로이 체계화해야 한다고 생각한다. … 한국과 같이 건국과 그 존립마저 국제정치에 거의 완전히 의존하고 있는 곳에서는 차라리 모든 사회과학은 국제정치로부터 시작하여야 할는지도 모른다.

이 인용문을 보면 한국의 국제정치학자들이 시도하고 있는 국제관계

7) 유사한 문제의식은 일본학계에서도 나타나고 있다. 일본의 동경대에서 『강좌국제정치』의 첫 번째 책으로 펴낸 『국제정치 이론』(서울 : 한울, 1992) 의 한국어 서문에서 渡昭夫 교수도 "원래 학문에는 국경이 없는 것이므로 국제정치학에도 '일본의' 라든지 '한국의' 또는 '미국의' 라는 형용사가 붙는 사실 자체가 이상하다고 말할 수 있다. 하지만 각각의 국민문화나 역사를 배경으로 하는 … '일본적' 또는 '한국적' 인 특징을 갖는 국제정치학"은 존재할 수 있다고 주장하고 있다.

이론의 한국적 정체성 모색이라는 문제의식이 과거에 훨씬 더 강했다는 생각을 할 수도 있을 것이다.

그러나 그 규범적 지향과 현실 사이에는 상당한 간극과 괴리가 있었다고 해도 과언이 아니다. 즉 한국적 국제관계이론의 모색이라는 문제의식이 한국적 국제관계이론 또는 한국적 정체성을 고려한 국제관계이론을 산출한 것은 아니다. 박상섭 교수는 1988년 『국제정치논총』에 투고한 논문에서 1960년대에 출간된 대부분의 국제정치학 및 이론 관련 책들이, 권력과 세력균형에 강조점을 두는 "미국 국제정치학을 국제관계 현상에 대한 '객관적' 이론으로서 보는 무비판적 태도를 단적으로 잘 드러내고 있다"는 평가를 하고 있다. 비유하자면, 당시는 국제관계이론의 '완제품'을 수입하던 '인용의 시대'였다.[8] 완제품 형태의 "국제정치 이론은 카아(E. H. Carr)의 소위 이상주의와 현실주의 간의 절충이론과 모겐소(Hans J. Morgenthau)의 권력이론"이었다.[9]

아마 예외가 있다면 이용희 교수의 저작일 것이다.[10] 미국의 현실주의 비판으로 읽힐 수 있는 두 저작에서 이용희 교수는 현재의 비판이론가들이 주장하는 것처럼 미국의 국제정치이론이 누구를 위한 것인가라

---

8) 박상섭, "한국 국제정치학과 외래이론수용의 문제점," 『국제정치논총』 28집 1호(1988), 26-27쪽 ; 1960년대 국제관계이론에 대한 또 다른 평가로는, 이상우, "한국적 국제정치학의 정립을 위하여," 『한국정치학회보』 12집(1978). 당시 국제정치학 교과서 및 이론서로는 조효원, 『국제정치학』(서울 : 문종각, 1954) ; 조재권, 『국제정치학』(서울 : 법문사, 1963) ; 최종기, 『국제관계론』(서울 : 박영사, 1966) 등을 참조.

9) 손제석, "국제정치학의 연구," 108쪽.

10) 이용희, 『국제정치학원론』(서울 : 장왕사, 1955) ; 『일반국제정치학(상)』(서울 : 박영사, 1962).

는 문제를 제기하고 있다. 이론의 이데올로기적 성격을 천착할 필요성을 제기했다고 볼 수 있다. 이용희 교수의 표현을 빌리면, "국제정치학은 그것이 형성되어 온 고장 · 시기에서 우선 고찰되지 아니하면 안 된다"는 것이다. 당시의 『국제정치논총』에 실린 한 서평에서는 이용희 교수의 저작을 "국제정치학에 대한 근본적인 재검토 및 새로운 문제제기"라고 평가하고 있기도 하다.[11] 그러나 두 저작이 '이론의 상대주의' 및 '강한 민족주의'의 함정에 빠질 우려가 있는 것도 사실이다.

그러나 이 한국 국제정치학계 초기의 강한 문제의식과 달리 한국 국제정치학계 '주류' 이론의 발전과정은 미국 국제정치이론과의 긴장보다는 그것의 수용의 방향이었다. 1970년대를 통과하면서 다양한 미국의 국제정치이론의 소개 및 재구성작업이 진행된다.[12] 그러나 이 시기의 이론작업에 대한 평가가 긍정적이지는 않다. 한국문제와 관련한 독자적인 전문연구는 수행되고 있지만, 한국국제정치학회 창립 15년이 지난 시점에서도 국제정치 연구가 외국 의존의 단계를 벗어나지 못했다는 것이다.[13] 박상섭 교수의 지적처럼 1970년대는 국제정치이론의 '수입대체산업화' 시기였다고 할 수 있다.[14] 즉 1970년대에 들어서면서 한국의

11) 강상운, "일반국제정치학(상)," 『국제정치논총』 창간호(1963), 96쪽.
12) 1970년대에 국제관계이론과 관련한 저작으로 홍종철, 『국제정치론』; 조재권, 『국제정치 이론』; 김상준, 『국제정치 이론』; 이상우, 『국제관계이론』; 구영록, 『인간과 전쟁 : 국제정치 이론의 체계』 등이 출간되었다.
13) 박치영, "한국에서 국제정치학 연구 : 평가와 제의," 『한국정치학회보』 12집(1978), 132쪽.
14) 박상섭, "한국 국제정치학과 외래이론 수용의 문제점," 『국제정치논총』 28집 1호(1988), 28–29쪽. 당시에 출간된 국제정치 이론서로는 구영록, 『인간과 전쟁』(서

국제정치학자들은 사회과학의 새로운 흐름이었던 과학주의에 기초한 국제정치이론을 수입하여 나름의 독자적인 설명을 시도했다고 평가할 수 있다.

이 수입대체화 시기에도 '한국적 국제정치학'은 여전히 중요한 화두였다. 예를 들어 1970년대 국제관계이론 작업에 참여했던 이상우 교수는 "보편적인 국제정치학에서 '한국국제정치학'을 특화하는 것이 필요하고 또 소망스럽다"는 입장을 밝히고 있다. 그 핵심은 강대국의 시각에서 강대국의 지배력 신장과 약화의 문제를 다루는 국제정치 연구가 아니라 '약소국'의 시각을 체계화하는 것이었다.[15] 그러나 약소국의 시각을 담은 국제관계이론이라는 문제의식이 구체화된 결과물의 산출은 여전히 과제로 남아 있었다.

1980년대에 접어들면서 한국의 국제관계학은 새로운 전환기를 맞이하게 된다. 한편으로, 세계적 차원의 경제위기를 겪게 되면서 국제정치경제학이라는 국제관계학의 하위분과가 소개되었고, 이에 따라 상호 의존론, 레짐이론 등이 수입되었다.[16] 다른 한편으로, '새로운' 국제정치이론의 모색이 과거보다는 구체적으로 진행되었다. 그 시도는 세계질서운동, 평화연구, 종속이론 등의 반(半)미국적 또는 탈미국적 이론의 소

울 : 법문사, 1977) ; 이상우, 『국제관계이론』(서울 : 박영사, 1979) ; 김상준, 『국제정치 이론Ⅰ, Ⅱ』(서울 : 삼영사, 1977, 1988) 등을 참조. 박상섭 교수는 구영록 교수의 『인간과 전쟁』을 평가하면서 "(다른 책과 달리) 소개 그 자체보다는 국제정치의 실제분석을 시도하고 있다"는 평가를 하고 있다. 박상섭, "한국국제정치학 40년 : 현황, 방향 및 가능성," 『한국정치학회보』 21집(1987), 183쪽.

15) 이상우, "한국국제정치학」의 정립방향," 『한국정치학회보』 13집(1979).

16) 예를 들어 박경서, 『국제정치경제론』(서울 : 법문사, 1985).

개로 나타났다.[17] 이 이론들의 특징 가운데 하나는 국제체제에 대한 객관적 분석과 규범적 지향을 결합하려는 것이었다. 예를 들어 세계질서운동을 주도했던 포크(R. Falk)는 국제관계이론을 체제유지, 체제개혁, 체제변혁 이론으로 구분한다. 그리고 강대국 중심의 국제관계이론이 빈곤, 인권, 생태위기 등의 문제를 해결하지 못하고 있다고 비판한다.[18] 평화연구는 한반도의 분단과 통일을 고려할 때 매우 중요한 연구주제일 수 있다. 그러나 하영선 교수의 문제제기 이후 한반도의 평화를 고려한 국제관계이론의 형성이 이루어졌다고 보기는 힘들다. 한반도의 상황을 고려할 때 평화연구의 저발전은 사실 매우 놀라운 일이기도 하다. 이른바 근대화이론에 대한 비판으로 등장한 종속이론은 학계의 비주류와 재야학자들이 매우 관심을 보였지만 한 차례의 유행처럼 지나간 느낌이다.[19] 그러나 이 '새로운' 경향도 사실상 완제품의 수입 또는 수입대체의 성격을 띠고 있었음을 부정할 수는 없을 것이다.

『국제정치논총』의 창간호부터 미국의 국제정치이론을 재구성해서 새로이 체계화해야 한다는 문제의식이 제출되었음에도 불구하고 현실에서 국제관계이론의 연구는 시차를 두고 미국의 이론이나 탈미국적 이

---

17) 하영선, "새로운 국제정치 이론을 찾아서 : 세계질서 연구를 중심으로," 『국제정치논총』 20집(1980) ; 안청시, "국제정치 이론과 새로운 세계질서운동 : 그 이미지, 모델 및 문제점을 중심으로," 『국제정치논총』 20집(1980) ; 하영선, "새로운 국제정치 이론을 찾아서 : 평화연구를 중심으로," 『국제정치논총』 20집(1981) ; 염홍철, 『제3세계와 종속이론』(서울 : 한길사, 1980) ; 김호진, "제3세계 국제정치 이론의 수용과 비판," 『국제정치논총』 28집(1988).

18) R. Falk, *The End of World Order*(New York : Holmes and Maier, 1983).

19) 1997년 IMF 위기 이후 종속이론의 부활이 논의되고 있다. 예를 들어, 임현진, "종속이론은 죽었는가? 한국의 발전위기에 대한 해석," 『경제와 사회』 36호(1997).

론을 수입하는 것에서 크게 벗어나지 못했다고 평가할 수 있을 것이다. 즉 한국 국제정치학계의 주류는 미국에서 생산된 이론을 보편이론으로 간주했을 뿐만 아니라, 보다 근본적으로는 이 이론이 한국이 가지는 특수성을 설명할 수 있는 이론으로 간주했다고 할 수 있다. 이 규범과 현실의 차이 및 미국식 보편으로의 함몰은 어떻게 설명될 수 있을 것인가? 이 질문에 대한 답은 매우 중요하다. 왜냐하면 1990년대를 거치면서도 이 간극과 괴리는 반복되고 있기 때문이다.

1980년대 후반 국제관계이론의 한국적 정체성 모색은 크게 두 측면에서 진행되고 있는 것처럼 보인다. 하나는 미국적 이론의 수입이 야기할 수밖에 없는 '사조직(自嘲的) 결정론'에 빠지지 않기 위해서는 "미국적 패러다임의 무비판적 수용 태도에 대해 근본적인 자기 성찰의 작업"이 필요하다는 생각이다.[20] 이 견해를 수용하는 학자들은 이후 탈미국적·탈현실주의적·탈근대적 국제정치이론에 경도되는 경향을 보이기도 한다. 다른 한편, '국제정치학의 한국화'는 불가피하게 보편적 성격을 가질 수밖에 없는 국제정치이론으로 한국 사례를 분석하는 것으로 간주되는 경우도 있었다.[21] 후자의 흐름도 한국 국제정치학계에서 지속되고 있다.

결국 객관성과 보편성의 지향이 학문연구의 기본 요건임을 인정하면서도 이론에 내재된 역사성과 사회성, 그리고 이데올로기성을 어떻게

20) 박상섭, "한국국제정치학과 외래 이론 수용의 문제점," 『국제정치논총』 28집 1호 (1988).

21) 이호재, "한국국제정치학의 발전을 위한 방향제시," 『국제정치논총』 28집 1호 (1998).

극복할 것인가의 문제였다고 할 수 있다. 따라서 두 차원의 작업이 필요할 것이다. 첫째, 이론의 수입이 아니라 창조적 수용이 필요하다. 수입된 이론의 철학적 기초 및 정책적 함의를 들추어내면서 그 이론들을 비판적으로 재구성하는 작업이다. 둘째, 한국의 현실분석에서 적실성을 가질 수 있는 이론의 개발이다. 한국의 역사를 조망하면서 보다 깊숙한 실증분석이 이루어질 때 '이론 선택을 위한 담론', 즉 한국적 메타 이론의 형성이 가능할 것이다.

1990년대에 접어들면서 이러한 문제의식은 보다 강화되면서 '집합적 노력'의 형태로 나타나고 있다. 1992년에 한국국제정치학회가 편집한 『현대국제정치학』은 좋은 사례 가운데 하나다.[22] 그 책의 서문에서 나타나고 있는 문제의식은 다음과 같다.

> 우리가 우리 학생들에게 국제정치학을 가르치기 시작한 지도 벌써 반세기가 되어간다. 이제는 더 이상 외국 교과서로 우리 학생들을 가르칠 수만은 없는 때가 되었다. … 21세기의 보다 나은 한반도를 위해서는 기존의 강대국 중심의 지배의 국제정치학이나 약소국 중심의 종속의 국제정치학을 넘어서서 신세계질서의 중진국을 위한 활용의 국제정치학이라는 새로운 틀로서 변화하는 국제정치 현실을 새롭게 보아야 한다. … 우리 나름의 언술체계로 우리의 국제정치 현실을 구성하기 위한 준비작업으로서 현대 국제정치의 대표적 언술체계라고 할 수 있는 현실주의, 자유주의, 사회주의의 사상적 전통에 선 국제정치이론과 미래 국제정치의 중요한 언술체계로 부상하고 있는 세계체제론과 탈

22) 이상우 · 하영선 공편, 『현대국제정치학』(서울 : 나남, 1992).

근대 국제정치이론을 집중적으로 검토하였다.

지배의 국제정치학과 종속의 국제정치학을 넘어서려는 서문의 문제의식은 『국제정치논총』 창간호에 있어서의 문제의식의 반복이면서도 보다 구체적이고 세련된 형태로 전개되고 있음을 볼 수 있다. 그러나 과거보다 진일보한 형태이기는 하지만 "이론의 소개와 한국에 주는 함의"라는 고식적 틀을 벗어나지는 못한 것처럼 보이기도 한다. 상당한 아쉬움이 남는 부분이다. 즉 발본적으로 국제정치이론을 재구성하려는 본격적 시도는 아니었다고 할 수 있다.

『현대국제정치학』의 후속작업이라고 할 수 있는 1995년에 출간된 『국제정치학의 새로운 영역과 쟁점』도 국제관계이론의 한국적 정체성 모색을 위한 집합적 노력의 결과물이다.[23] 이 책에서는 국제관계이론의 한국적 정체성 모색이라는 자의식은 훨씬 더 강화된 것처럼 보인다. 특히 기존의 '국경' 관념을 깨는 새로운 현상에 대한 자각이 뚜렷한 형태로 나타나고 있다. 이 자각은 국가중심적 사고와 군사력 중심의 권력 개념을 가지고 있는 현실주의에 대한 비판 및 기술, 자원위기, 환경, 여성과 같은 이슈의 제기로 나타나고 있다. 포스트모더니즘이나 역사사회학적 비전, 세계체제론과 같은 탈미국적 · 탈현실주의적 · 탈근대적 담론이 지면의 많은 부분을 차지하고 있는 것도 이 때문인 것처럼 보인다. 또한 "학문 자체가 국적을 가질 수 있는 것은 아니지만, 주어진 개별 학문

---

23) 김달중 · 박상섭 · 황병무 공편, 『국제정치학의 새로운 영역과 쟁점』(서울 : 나남, 1995).

의 기본 틀 속에서 이루어지는 연구의 주제나 방법의 선정은 실제 연구가 이루어지는 특정 사회 자체가 가지고 있는 독특한 문제와 분리하여 생각될 수 없다"는 편자들의 주장에서 볼 수 있듯이 한국적 맥락에서 국제관계이론을 재성찰하려는 시도였다고 할 수 있다.

그럼에도 나름의 언술체계의 구성과 직결된 '글쓰기' 방식에서는 기존의 한계가 여전히 표출되고 있다. 한국적 문제설정과 그에 기초한 이론의 재구성이라기보다는 여전히 이론의 소개 더하기 한국에 주는 함의라는 형태를 고수하는 측면이 있다. 새로운 언술체계의 구성은 현실 및 역사에 대한 주체의 인식과 분리될 수 없다는 생각을 다시금 하게 된다. 이론은 현실의 반영일 뿐만 아니라 현실을 구성하는 요소이기도 하다. 문제의식의 '과잉'과 이론 또는 한국적 정체성의 '빈곤'이라는 악순환의 고리를 절단할 수 있는 방법은 결국 정치(精緻)한 현실분석을 동반할 수 있는 이론의 재구성일 것이다.

이 측면에서 1990년대에 들어서 한국 사회가 가지고 있는 독특한 국제정치적 문제라고 할 수 있는 미국을 포함한 동북아시아 국제정치와 경제 및 남북한 관계에 대한 국제정치학자의 이론적 개입이 증대하고 있음은 주목할 만하다.[24] 또한 미국의 국제정치이론 논쟁을 검토하면서 (신)현실주의에 대한 대안으로 제도주의와 구성주의 이론을 통해 남북한 관계 및 동북아 국제정치를 설명하는 것의 적실성과 유용성이 논란의 대상이 되고 있다.[25] 이 글에서 이 연구업적에 대한 본격 평가를 유보

24) 아주 제한적인 연구성과만 제시하면 다음과 같다. 구영록, 『한국의 국가이익』(서울: 법문사, 1995) ; 『한국과 햇볕정책』(서울 : 법문사, 2000) ; 오기평, 『한국외교론』

할 수밖에 없지만 몇 가지 특징이 나타나고 있음을 확인할 수 있다.

첫째, 그 내용과 성취의 경로는 다르지만 한반도의 평화와 번영이라는 규범적 관점이 명확히 표출되고 있다. 국제관계이론의 한국적 정체성을 형성하기 위한 출발점이라는 의미를 지닌다. 둘째, 이론의 다양성과 재구성을 위한 노력이다. 이른바 문제해결 이론부터 비판이론에 이르기까지 미국적 사회과학을 넘어설 수 있는 다양한 이론에 대한 천착이 이루어지고 있다. 셋째, 한국적 현실의 분석을 통해 이론의 적실성을 확보하려는 노력도 함께 이루어지고 있다. 국제관계이론의 한국적 정체성 모색 내지는 '토착화'를 위한 노력이라고 할 수 있다. 넷째, 이론의 다양성은 이슈의 다양성으로 연결되고 있다. 전통적인 안보문제나 외교정책 문제뿐만 아니라 동아시아 경제협력, 남북한 경제협력 등이 주요 분석대상으로 부상하고 있다. 또한 과학기술, 사이버 공간, 환경, 여성, 자원 등과 같은 탈근대적 과제도 구체적 연구대상으로 설정되고 있다.

(서울 : 오름, 1994) ; 정진위, 『새로운 동북아질서와 한반도』(서울 : 법문사, 1998) ; 백영철 외, 『21세기 남북관계론』(서울 : 법문사, 2000) ; 함택영, 『국가안보의 정치경제학』(서울 : 법문사, 1998) ; 하영선 편, 『탈근대 지구정치학』(서울 : 나남, 1993) ; 윤영관, 『전환기 국제정치경제와 한국』(서울 : 민음사, 1996) ; 박건영, 『한반도의 국제정치』(서울 : 오름, 1999) ; 이삼성, 『현대 미국 외교와 국제정치』(서울 : 한길사, 1993) ; 김재한, 『게임이론과 남북한관계』(서울 : 한울, 1995) ; 『남북관계를 어떻게 볼 것인가 : 남북한 관계의 국제정치이론적 이해』, 한국정치학회 2000년 추계학술회의 ; 동아시아 차원의 협력에 관해 다양한 이론을 사용한 분석논문 등등.

25) 정진영, "국제정치 이론 논쟁의 현황과 전망," 『국제정치논총』 40집 3호(2000).

Ⅳ. 구영록 교수의 연구업적

구영록 교수는 한국 국제정치학의 발전과정에서 항상 중심에 서 계셨다. 구영록 교수는 국제관계이론의 한국적 정체성을 모색하면서 동시에 그 이론을 한국이 처한 국제정치적 현실을 설명하기 위해 부단히 개선하고자 한 학자였다. 먼저 개인적 이력을 간략히 소개하면서 본격적 논의를 시작하고자 한다.

구영록 교수는 1968년부터 30년 넘게 서울대학교에 재직했고 정년 뒤에는 학술원 회원으로서 학문활동을 계속했다. 여기에 귀국 이전 미국 대학에서의 교수생활과 석 · 박사과정 기간까지 합산하면 구 교수의 학문활동 기간은 반세기에 이른다. 이 긴 기간 동안 구 교수가 국제정치학 분야에 방대한 연구업적을 남겼음은 재론의 여지가 없다. 구 교수 스스로 추리고 서울대학교 정치학과에서 공식 기록으로 보존하고 있는 구 교수의 연구업적만도 단행본(저서, 역서, 공저, 공편저 포함) 24권, 주요 논문 58편에 달한다. 연구업적의 수만 방대한 것이 아니라 국제관계이론에서부터 한국 외교정책, 남북관계와 통일문제, 한미관계, 미국 국내정치, 공산주의 체제에 이르기까지 연구영역 역시 방대하다.

필자들의 능력으로 보나 지면과 시간의 제한으로 보나 이같이 방대한 구 교수의 연구업적 전체를 세밀히 분석하는 것은 불가능하다. 따라서 이 글에서는 구 교수의 학문세계를 엿볼 수 있는 대표적 업적들을 중심으로 구 교수 학문의 성격과 의미를 부분적으로라도 정리해 본다.

방대한 업적들을 일별하면, 우선 국제관계 분야의 '이론적' 저작과 그 이론을 응용하여 국제적 현실을 분석한 '현실적' 저작으로 구분할 수 있다. 물론 이론과 현실은 개념적으로 엄격히 구분되는 것이 아니고, 더욱이 사회과학 분야의 온전한 학문적 글이라면 한쪽을 완전히 배재할 수 없다. 특히 국제정치학의 학문적 성격상 더욱 그러하다. 전쟁, 평화, 분쟁, 공존, 국가 간 교류 등 국제정치학의 주요 문제는 투키디데스나 손자의 시대에까지 소급되는 오래된 문제이다. 그만큼 동서고금을 막론하고 인류가 안고 있는 근본적 문제인 것이다. 따라서 국제정치학의 연구자는 이러한 현실을 떠나 학문활동을 추구할 수 없다. 한편, 앞서 지적한 것처럼 국제정치 현상에 대한 과학적 탐구는 제2차 세계대전 이후에야 본격적으로 시작되었을 정도로 학문분과로서 국제정치학의 연륜은 일천하다. 따라서 국제정치의 다양한 현상을 설명할 수 있는 이론과 방법론을 모색하는 작업은 국제정치학도들에게 부과된 일차적 과제였다. 이론에 대한 관심이 극히 높을 수밖에 없는 것이다.

이렇게 볼 때 구 교수의 저작이 이론과 현실의 두 차원을 고루 포괄하고 있다는 점은 국제정치학자로서 당연할 것이다. 더욱이 국제정치학 연구를 시작한 시기로 보아서 구 교수가 미국 학계에서도 제2세대에 속한다는 점을 감안하면 이론에 대한 관심은 당연하며, 식민시대부터 분단과 한국전쟁, 남북 대치시기를 겪은 그로서 동북아 국제정치와 남북한 관계 및 통일문제에 대해 탐구해 왔던 것 역시 너무나 당연하다. 이하에서는 한국 국제정치학의 발전과정에서 구 교수의 학문활동이 가지는 의미를 살펴보도록 한다.

1. 이론의 형성

[표 1] 에서 보듯이 구 교수는 한국 학계에서 활동을 시작하던 1970년대에 특히 많은 이론적 저술들을 발표했다. 물론 한미관계나 남북관계 등 현실외교에 대한 진단과 처방에 대해서도 관심을 기울였지만 1980년대 이후에 비해 훨씬 많은 수의 이론적 저술들을 이 시기에 발표했다. 구 교수는 이론의 형성과 그 적용이라는 문제의식을 가지고 있었다고 평가할 수 있는 부분이다.

[표 1] 구영록 교수 연구업적 : 시기별 · 저술형태별 · 연구분야별 분류

기간	저술형태	제목	이론분야	현실분야
~ 1970년대	논문	The American Senate and Ratification of the U.N. Charter		미국외교
	논문	공산주의에 있어서 평등개념의 부정적 전개괴정에 괸힌 언구		기타
	논문	대미외교의 강화책		한국외교 (미국)
	논문	박정희 정권과 안보외교의 반성		한국외교
	논문	국제연합의 구상과 세계정치		집단안보 국제기구
	논문	Two Patterns of Working 'Bureaucracy' : Supranationalism v. Intergovernmentalism	통합이론	
	논문	Collective Security Re-examined	집단안보 이론	
	논문	박정희 정권의 평화통일 외교		남북관계 통일
	논문	New Dimensions in Korea's Security Policy		한국외교
	논문	미국의 통한정책 : 미국의 극동정책에 반영된 한국 안보문제와 통한이론에 대한 분석, 1945-1954		한미관계
	역서	국제정치의 분석	국제정치 이론일반	

~ 1970 년대	논문	미국의 국제연맹규약 투쟁과 브릿커 개헌투쟁의 비교연구		미국외교
	논문	Multipolarity	국제체계이론	
	논문	통합이론에 관한 연구 : 통합의 유형과 갈등	통합이론	
	논문	On The Forms, Chances, and Limits of North-South Transactions		남북관계
	공저	신정치학개론	국제관계이론일반	
	공저	현대각국정치론		미국정치
	논문	갈등과 국제정치 : 갈등이론의 연구	갈등이론	
	논문	The Conduct of Foreign Affairs		한국외교
	논문	미국의 도덕주의와 국제정치		미국외교
	논문	현대 전쟁이론에 대한 연구	전쟁이론	
	논문	Korea in the Context of America's Future Policy		한미관계
	논문	The Future of Korean Foreign Policy		한국외교
	논문	갈등이론에서 본 남북한 거래의 한계		남북관계
	논문	여론과 미국의 대외정책		미국외교
	저서	인간과 전쟁 : 국제정치이론의 체계	국제관계이론일반	
	저서	Politics of Dissent in U.S. Foreign Policy		미국외교
	저서	국제정치의 주요 개념	국제관계이론일반	
1980년 ~ 1989년	논문	Future Perspectives on South Korea's Foreign Relations		한국외교
	논문	한미관계의 향방		한미관계
	공저	현대 정치학의 대상과 방법	방법론	
	공저	한미관계 : 1882-1982		한미관계
	논문	Prospects for Broadening U.S.-Korean Cooperation		한미관계
	논문	Reflections on the Future of Korean -American Relations		한미관계
	공저	미국과 동북아		한미관계
	편저	미국의 사회과학 : 회고와 전망	방법론	
	공편저	Korea and United States : A Century of		한미관계

1980년 ~ 1989년		Cooperation		
	논문	East Asian Lobbies in Washington : Comparative Strategies		미-동아시아 관계
	공저	The Foreign Policy of the Republic of Korea		한국외교
	논문	동남아시아 국가의 대미 로비전략 비교		미-동아시아 관계
	편저	남북한 정치통합과 국제관계		남북관계 통일
	논문	한국과 국가이익 우선의 문제점		한국외교
	논문	한국과 국가이익의 과제		한국외교
	논문	동아시아와 국제환경		동북아
	편저	국가흥망론		미국 한미관계
	공저	Security Interests in the Pacific Rim		동북아안보
	논문	1990년대 국제정세와 전망		한국외교
	논문	민주화와 국제관계 : 대외정책 결정과정을 중심으로		한국외교
1990년 이후	공저	남북한의 평화구조		남북관계
	논문	Korea's Global Economic Interests		한국외교
	논문	Korea's Regional Interests in Northest Asia		한국외교
	논문	새로운 국제환경에 관한 소고		한국외교
	논문	민주화와 국제관계 : 북방외교와 동북아		한국외교
	논문	Korea's Global Economic Interests : With Reference to Northeast Asia		한국외교
	논문	한국과 동북아 협력체제에 관한 소고		한국외교
	논문	한국과 동북아 다자협력		한국외교
	논문	국가이익과 한국의 외교정책		한국외교
	논문	Korea and Northeast Asian Regionalism		한국외교
	논문	From the Inside out : Domestic Politics and International Trade in the Asia-Pacific Region-Korea		
	논문	한국의 국가이익과 통일정책		통일정책
	논문	국제화와 국가이익		한국외교
	논문	대외정치의 핵심 개념으로서의 국가이익	국제관계 이론일반	
	논문	한국의 국가이익과 경제정책		한국외교

1990년 이후	논문	한국의 안보전략		한국외교
	공편저	한국의 통일정책		통일정책
	저서	한국의 국가이익 : 외교정치의 현실과 이상		한국외교
	논문	국가중심주의와 평화체제	국제관계 이론일반	
	저서	한국과 국제정치 환경 : 한국 · 미국 · 세계		한국외교
	저서	한국과 햇볕정책 : 기능주의와 남북한관계		남북관계 통일정책

주지하듯이 1970년대는 한국 국제정치학계가가 걸음마 단계를 벗어나면서 본격적으로 이론을 수입 · 소화하던 시기다.[26] 1960년대 후반까지는 주로 미국 국제정치학의 이론이 부분적으로, 상당한 시차를 두고 소개되었다. 더욱이 대부분의 저술들은 권력이나 세력균형 등 전통적 현실주의의 시각과 기본 개념들을 소개하는 개설서 수준이거나 이에 의존한 채 역사적 · 전통적 접근을 취하고 있었다. 1970년대 들어서야 국제정치학의 다양한 이론들과 과학적 연구방법들이 소개되고 수입되기 시작했으며, 이러한 외래 이론들을 체계적으로 소화하는 작업들이 부분적으로 이루어졌다. 유학 첫 세대의 선두주자로서 구 교수의 연구업적들은 이 시기 한국 국제정치학계가 새로운 이론을 도입하고 체계적으로 소화하는 데 지대한 공헌을 했다고 평가된다.

26) 이상우, "한국국제정치학의 정립을 위하여" ; 하영선, "한국국제정치학의 새로운 방향 모색," 김경동 · 안청시 편, 『한국사회과학방법론의 모색』(서울대학교 출판부, 1986) ; 박상섭, "한국국제정치학 40년 : 현황, 방향 및 가능성," 『한국정치학회보』 21집 2호(1987) 등을 참조.

과학적 이론을 소개하는 구 교수의 첫 번째 작업은 도이취(Karl W. Deutsch)의 *The Analysis of International Relations*(1971)의 한역에서 시작되었다. 『국제정치의 분석』으로 번역된 이 책은 역자 서문에서 밝히고 있듯이 "국제정치의 행태이론에 관한 전반적인 소개서로서는 유일한 책이고, … 부분적인 이론과 결론들을 전체적인 체계 속에 종합 정리(했고), … 따라서 우리나라에 꼭 소개되어야" 하는 책이다. 이전까지 "책을 번역하고자 한 적이 없고", 이후에도 번역작업에 관심을 두지 않았던 구 교수가 "여러 가지 어려움"을 무릅쓰고 이 책을 번역한 이유는, 이 시기 우리 학계가 과학적 국제정치이론을 도입·소화하는 데 이 책의 소개가 반드시 필요했기 때문이었다.

당시 수입되고 있던 여러 가지 이론들과 개념들 및 방법들을 우리 학계가 제대로 소화할 수 있도록 하려던 구 교수의 의도는 이후 출판된 『국제정치의 주요 개념』(1978)에서도 여실히 드러난다. 이 책은 총 421개의 국제정치학적 개념들을 해설한 일종의 사전이다. 그러나 이 책은 단순한 용어해설집에 그치지 않는다. 우선 그간 수입되어 온 다양한 이론들, 개념들, 방법들 전체를 체계적으로 정리하고 해설함으로써 우리 학계가 외래 이론을 보다 체계적으로 수용할 수 있는 기틀을 제공했다.[27] 나아가 수많은 국제정치학의 특유한 분석용어와 개념을 우리말로 옮기는 어려운 작업을 감수한 결과였다. 한국 국제정치학계가 외래 이론을 수용하면서 연구업적을 축적해 나가기 위해 이러한 작업은 반드시 이루어졌어야 하는 기초적인 일이었다.

27) 민만식, "서평 : 국제정치의 주요개념," 『국제정치논총』(1980), 349쪽.

1970년대는 앞에서 지적한 것처럼 우리 학계가 외래 이론을 수입하면서도 그것을 대체할 이론체계를 모색하던 시기였다. 구 교수의 『인간과 전쟁』(1977)은 구 교수 개인의 대표적 저술이자 한국 국제정치학 반세기의 연구업적을 대표하는 저술로 손꼽힌다. 『인간과 전쟁』은 국제정치의 핵심 문제를 전쟁으로 보고 국제정치이론들을 이에 따라 재구성하고 체계화하였다. 우선 전쟁으로 진전되는 과정을 갈등–분쟁–전쟁의 단계로 구분하여 갈등이론에서부터 협상이론과 전쟁이론들을 이 틀 안에서 정리했다. 또한 전쟁 방지수단으로 힘의 균형과 집단안보 체제를 평가했고, 전쟁 예방수단으로 국제기구와 국제통합의 문제를 검토했다.

국제정치의 핵심 문제를 전쟁과 평화의 문제로 파악하고 기존 국제정치이론들을 이를 중심으로 체계적으로 분류함으로써 독창적으로 국제정치이론을 재구성했던 것이다. 같은 시기에 외국의 과학적 이론들이 소개되고 현실에 부분적으로 적용되기는 했으나 이와 같이 기존 (외래) 국제관계이론들을 독자적 안목에서 재구성하고 평가한 것은 처음이었다. 이는 한국 국제정치학의 수준을 한 단계 높일 수 있는 획기적 공헌이었다고 평가된다.[28]

『인간과 전쟁』은 구 교수의 이론적 깊이와 포용성을 잘 드러낸다. 예컨대 전쟁의 방지와 예방의 수단으로 제기되어 다양한 이론들, 즉 전통적 현실주의의 세력균형론이나 집단안보이론, 그리고 통합이론들이 검

---

28) 한배호, "전쟁의 본질에 대한 접근," 『신동아』 151호(1977), 326–329쪽 ; 민만식, "인간연구로서의 전쟁론," 『중앙』 108호(1977), 356–357쪽 ; 김용구, "인간과 전쟁," 『기독교 사상』 225호(1977), 164–166쪽 ; 최창윤, "서평 : 인간과 전쟁," 『국제정치논총』 16집(1976), 171–176쪽.

토되는데, 구 교수의 입장은 어느 한 이론에 치우치지 않고 각 이론들이 지닌 허점과 현실적 적용의 문제점들을 냉철히 평가하고 있다. 나아가 구 교수는 국제정치학의 분석단위를 국가로만 보는 전통적 접근을 거부하고 인간, 국가, 국제체계의 다차원적 분석의 필요성을 제기했다. 베스트팔리아 이후 근대 국제체계의 기본 행위자는 주권국가이고, 현대 국제정치학에서도 이를 당연한 것으로 받아들여 왔다. 그러나 국제관계의 기본 단위인 국가는 "그 자체가 유기체가 아니며 국가의 행위에 동기와 목표를 부여하는 것은 인간"(p. vii)이다. 그렇다고 해서 국가의 행위가 틀, 곧 인간 행위의 집합은 아니다. "인간의 행위는 환경, 제도 및 그 행위가 구현되는 단위 수준에 의해 제약되기"(p. viii) 때문이다. 따라서 국제정치 현상은 인간, 국가, 국제체계 세 분석단위 간의 상호 연관성 속에서 파악되어야 한다는 것이다. 분석 수준에 대한 방법론적 논의는 현대 국제정치학의 핵심 과제 중 하나였다. 최근의 논의를 감안하면[29] 구 교수의 이러한 문제인식은 분석 수준 간의 엄격한 분리를 당연시했던 싱어(D. Singer)의 고전적 연구[30]를 뛰어넘는 것이라고 평가할 수 있다.

이 외에도 1970년대에 구 교수는 국제정치학의 다양한 분야에 걸쳐 전문적인 이론적 저술들을 발표했다. 우리 국제정치학계의 이론적 논의가 그다지 깊이 있게 이루어지지 못했던 실정을 감안할 때, 구 교수의 깊

---

29) 예를 들어 이른바 구성주의 논쟁의 시발점이 된 Alexander Wendt, "The Agent–Structure Problem in International Relations Theory," *International Organization* 41, no. 3(Summer 1987), pp. 335–370 참조.

30) Singer, "The Level of Analysis Problem in International Relations," *World Politics* 14, no. 1(1961), pp. 77–92.

이 있는 이론적 저술들은 학계에 큰 자극을 줄 수 있었다. 특히 주목할 만한 것은 일찍부터 구 교수가 통합이론을 연구·발표했다는 점이다. 통합이론은 구 교수가 별개의 논문으로 다루기도 했고, 『인간과 전쟁』에서도 전쟁의 예방수단으로 검토하고 있을 뿐만 아니라 후술할 『한국과 햇볕정책』의 핵심적인 이론적 근거가 된다. 이에 대해 두 가지 점을 지적할 수 있다.

첫째, 현대 국제정치학의 전반적인 발전과정에서 통합이론은 특별한 의미를 지닌다. 카와 모겐소가 주장했듯이[31] 제2차 세계대전 이후 미국 중심의 국제정치학은 현실주의적 접근이 지배적이 되었다. 국제체계의 본질을 "힘으로 규정된 국가이익"을 추구하는 국가들로 구성된 '무정부상태'(anarchy)로 파악해 왔던 것이다. 이와 같이 현실주의가 지배하는 상황에서 제2차 세계대전 이전의 이상주의적 신조와 자유주의적 접근의 명맥을 유지해 왔던 것이 미트라니(David Mitrany)와 하스(Ernst Haas)를 중심으로 모색된 국제통합이론이다. 1950년대 말부터 시작된 유럽통합의 과정에서 국가 간 공존과 협력의 현실적 가능성을 발견하게 되면서 통합이론은 한때 현실주의의 대안적 접근으로 대두되었다. 그러나 1970년대에 들어 유럽통합이 지지부진해지고 전세계적 상호 의존망이 확대되면서 하스 자신도 통합이론의 가능성에 회의적이 되었다.[32] 이후 자유주의적 접근에서 통합이론은 사실상 포기되었고, 상호 의존론과 신

---

31) E. H. Carr, *The Twenty Years' Crisis, 1919–1939*(London : Macmillan, 1946) ; Hans J. Morgenthau, *Politics among Nations*(New York : Knopt, 1948).

32) Ernst B. Haas, "Turbulent Fields and the Theory of Regional Integration," *International Organization* 30, no. 2(Spring 1976), pp. 195–206.

자유주의적 이론화가 모색되었다. 그러나 1990년 들어 통화주권이 포기될 정도로 유럽통합이 심화되면서 지역통합의 문제는 국제체계의 본질을 변형시킬 수 있는 중대한 대상으로 연구되고 있다. 이러한 이론사적 맥락에서 바라볼 때 구 교수가 일찍부터 국제통합의 문제에 관심을 지니고 이를 지속적으로 탐구해 온 것은 경이롭다고 할 수 있다. 하스의 표현대로라면 '격변하는'(turbulent) 단기적 현상과 이론적 유행에 좌우되지 않고 국제정치의 핵심 문제에 인내심을 가지고 천착했던 구 교수의 일면을 드러내 주는 것이다.

둘째, 구 교수가 일찍부터 통합이론에 관심을 가지게 된 것은 이를 이론적 근거로 남북관계의 개선과 교류, 나아가 통일문제를 분석할 수 있었기 때문이다. 뒤에서 논의하겠지만 분단과 남북 대치의 한반도 현실은 구 교수가 지닌 문제의식의 본질을 구성하고 있었다. 이러한 비극적 현실의 개선방안의 가능성을 구 교수는 통합이론에서 찾은 것이 아닌가 생각된다. 7·4 공동성명 이후 남북 간의 대화, 교착, 긴장 격화, 화해가 반복되는 과정에서도 구 교수는 통합이론의 틀 속에서 남북 간 공존과 평화구조, 나아가 통일의 길을 모색했던 것이다. 이 같은 지속적인 노력의 결과 구 교수는 기능주의, 신기능주의 통합이론을 기반으로 햇볕정책의 공과(功過)와 가능성을 평가하는 역작 『한국과 햇볕정책』을 저술할 수 있었다. 이에 비추어 우리 학계에서 통합이론에 대한 보다 깊은 연구가 확산되지 못했던 점은 대단히 아쉬운 현실이다. 동서독 통일 직후 통합이론에 대한 관심이 일시적으로 고조되었고 유럽통합에 대한 소수 연구자들의 노력이 계속되고 있기는 하다. 그러나 국제정치학계 전체는 물론 남북관계 연구자들조차 남북 간 공존, 협력, 통일의 과정을 설명할 수 있는 이론적 틀로서 통합이론이 지닌 의미에 많은 노력을 기울이지 않고 있는 것처럼 보인다.

이상의 논의에서 알 수 있듯이 1970년대 구 교수는 한국 국제정치학계가 외래 이론을 수용하고 이를 토대로 분과학문을 구축해 나가는 데 선구적 역할을 했다. 다양한 선진 이론들을 소개했을 뿐만 아니라 이를 바탕으로 독자적인 이론체계를 구축했던 것이다. 이와 동시에 구 교수의 이론적 작업의 동기는 항상 현실에 바탕을 두고 있었다. 인류를 전쟁의 위협으로부터 보호하려는 동기에서 국제정치학의 본질을 전쟁으로 규정했고, 남북관계의 개선을 위해 통합이론에 관심을 기울였던 것이다.

마지막으로 구 교수의 이론적 업적과 연관하여 강조할 점은 구 교수의 이론적 포용력이다. 구 교수는 특정한 이론적 시각이나 접근 혹은 방법론에 치우치지 않고 유행성 이론에 현혹되지 않았다. 앞에서 살펴보았듯이 구 교수는 과학적 이론을 소개하는 선구적 역할을 했지만 전통적 접근을 무시하지 않았다. 국제정치가 상당부분 힘에 의해 좌우됨을 인정하면서도 공존과 협력의 가능성을 파악하고 있었고, 이상과 현실의 조화가 정치의 본질이라고 믿었다. 분석 수준에 있어서도 인간과 국가와 국제체계 간의 상관관계에 주목하려 했다. 이 같은 포용력이 이후 구 교수가 다양한 현실문제들을 설명하고 처방함에 있어서 보다 합리적이고 실현성이 있는 기반이 되었다고 하겠다.

2. 이론의 적용

국제정치와 한국 외교의 다양한 현실문제에 대한 구 교수의 관심은 학문활동의 초기부터 시작되었다. 서두에서 논의했듯이 격변의 한국 현대사를 겪으면서 '국제정치학'이란 학문을 선택한 이상 당연한 일이다. 구 교수 학문의 이러한 성향은 박사논문에서부터 엿볼 수 있다.

구 교수의 박사논문 "Politics of Dissent in U.S. Foreign Policy"(1966)는 미국 외교정책에서 고립주의와 국제주의 간의 대립을 분석한 사례연구였다. 이 논문은 국제연맹 조약 비준과정과 브릿커 개헌운동의 두 사례를 중심으로 제1차 세계대전 이후 국제관계의 흐름을 결정지어 온 미국 외교정책의 본질과 현실을 규명했다. 두 사례는 외교정책 이슈를 둘러싸고 벌어진 행정부(대통령)와 의회(상원) 간의 대립을 전형적으로 보여준다. 이러한 사례는 미국 내정과 국제정치의 두 분야가 중첩되는 분야에 속하며, 미국 학계에서도 대단히 까다로운 연구대상이다. 국제정치학의 이론적 배경과 미국 내정에 대한 통찰력이 모두 요구되기 때문이다. 예컨대 국제정치학의 국가중심적 시각에 몰두할 경우 사회집단과 정치세력의 영향력을 제대로 평가할 수 없다. 반대로 미국 내정연구의 미시적 분석에 사로잡히면 국제체계의 변동과 미국 패권의 부상, 냉전구소와 미국 외교정책의 관계 등 구조적 변수를 간과하게 된다. 구 교수는 국제정치학도로서 국제정치학적 시각과 이론적 배경을 지니고 동시에 미국 내정에 대한 통찰력을 발휘하여 두 사례를 분석했던 것이다.

앞의 [표 1]에서 보듯이 1970년대 초부터 구 교수는 현실문제에 대한 진단과 처방을 제시했다. 이를 주제별로 정리해 보자. 첫째, 미국 정치와 미국 외교정책의 본질에 대해 많은 저술을 발표했다. "The American Senate and the Ratification of the U.N. Charter"(1969), "미국의 국제연맹 규약 투쟁과 브릿커 개헌투쟁의 비교연구"(1973), "Politics of Dissent in U.S. Foreign Policy"(1978) 등 박사논문 연구의 연장선에서 수행된 연구물들은 물론 "미국의 도덕주의와 국제정치"(1999), "여론과 미국의 대외정책”(1978), “미국의 통한정책 : 미국의 극동정책에 반영된 한국 안보문제와 통한이념에 대한 분석, 1945-1954”(1971) 등 미국 외교정책의 성격에 대한 분석들이 있다. 우리에게 사활적 이익이 걸린 존재임에도 불구하고 미국 외교정책이 이루어지는 국내정치적 기반에 대해 이해가 부족했던 당시의 현실에서 이 연구들은 학계는 물론 외교현실에도 큰 기여를 했다.

둘째, 한국 외교와 한국의 대외관계에 대한 많은 분석들이 있다. “박정희 정권과 안보외교의 반성”(1970), “박정희 정권의 평화통일외교”(1973), “The Conduct of Foreign Affairs”(1975), “The Future of Korean Foreign Policy”(1976) 등에서 구 교수는 한국 외교의 문제점을 진단하고 그 개선책을 제시했다. 또한 “China's Representation Issue and Its Impact on Korea's Foreign Policy”(1970), “Korea in the Context of America's Future Policy”(1976) 등 한국의 대외관계의 제 측면을 분석한 글과 “On the Forms, Chances, Limits of North-South Transaction”(1975), “갈등이론에서 본 남북한 거래의 한계”(1977) 등 남북관계에 대한 글도 발표했다.

요컨대 1970년대에 구 교수는 앞에서 살펴본 바와 같이 국제정치이론을 소개하고 체계화하는 작업을 함과 동시에 그 이론을 응용하여 한국 외교정책과 대외관계, 그리고 미국 외교정책과 대한국정책의 양 분야를 중심으로 다양한 현실문제들에 대해 깊은 관심과 고민을 쏟아왔던 것이다. 1980년대에 들어서면서 현실에 대한 구 교수의 관심은 더욱 고조되었다. [표 1] 에서 보듯이 『인간과 전쟁』의 저술 이후 구 교수가 이론적 작업을 일시적으로 마무리짓고 현실문제에 몰두했던 것처럼 보이기까지 한다. 후술하겠지만 구 교수의 이론적 관심은 여전히 지속되었고, 1990년대의 주 저술들에서 현실과 이론의 조화로 구현된다. 그러나 1980년대 대부분의 저술은 한미관계와 한국 외교정책의 현실적 문제들에 집중되었다.

우선, 한미관계에 대한 연구들로 "한미관계의 향방"(1981), "Prospects for Broadening U.S.-Korean Cooperation"(1983), "Reflections on the Future of Korean-American Relations"(1983), 『한미관계, 1882-1982』(1982), 『미국과 동북아』(1984), 『한국과 미국 : 과거 · 현재 · 미래』(1983), "미국의 국력과 한국의 미래"(1988)가 있다. 이 중 특기할 것은 『한국과 미국』으로 구 교수가 편집 · 저술한 이 책은 한미관계 100년의 정치, 외교, 군사, 경제, 문화, 종교 등 제 측면을 심층분석했다. 이 책은 1979년부터 4년간 구 교수가 서울대학교 미국학연구소 소장으로 재직하면서 한미수교 100주년 기념사업의 일환으로 추진한 국제학술회의의 발표문들을 편집한 것으로, 한미관계의 각 분야에 대한 학계 전문가들이 망라되었고, 하와이 대학에서 영문으로도 출판되었다. 『한국과 미국』은 한미관계를 역사적 접근에서 체계적으로 연구하고 정치 · 경제 · 문화의 제 측면을 분석한 최초의 시도였다.[33] 또한 구 교수는 미국학연구소 소장으로 재직하면서 『한미관계』 자료집과 『미국과 동북아』 등 한미관계에 관한 연구를 독려함으로써 우리 학계의 한미관계 연구에 초석을 놓았다.

둘째, 한국 외교정책에 대한 연구업적으로 "Future Perspectives on South Korea's Foreign Relations"(1980), *The Foreign Policy of the Republic of*

33) 장달중, "서평 : 한국과 미국," 『국제정치논총』(1983), 390-393쪽.

Korea(1985), 『남북한 정치통합과 국제관계』(1986), "한국과 국가이익 우선의 문제점"(1987), "한국과 국가이익의 과제"(1987) 및 "East Asian Lobbies in Washington : Comparative Strategies"(1985)와 "동남아시아 국가의 대미 로비전략 비교"(1986) 등이 있다. *The Foreign Policy of the Republic of Korea*는 한국 외교정책을 체계적으로 분석한 최초의 영문판 저술이며, 구 교수는 이 편저에서 한국 외교정책 결정과정을 분석하는 장을 집필했다. 또 하나 특기할 저술은 동아시아 국가들의 대미 로비 행태를 비교 분석한 "East Asian Lobbies"와 "동남아시아 국가의 대미 로비 전략 비교"이다. 코리아게이트 등을 겪으면서 보다 효과적이고 정당한 대미 로비의 필요성이 절실한 상황에서 제시된 다분히 현실문제 지향적인 글이다. 이 글은 구 교수가 우드로 윌슨센터(The Woodrow Wilson International Center for Scholars)에서 1년간 연구하면서 자료를 수집하고 현장에서 미국 정책결정 과정과 동아시아 국가들의 외교행태를 관찰하면서 저술되었다. 미국 내정에 대한 통찰력이 없으면 이루어질 수 없는 연구로, 이후 후학들 연구의 초석이 되었을 뿐만 아니라 우리 대미외교의 효율성을 제고하는 데 많은 참고가 되었다.

3. 이론과 현실의 조화 : 1990년대 이후

앞절에서 살펴본 바와 같이 현실문제에 대한 구 교수의 관심은 1970년대에는 한국 외교의 다양한 측면과 미국 외교정책의 본질을 규명하는 데 있었다가 1980년대에는 한국 외교 및 그 가장 중요한 부분인 한미관계에 집중되었다. 1990년대에 이르러서도 한국 외교문제는 여전히 구 교수의 주 관심영역이었지만 남북관계와 통일정책이 또 다른 주 연구영역이 되었다. 1990년대의 주요 업적들을 살펴보고 그 의미를 찾아보자.

구 교수의 한국 외교정책에 대한 연구들로는 열 편이 넘는 논문과 두 권의 저서가 있다. 이 연구물들을 살펴보면 두 가지 의미를 발견할 수 있다. 첫째, 이전까지 한국 외교정책에 대한 구 교수의 연구들이 주로 안보와 대미외교에 집중되었던 반면, 1990년대 이후의 연구들은 다양한 영역의 다양한 측면들을 분석하고 있다. 예컨대 "Korea's Global Economic Interests"(1990) 라든가 "세계화와 국가이익"(1995), "한국의 국가이익과 경제정책"(1994) 등 경제외교를 분석한 연구와 "한국과 동아시아 협력체제"(1990), "민주화와 국제관계 : 북방외교와 동북아"(1991), "Korea's Regional Interests in Northeast Asia"(1990) 와 같이 동아시아 지역에 대한 연구들을 발표했다.

이같이 관심영역이 확대된 것은 다분히 1990년대 국제질서의 변화 때문일 것이다. 즉 탈냉전과 세계화 시대를 맞이하면서 더 이상 한국 외교의 초점이 안보와 미국에만 국한될 수 없는 현실을 구 교수는 직시했던 것이다. "새로운 국제환경에 대한 소고"(1990), "신세계 질서 속의 동북아"(1992), "탈국가중심주의와 평화체제"(1997) 등의 글에 구 교수의 이러한 현실인식이 명확히 드러나 있다. 특정한 이론들과 특정한 연구대상에만 몰두하여 국제관계의 본질을 제대로 깨닫지 못하는 후학들에게 구 교수의 통찰력과 포용력은 좋은 귀감이 된다. 특히 지구화 시대의 특징을 '탈국가중심주의'로 이론화하는 통찰력은 이미 『인간과 전쟁』에서 구체화된 이론과 방법론의 연장선상에서 이해될 수 있는 중요한 기여로 평가할 수 있다.

한국 외교정책에 대한 구 교수의 평생에 걸친 연구는 한국의 국가이익에 관한 일련의 글들로 정리되었다. 특히 정년을 몇 년 앞두고 저술한 『한국의 국가이익 : 외교정책의 현실과 이상』(1994)은 평생에 걸친 이론 탐구와 현실분석이 어우러진 주저 중의 하나이다. 이 책은 다음 몇 가지 점에서 특히 주목되어야 한다.

첫째, 구 교수는 이 책에서 전통적인 현실주의의 국가이익 개념을 비판하고 이를 수정 · 보완했다. 근대 주권국가 체제에서 당연한 것으로 받아들여지던 힘 중심의 국가이익 개념은 오늘날과 같은 탈이념적 상호의존적 시대에 그대로 적용될 수 없으며, 국가는 자국의 이익과 지역의 이익, 그리고 국제이익과의 조화 속에서 '개명된' 국가이익을 추구해야 한다는 것이다. 이러한 접근은 정치현실주의와 이상주의의 조화를 꾀했다는 점에서 다시 한번 구 교수의 이론적 포용력을 드러내고 있을 뿐만 아니라, 최근 주목받고 있는 구성주의적 시각까지 보여준다는 점이 놀랍다. 탈냉전 · 세계화 시대에 접어들어 국가이익의 개념은 분명히 변하고 있다. 더 이상 '상대적 힘'과 '상대적 이득'만이 절대시될 수 없는 것이다. 이 같은 변화가 충분히 지속된다면 국제체제의 성격도 더 이상홉스적 무정부상태가 본질일 수 없다. 구 교수는 이 점을 직시했던 것이다.

둘째, 이 책에서 구 교수는 "전통적인 국가이익 개념을 수정 · 보완하여 한국 외교정책의 중심지표로 응용할 수 있도록 토착화시키려" 시도했다(9쪽). 주지하듯이 국가이익 개념은 근대 주권국가 체제의 수립에 기원을 두고 있고, 따라서 서구 중심적 · 강대국 중심적으로 규정되어 왔다. 구 교수는 이를 재규정하여 안보적 이익 이외에 경제적 · 문화적 이익과 민족적 이익의 차원으로 구분하고, 이에 해당하는 한국의 국가이익을 모색했던 것이다. 구 교수가 서문에서 밝히고 있듯이 이러한 작업은 최근 학계에서 다시 논의되고 있는 '한국적' 국제정치이론의 모색과 관련하여 의미가 크다. 한국적 국제정치이론의 수립 가능성은 무조건 독창적 이론을 고집하기보다는 서구 이론을 수용하되 그 서구 지향성을 인식하여 이를 한국적 상황에 적합하게 변용하는 작업에 있다. 『한국의 국가이익』은 이러한 노력의 대표적 성과라고 평가할 수 있다.

마지막으로, 『한국의 국가이익』은 구 교수의 평생에 걸친 학문적 노력의 결과로 평가받을 수 있다. 지금까지 살펴본 바와 같이 이론과 현실 양자에 대한 균형 있는 관심과 지속적 연구가 이 저술에 구현된 것이다. 『한국과 국가이익』은 국가이익 개념에 대한 이론적 이해와 면밀한 분석이 없었다면 가능하지 않았을 것이다. 구 교수의 평생에 걸친 이론적 모색이 이를 가능하게 했다고 하겠다. 다른 한편, 한국 외교정책 전반에 대한 이해와 외교현실에 대한 통찰력이 없었다면 이 책은 이론적 논의에 그쳤을 것이다. 현실에 대한 구 교수의 지속적 관심과 애정이 이를 가능하게 했다고 하겠다. 현실주의 이론이 강대국들의 '실천지' (practical philosophy) 였던 것처럼 한국적 상황에 적합한 실천지를 추구하는 것이 한국 국제정치학의 성숙에 필수적이라는 점을 『한국의 국가이익』은 보여주고 있다.

이는 구 교수의 마지막 저술 『한국과 햇볕정책』에서도 여실히 드러난다. 앞에서 논의했듯이 구 교수는 일찍부터 통합이론에 지대한 관심을 두어왔다. 남북관계와 통일문제에 접근할 이론적 틀을 여기에서 발견한 때문이다. 기능주의 · 신기능주의 통합이론에 기반을 둔 이론적 분석과 남북관계 현실에 대한 이해가 결합되어 햇볕정책에 대한 통찰력을 제시한 것이 『한국과 햇볕정책』이다. 이 책에서 구 교수는 햇볕정책의 이론적 · 현실적 근거가 통합이론과 유럽연합 및 독일 통일에 있음을 밝힘으로써 햇볕정책의 가능성을 입증했다. 반면, 다원적 · 상호 의존적 사회

간에 적용되는 기능주의 통합이론의 한계를 직시하고 남북관계에서 기능주의적 발상의 햇볕정책이 부딪힐 수 있는 장애와 한계를 경고했다. 햇볕정책에 대한 우리 사회와 학계의 논의가 확고한 근거 없이 정파적 이해와 선입견에 따라 혼란만 부추기고 있는 현실에서 『한국과 햇볕정책』은 논의의 방향과 방법을 제시해 주었던 것이다. 이 책이 일본과 프랑스에서도 번역 · 출판될 수 있었던 것은 바로 이론과 현실에 대한 적절한 분석이 결합되었기에 가능한 일이었다.[34)]

V. 맺으며

한국의 국제정치학은 그 출범부터 한국적 정체성에 입각한 이론의 필요성을 제기했다. 한반도의 분단이라는 국제정치적 현실의 분석을 위해 한국적 정체성을 고려한 이론의 형성은 절실한 과제였다고 할 수 있다. 그러나 국제정치학 일반과 마찬가지로 한국의 국제정치학도 이론의 빈곤을 겪을 수밖에 없었다. 한국적 이론의 문제의식은 있었지만 그것을 구체화할 수 있는 학문공동체의 역량 부족 때문이었다고 할 수 있다. 다른 한편, 이론의 보편성을 고려할 때 한국적 이론이 존재할 수 있는가라는 회의적 시각이 없었던 것은 아니다. 그러나 약소국 또는 중진국의 시

34) 具永祿, 『韓國と太陽政策』(東京 : 八千代, 2001) ; Koo Young-nok, *Coree : vers la reunification*(Paris : Editions Syllepse, 2002).

각에서 한반도를 둘러싼 국제관계를 분석할 수 있는 이론의 필요성을 부인하는 한국의 국제정치학자는 없었다고 해도 과언이 아니다. 1990년대를 거치면서 한국의 국제정치학계에서는 한반도의 평화와 번영이라는 규범을 담지하면서도 한반도를 둘러싼 국제정치 현실을 분석할 수 있는 다양한 이론의 실험이 이루어지고 있다. 그 과정에서 기존의 미국적 이론뿐만 아니라 다양한 탈미국적 · 탈근대적 이론에 대한 천착도 이루어지고 있다.

구영록 교수는 한국 국제정치학계의 이 지난한 고투(苦鬪)의 과정에서 항상 한국적 이론의 형성과 그 이론에 기반한 현실분석이라는 두 과제에 대해 긴장을 풀지 않았던 학자였다. 구 교수는 초기에 주요한 국제정치이론에 관한 저작을 번역하면서 우리 학계가 외래 이론을 보다 체계적으로 수용할 수 있는 기틀을 마련했을 뿐만 아니라, 1970년대 이론의 수입대체화 시기에도 독창적인 국제관계이론의 형성에 노력했다. 『인간과 전쟁』은 평화에 대한 열망을 과학적 이론으로 체계화한 역저라고 할 수 있다. 그 책에서 하위이론 가운데 하나로 제시된 통합이론은 남북한 관계에 대한 연구의 초석이 될 수 있었다. 구 교수 스스로 『한국과 햇볕정책』을 통해 이론의 한국적 정체성 형성 및 그에 기초한 현실분석의 전범을 보여주었다고 할 수 있다.

구 교수의 이론 형성과정에서 언급할 수 있는 또 다른 업적으로 국제관계이론의 세계화와 토착화를 지적할 수 있다. 결국 미완의 과제로 남게 되었지만 구 교수는 이른바 세계화 시대를 바라보면서 '탈국가중심적' 국제관계이론을 구상하고 있었다. 이 구상이 체계화되지 못한 것이 못내 아쉽다. 다른 한편, 국제관계이론의 토착화에 있어서는 『한국의 국가이익』에서 나타나는 것처럼 힘으로 환원되지 않는 새로운 국가이익 개념을 제시함으로써 한국의 외교정책에 활용할 수 있는 실천지를 제시했다고 할 수 있다. 한국적 국제관계이론을 탐색하고 있는 후학들에게 『한국의 국가이익』은 모범적 이론화의 사례라고 할 수 있다.

구 교수는 이 이론작업을 항상 현실분석과 병행했다. 그 현실은 바로 한반도를 둘러싼 국제정치와 남북한 관계였다. 한반도 문제의 중요한 행위자 가운데 하나인 미국의 내외정과 한국의 외교정책은 경험적 분석의 주요 대상이었다. 한반도의 평화와 번영이라는 가치를 과학적 · 객관적 분석을 통해 실현하려 노력했다는 점에서 구 교수의 현실분석은 국제정치학자가 학자로서 현실과 대화하는 방법을 우리에게 일깨워 준다.

21세기 한국의 국가이익

2부

21세기 동아시아 질서와 국가이익의 재구성 : 구영록 교수의 국가이익 개념을 중심으로

장달중(서울대학교) · 김갑식(국회입법조사처)

Ⅰ. 21세기 한국의 '개명된 국가이익'[1)]

21세기 한국의 국가이익을 재구성하기 위해서는 먼저 현 시대상황을 규정해야 한다. 구영록 교수는 『한국의 국가이익』(1995)에서 "대외정책의 중심 개념인 국가이익 개념도 시대의 변천에 따라 그에 알맞은 개념으로 재정립되어야 한다"고 천명하면서 당시 국가이익의 개념을 세계화 시대의 등장에 맞춰 정의했다. 즉 ① 힘의 한계와 힘의 개념 변화, ② 세계적인 냉전체제의 종식, ③ WTO체제와 같은 경제영역에서의 초국가주의, EU의 경제통합과 정치통합, ④ 핵무기의 등장과 확산 등으로

1) 이 글은 장달중, "동아시아 시대의 도래와 한국의 외교안보 전략," NEAR재단 편, 『미중 사이에서 고뇌하는 한국의 외교안보』(서울 : 매일경제신문사, 2011)를 요약하고 이를 발전시킨 것임.

탈이념적이고 상호 의존적인 시대가 등장했으므로 좁은 의미의 국가이익을 추구하던 시대는 종말을 고했다는 것이다(34-35쪽).

그런데 21세기 세계질서는 구 교수가 언급한 것에 더하여 '동아시아 시대의 도래'라는 특징에 기반해 있다. 즉 제2차 세계대전 이후 냉전시대의 도래나 탈냉전 이후 미국 일극시대의 도래와 버금가는 국제정치적 변화가 지금 한반도를 둘러싼 동아시아에서 일어나고 있는 것이다. 이것은 정치·경제 구조의 변화에 따른 힘의 구조에 지각변동이 일어나고 있음을 의미한다. 그것은 세계사의 중심이 서(西)에서 동(東)으로 대이동하면서 동아시아가 200-300년 전의 위상을 되찾는 대순환(great circle)[2]의 진행이다.

이러한 현상의 핵심에는 중국의 부상이 있다. 지금까지 세계질서를 이끌어 왔던 서구 선진민주주의 국가들의 경제가 정체현상을 보이는 반면, 중국을 중심으로 한 BRICs 국가들의 성장이 지속되면서 국제질서는 미국 중심의 일극체제에서 다극체제로 서서히 움직여 가고 있는 것이다. 비슷한 맥락에서 미국의 쇠퇴라기보다는 중국과 인도 등 나머지 국가들의 부상(the rise of the rest)에 따른 미국 패권의 상대적 위축이라면서 포스트 아메리카(Post-Americanism) 시대로 전환하는 중이라는 주장도 있다.[3] 이는 당분간 미국이 여전히 초강대국이지만 혼자 힘으로 국제문제를 리드하거나 문제를 해결할 수 없다는 것을 의미한다. 각종 연구소들은 GDP 총량으로 보면 2030년경이면 중국의 경제규모가 미국을 초월

---

2) 클라이드 프레스토위츠, 이문회 역, 『부와 권력의 대이동』(서울 : 지식의 숲, 2006) ; 앨빈 토플러, 김중웅 역, 『부의 미래』(서울 : 청림출판, 2006).

3) Fareed Zakaria, *The Post-American World*(New York : W. W. Norton and

[표 1] 세계 GDP 전망

순위	2007	2030	2050
1	미국	중국	중국
2	일본	미국	미국
3	독일	인도	인도
4	중국	일본	브라질
5	영국	브라질	러시아
6	프랑스	러시아	인도네시아

출처 : *Goldman Sachs Paper*, no. 170(2007.7).

[표 2] 국가별 GDP 점유율(%)

국가	2009	2030
중국	8.3	23.9
미국	24.9	17.0
일본	8.8	5.8
인도	2.2	4.0
독일	5.7	3.1
영국	3.8	2.9
기타 아시아국가(중·일 제외)	5.4	6.8
기타	40.9	36.5

출처 : 일본 내각부 자료, 『동아일보』, 2010년 5월 31일.

Company, 2008). 나머지 국가들의 부상에서 가장 핵심적인 현상인 소위 친디아(Chindia)로 상징되는 중국과 인도의 부상은 오늘날의 국제정치경제에 상당한 영향을 미치고 있으며, 이에 따라 세계의 주요 국가들은 이들의 행보에 지대한 관심을 보이면서 이들 국가들과의 협력관계를 중시하고 있다. 알다시피 중국과 인도는 전세계 면적의 9.7%를 차지하고 이들의 인구는 23.5억 명으로 전세계 인구의 37.5%를 차지하는 거대 국가이다. 인도와 중국의 부상에 따른 아시아에서의 미국의 전략적 이해관계에 대해서는 다음을 참조. Breena E. Coates, "India, Chindia, or an Alternative? Opportunities for American Strategic Interests in Asia," *Comparative Strategy* 28(2009), pp. 271–285.

해 세계 1위로 등극할 것으로 전망하고 있다.

아시아의 도래와 관련하여 세계의 이목을 끄는 가장 중요한 나라 중의 하나가 중국이지만, 다른 한편으론 앞으로 상당기간 중국이 세계의 최강자가 될 가능성이 없다는 분석도 제기된다.[4] 요제프 요페는 미국 패권쇠퇴론이 10년마다 되풀이되고 있는데, 미국의 힘과 사명감을 대신할 수 있는 나라는 없다는 현실엔 변함이 없다며 이런 미국을 디폴트 파워(default power)라 규정했다. 미국의 GDP 군사력 총량은 엄청나며, 중국은 부유해지기 전에 늙어버릴 것이라고 전망한 것이다. 유엔『세계인구전망』에 따르면 중국의 중위연령(인구를 일렬로 세웠을 때 정가운데 위치한 사람 나이)은 2005년 현재 33세에서 2050년 45세로 급격히 높아질 것이지만 미국의 중위연령은 2050년 41세로 강대국 중 가장 젊어질 것으로 예측된다. 그리고 각종 소프트웨어에서 미국의 우위는 상당히 지속될 것으로 예상된다는 것이다.

여기서 우리는 단극의 시대가 끝나고 무극(nonpolarity)의 시대가 도래되었다는 하스(Richard Haas)의 진단을 눈여겨 봐야 할 것이다. 그에 따르면 미국의 상대적 쇠퇴는 감출 수 없는 사실이나 이를 대체하는 것은 다극체제가 아니라 무극체제라는 것이다. 무극체제는 의미 있는(meaningful) 힘을 가진 다수의 중심(centers)을 가진 체제인데, 여기서 중심은 국민국가(nation state)만이 아니라 지역 및 지구적 기구들, 비정부기구, 회사 등을 포함하는 것이다.[5] 그런데 이런 무극화의 국제관계는 지금까

---

4) Josef Joffe, "The Default Power : The False Prophesy of America's Decline," *Foreign Affairs* 88, Iss, 5(Sep/Oct 2009).

지 우리가 경험했던 냉전적 양극화의 세계나 미국 중심의 일극적 세계와는 그 성격을 달리 하고 있다. 특히 새로운 형태의 행위주체와 정책목표 및 수단을 요구하고 있다. 전통적인 민족국가 중심적 국제관계가 비정부기구, 초국가적 행위자, 국제제도를 포함한 다양한 행위주체들과 중첩되면서 정책목표가 전통적인 위협에 대응하는 군사적 안보에서 인권, 환경, 식량, 의료보건 등 포괄적 안보나 인간안보 등으로 이행하고 있다. 또 정책수단 면에서도 군사력과 같은 경성권력보다는 비군사적인 연성권력의 중요성이 상대적으로 증가하고 있다.[6]

그리고 이러한 국제관계에서는 위협이 다양할 뿐만 아니라 식별 자체가 쉽지 않다. 때문에 적과 동지의 구별이 쉽지 않을 뿐만 아니라 협력과 대립의 좌표축을 세우기도 쉽지 않다. 자연히 적과 동지의 분명한 구분에 의존했던 냉전적 동맹관계로는 대처하기 어려울 수밖에 없다. 하지만 우리는 그동안 냉전구조의 틀에 갇혀 무극적 세계의 도래에 대한 국가전략의 필요성에 대한 인식 자체가 부족했다. 이 때문에 우리의 국가전략은 한미 · 한일 · 한중 · 한러 등 양자관계의 틀에 얽매여 있다.

이러한 양자관계의 국가전략은 안전보장과 경제발전을 미국에 의존할 수밖에 없었던 지정학적 환경의 산물에 다름 아니었다. 또한 '부담의 최소화'를 통한 '국익의 최대화' 전략이었으며, 그 결과는 매우 성공적이었다. 그러나 미국의 힘이 상대화됨과 더불어 동아시아 시대가 도래하는 지금 과연 이러한 전략을 계속할 수 있을 것이냐의 문제가 바로 우

---

5) 강윤희, "동아시아 시대의 도래," NEAR재단 편, 『미중 사이에서 고뇌하는 한국의 외교안보』, 28쪽.

6) 한용섭, 『한반도 평화와 군비통제』(서울 : 박영사, 2005), 132쪽.

리의 국가전략이 직면하고 있는 딜레마인 것이다.

그렇다면 이러한 구조적 변화의 시기에 우리의 국가이익은 무엇이고 그것을 달성하기 위한 기본전략은 무엇일까? 물론 이에 대한 견해는 다양하다. 하지만 이 시점에서 구 교수의 '개명된 국가이익관'의 혜안을 21세기 세계질서에 재구성하는 방법이 최선의 해결책일 수 있다.

구 교수는 한국의 국가이익이 "부강하고 아름답고 통일된 한국과 평화롭고 번영된 세계를 지향"(64-65쪽) 하는 철학적 기반을 갖고 있어야 한다고 주창하면서, 국가이익의 내용을 광의의 차원에서는 ① 자기 보존, 즉 국가의 존립, ② 국가의 번영과 발전, ③ 국민의 보호와 국위의 선양 등으로, 협의의 차원에서는 국가의 안보를 확보하며 이질적인 정치사상의 침투나 외국자본의 침투에 의한 시장화, 기타 자기 보존을 해치는 요소 혹은 경향에 대한 제거와 방지로 규정했다(41쪽).

당연히 국가이익 중 가장 중요한 것은 안보와 경제다. 물론 안보와 경제는 서로 다르다. 안보가 힘의 관계를 의미한다면 경제는 부(富)의 문제이다. 하지만 이 두 가지는 서로 밀접히 연계되어 있다. 안보와 경제는 전술적으로 트레이드 오프(trade-off) 될 성질의 것이 아닐 뿐만 아니라 우리의 선택에 의해 분리될 수 있는 성질의 것도 아니기 때문이다. 그런데 동아시아 시대의 도래와 더불어 우리는 지금 안보와 경제가 분리되는 현실에 직면하고 있다. 이런 현실을 어떻게 극복하여 국가이익을 최대화할 것인가가 우리 국가전략의 핵심이 되지 않으면 안 된다.

그러나 국가전략의 목적은 안보와 경제성장에만 있는 것은 아니다. 우리가 공유하는 보편적 가치의 신장과 범세계적 문제 해결을 위한 국제적인 협조와 기여 또한 중요하다. 특히 다극적 질서의 등장에 따라 국제사회에 어떻게 협조하고 기여할 것인가를 심각히 고려해야 한다. 국제적 협조와 기여는 우리의 국격(國格)을 높이는 데 도움이 된다. 국격이 높아지면 자연 국가의 위엄과 명예도 확보될 수 있을 것이다. 우리는 미중 양대 세력의 틈 속에서 보호받을 수도 있지만 또 쉽게 무시되거나 경시될 수 있는 숙명적인 환경 속에 처해 있다. 우리 역사가 이것을 말해주었고, 지금도 이럴 가능성이 적지 않다. 그러나 우리는 안보와 경제를 좀 손해볼 수는 있어도 국가의 위엄과 명예가 경시되는 것을 허용해서는 안 된다. 우리 스스로 우리의 존엄과 명예를 지키지 못한다면 중국의 부상에 따른 동아시아 시대에 우리의 존재가치는 평가절하되지 않을 수 없을 것이다. 이런 점에서 우리 국가이익의 내용은 안보의 획득과 경제성장, 국제적 협조와 기여, 그리고 국가의 위엄과 명예 등이라 할 수 있다.[7)]

또한 구 교수는 "국가는 자국의 이익과 이웃 및 지역의 이익, 그리고 국제이익과의 조화 속에서 국가이익을 추구하고, 상충되는 이익은 평화적인 경쟁과 타협을 통한 해결을 모색"해야 하며 "정치현실주의와 정치이상주의의 적절한 조화 속에서 국가이익을 추구할 것"을 요구했다(35-36쪽).

이를 구체적으로 구 교수는 첫째, "미국의 쇠퇴에 따라 미국은 단독으

7) 박세일도 한국의 국가이익의 내용으로 국가안전, 국민의 번영, 세계에의 공헌 내지 영향력 등을 거론했다. 박세일, 『대한민국 국가전략』(파주 : 21세기북스, 2008), 48-53쪽. 일반적으로 국가이익은 ① 국가의 자기 보존(power), ② 국가의 번영과 발전(prosperity), ③ 국위선양(prestige or peace), ④ 국민이 소중히 여기는 가치와 체제의 보존 및 신장(principle) 등, 즉 4P로 구성되어 있다. Bruce W. Jentleson, *American Foreign Policy : The Dynamics of Choice in the 21st Century*(Duke University Press, 2000).

로 세계경찰 역할을 할 수도 없고 또 해서도 안 될 것이다. 따라서 쌍무관계의 방위체계에 머물지 않고 다자간 방위체제를 구상할 필요가 있다. … 한국의 안보는 단기적으로는 한미방위조약과 유엔의 집단안보에 의존하고, 장기적으로는 지역집단 안보체제로 보완되어야 할 것(201쪽)" 이라며 양자관계와 다자관계의 상호 보완성을 강조했다. 둘째, 구 교수는 "한국의 중장기적인 국가이익의 보호와 증진은 호의적인 국제정치 질서와 번영하는 국제경제 질서의 전제하에서 가능하다. 건전한 국가이익 개념은 지역적 이익 및 세계적 이익과 상충하는 것이라기보다는 조화를 이루는 것이어야 한다. 이러한 맥락에서 국가이익은 국가주의를 바탕으로 한 좁은 의미에서의 개념은 아니다(159쪽)"라며 다자적 지역협력체제 구축을 지적했다. 셋째, 구 교수는 남북관계에 있어 힘의 우위정책의 위험성을 지적하고 힘의 균형정책으로 평화적인 통일을 지향해야 하며, 북한의 침략을 억제하면서 대화와 접촉의 영역을 확대해야 함을 역설했다(52-53쪽).[8)]

사실 동아시아에서 중국의 부상에 따른 미국의 상대화 현상은 지금까지 우리 국가전략의 기반이었던 한미동맹관계의 위상은 물론 우리의 대외인식에도 중대한 영향을 미치기 시작했다. 중국의 부상이 우리에게 미치는 영향은 두 가지 차원에서 중요한 의미를 내포하고 있다. 첫째는, 경제대국 중국과의 경제관계에 대한 관심이다. 이미 한중교역액이 미일 두 나라의 교역액을 합친 것보다 많아지고 있는 현실이기 때문이다. 두

8) 류재갑, "세계화 · 국제화 · 지역화 · 지방화시대의 도전과 대응," 『국제정치논총』 35집 2호(1995), 441-446쪽 참조.

번째는, 경제적 성장에 따른 중국의 정치군사적 영향력 증대에 대한 우리의 관심과 우려이다. 이러한 현실에 대응하는 우리의 전략은 말할 필요도 없이 중국과의 대립을 회피하면서 중국을 우리가 희망하는 비전에 맞는 방향으로 유도할 수 있는 방안을 모색하는 일일 것이다.

하지만 불행하게도 우리는 지금 미국에 붙을 것인가 중국에 붙을 것인가 하는 이분법적 전략 사고의 틀에서 해방되지 못하고 있다. 북한의 거듭되는 도발에 따른 안보문제가 한미동맹을 통해 다루어야 할 가장 중요한 현안임에는 틀림없다. 그러나 이것은 어디까지나 한미관계와 동시병행적으로 우리가 중국이나 여타 국가들과 함께 다루어야 할 지정학적 전략의 문제이다. 다른 말로 하면 이제 한미관계는 미중관계와 한중관계를 떠나서 성립되기 어려워지고 있다는 것이다. 중국의 부상으로 국가 간 힘의 균형에 변화가 발생하고 있는 지금 우리로서는 우리 나름대로의 대중(對中) 비전을 필요로 한다. 이 비전을 바탕으로 미일을 비롯한 여타 아시아 국가들과 함께 이 비전의 방향으로 중국을 유도하는 한편, 중국과 기술격차를 벌려 우리를 통하지 않고 중국이 세계로 뻗어나가는 것이 쉽지 않다는 점을 주지시킬 필요가 있는 것이다. 다자적 '협력안보'나 동아시아공동체 같은 것이 우리의 중요한 국가전략의 하나로 등장하는 이유가 바로 여기에 있다.

이 때문에 우리의 국가전략은 한미동맹, 한중접근, 미중 간 세력균형 혹은 협력적 다자주의 중에서 하나를 선택하는 것이 될 수 없다. 미국이나 중국, 일본이 다 같이 한반도에서 제로-섬적인 모순관계에 빠지지 않고 공통의 이익을 찾아 협조의 복합적인 그물망(네트워크)을 형성할 수 있도록 우리가 주도적인 역할을 추진할 필요가 있다. 여기서 무엇보다도 시급한 것은 아마도 한미관계를 한중관계와 대립적인 것으로 보는 중국의 부정적인 인식을 하루 빨리 완화시킬 수 있는 정책 지혜일 것이다.

결국 우리의 국가이익을 실현하기 위한 국가전략에 제기되는 과제는 다름 아닌 다자관계와 양자관계의 상호 보완적인 연계문제로 귀결된다. 어떻게 동아시아 시대의 도래에 필연적으로 요구되는 다자적 관계의 중요성과 냉전적 상황의 전개에 따른 양자적 한미동맹의 중요성을 결부시킬 것인가는 우리의 존망의 국가이익(vital interest)을 좌우하는 문제이다. 이를 위해 한미동맹을 동북아의 지역적 맥락에 효과적으로 접목시켜 그 의미를 넓히는 작업은 다름 아닌 해양세력과 대륙세력을 접하고 있는 반도국가의 장점을 어떠한 형태로 전략화할 것인가의 문제이기도 하다.

II. 국가이익 실현을 위한 전략과 과제

우리가 직면하고 있는 다극화 질서로의 변동에 부합하는 우리의 국가전략과 과제는 무엇인가? 한반도의 안보와 평화, 경제적 번영, 그리고 국가적 위상을 제고하기 위한 우리의 기본적인 자세는 한미동맹을 바탕으로 한 현실주의 관점에서 국제적인 협조외교를 펼쳐나가는 것이다. 대다수가 이 주장에 동의함에도 불구하고 핵심적인 문제는 어떻게 한미관계를 한중관계와 마찰 없이 전개할 것인가에 있다.

1. 한미동맹의 기축 위에서 협상전략 모색

미국의 힘에 의한 패권적 안정(hegemonic stability)에 의존해 왔던 동아시아의 질서가 중국을 중심으로 한 BRICs의 등장으로 다극화 양상을 보임에 따라 지금까지 동맹전략에 의존해 왔던 국가전략 패턴이 앙탕트(entente), 즉 협상(entente) 전략으로 변모하는 모습을 보이기 시작하고 있다. 참여정부 시절의 '균형자론'이나 작금의 '가교외교론' 등은 모두 이러한 질서변화에 대응하기 위한 앙탕트 전략의 일환으로 해석될 수 있다.

협상전략은 국가이익의 차이를 인정하는 인식의 바탕 위에서 서로 타협할 수 있는 이슈나 문제들을 동맹에 의존하지 않고 해결해 나가는 협조관계의 구축을 목표로 하는 전략이다. 국력이나 이데올로기상의 차이는 말할 것도 없고 역내문제를 해결할 다자적 제도도 없는 복잡한 동아시아의 상황에서 동맹에 의존한 국가이익의 추구는 점점 난관에 봉착하고 있는 실정이다. 그래서 동맹에 의존하지 않고 국가이익을 달성하려고 하는 정치적 움직임이 우리나라는 말할 것도 없고 아시아 각국에서 모습을 드러내고 있는 것이다. 특히 안보 면에서는 미국과의 관계가 중요하지만 경제 면에서는 중국과의 관계가 중요해지고 있는 우리로서는 동맹에 과도한 의존을 하지 않으면서 중국과 앙탕트 관계를 유지할 수 있는 전략이 무엇인가를 고민하지 않을 수 없는 현실에 직면해 있는 것이다. 즉 동아시아 시대의 도래로 인해 안보이익과 경제이익이 상충되는 속에서 우리에게 요구되고 있는 것은 해양전략이냐 대륙전략이냐 하는 양자택일의 문제가 아니다. 어떻게 이러한 이분법적 대립을 극복하는 전략을 마련할 것이냐의 문제인 것이다.

여기서 동맹과 균형의 미래는 미중관계에 의해 그 선택지가 결정될 가능성이 높다. 만일 미국과 중국이 서로 봉쇄정책을 편다면 한미동맹 대 북중동맹의 대립구도가 고착화될 수 있다. 반면 미중이 관여정책을 택한다면 한미동맹의 기축 위에서 앙탕트의 전략을 구상해 볼 수 있다. 미중관계 여하에 따라 동맹전략은 매우 가변적이다. 또한 우리의 이익이 미중관계에 의해 경시될 경우 한미동맹에 대한 국내정치적 반발은 거세질 것이다.

미중이 한반도의 평화와 안정을 최우선의 이익으로 설정하고 있는 상황에서 한미동맹의 강화는 자칫 미중갈등을 촉발하는 요인이 될 수 있다. 한국의 정책선택이 한반도 문제를 둘러싼 미중관계의 미래에 영향을 미치고 있는 것이다. 우리의 선택은 한미동맹이 북한은 물론 중국까지 적과 위협으로 설정하는 방향이 아닌 새로운 차원으로 재편하는 것이 되어야 한다. 우리가 주도하는 한반도 평화체제는 미중이 한반도 및 동아시아에서 협력을 지속할 수 있는 하나의 공공재일 수 있다.

다른 한편으로는 경제적 차원에서 기술격차를 벌여 중국으로 하여금 한국과의 경제적 파트너십이 서로에게 윈-윈 게임이 된다는 사실을 인지하도록 하는 극중(克中) 전략도 한미동맹의 새로운 재편의 움직임을 가속화시킬 수도 있다. 예를 들어 한반도 방위는 한국이 담당하고 지역적이거나 지구적인 문제에 대해서는 동맹의 역할을 강화하는 이른바 복합동맹으로의 방향전환은[9] 세력균형정책으로부터 앙탕트적인 다자주

9) 하영선 편, 『한미동맹의 비전과 과제』(서울 : EAI, 2006).

의로의 이행을 촉발할 수 있다.

2. 호혜적인 한미 전략동맹 발전

북한의 핵개발과 도발로 잠시 느슨해지는 듯했던 한미동맹 관계의 중요성이 다시 부각되고 있다. 한반도의 안보와 평화, 지속적인 경제성장을 위해서도 한미동맹의 중요성은 재론의 여지가 없다. 특히 한국이 북한의 핵개발에 대한 억지력을 보유하지 않는 한 한미동맹을 강화해 가는 것은 한국 국가전략의 필수사항이 아닐 수 없다. 그러나 앙탕트적 전략을 실현하기 위해서는 한미동맹의 새로운 재편이 불가피하다. 한반도 평화와 안정, 그리고 핵문제의 해결을 위해서는 한반도 평화체제 구축이 유용한 대안일 수 있고, 이를 위해서는 한미동맹에 대한 새로운 상상력이 요구될 수밖에 없다.

예를 들어 복합동맹론이 제시하는 것처럼 한반도 차원을 넘어서는 동아시아 지역의 안전보장, 민주주의, 시장경제 등의 이슈는 말할 것도 없고 지구 온난화나 인도적 지원과 같은 전지구적 문제의 해결을 위해서도 한미 간의 상호 협력은 필요불가결하다. 따라서 한국의 국가전략의 기본 축은 동아시아 시대의 도래에도 불구하고 한미동맹일지도 모른다. 특히 동아시아의 정세가 불안정한 상황에서 한미동맹은 우리 외교안보에 필수적인 요소가 될 수도 있다. 우리의 선택지가 넓어지고 있음에도 불구하고 우리 외교안보의 전략축이 한미동맹에 기초한 다자간 협조주의를 크게 벗어날 수 없는 이유가 여기에 있다.

하지만 한미관계를 강화하는 것이 미국에 대한 수동적인 추종을 의미하는 것이 되어서는 안 된다. 우리가 미국의 안전보장에 전적으로 의존하고 있는 한 미국의 의도에 따를 수밖에 없는 측면이 없는 것은 아니다. 그러나 미국의 세계전략과 우리의 생존전략 간에는 차이가 있기 때문에 서로 간의 전략적 이해에 대한 올바른 인식이 전제되지 않는 한 한미관계는 결코 바람직한 것이 될 수 없다. 예컨대 1994년의 북미 핵합의나 한국의 핵물질 실험, 그리고 최근의 FTA 재협상에서 볼 수 있는 바와 같이 미국과 한국 사이에는 엄연한 국익의 차이가 존재하고 있기 때문이다. 더구나 지금과 같이 중국의 부상이 우리에게 제기하는 미묘하고 복잡한 동아시아의 현실에서 한미동맹 일변도의 기본 전략만을 고수하고 있기는 어렵다. 특히 한미 간의 가치동맹(민주주의, 시장경제, 세계평화)은 이웃 중국에 위협으로 간주될 수 있기 때문이다. 여기서 우리에게 필요한 것은 어떻게 한미동맹을 우리의 국익에 맞는 형태로 재구축하는 전략을 마련할 것인가의 문제일 것이다. 말할 필요도 없이 우리에게 바람직한 질서는 안전과 평화와 번영, 그리고 민주주의적 가치가 지켜지는 그러한 질서인 것이다. 이를 위해서는 한미동맹을 성숙한 관계로 발전시키는 것이 중요하다.

동아시아 시대의 도래에 대비하는 한미 간의 성숙한 동맹은 어떠한 모습일까? 그것은 미국에 추종하는 형태가 아니라 서로 간에 영향을 줄 수 있는 그러한 협력관계에 토대를 둔 동맹을 의미한다. 다른 말로 하면 일방적으로 끌려다니는 형태에서 미래 비전에 따른 상호 협력적인 동맹으로의 재조정을 의미한다. 이렇게 될 경우 우리의 역할이나 부담이 늘어날 수 있다. 방위비 분담을 둘러싼 한미협상에서는 이미 이러한 현상이 나타나고 있다. 그러나 이러한 것에 인색할 경우 미국의 전략에서 우리의 비중은 줄어들 수밖에 없을 것이다. 따라서 우리의 이니셔티브에 의해 적극적으로 문제에 대처함으로써 여러 면에서 우리의 역할을 강화할 필요가 있다. 우리의 이니셔티브에 미국이 따라오는 형태의 파트너십이 구축될 수 있을 것이다. 이러한 파트너십 구축에서 단기적으로 중요한 것은 전작권 환수에 따른 한국군의 방위능력 제고이지만, 장기적으로는 한반도에서 평화와 안전을 담보하는 억지력으로서 효과를 발휘할 수 있도록 동맹에 대한 신뢰관계를 심화시키는 일일 것이다. 보완적인 역할분담이 뒤따르지 않을 수 없다. 여기서 중요한 것은 지구적이고 지역적인 역할은 미국에 맡기고 한반도의 국지적인 문제는 우리가 해결할 수 있는 능력을 확보하는 일이다.

3. 한중 전략적 협력동반자 관계의 실질화

우리의 대중국 전략은 역설적인 현실의 극복을 목표로 해야 한다. 즉 경제적 상호 의존성은 높아지고 있으나 군사 · 안보적으로는 긴장상태가 발생하고 있는 역설적인 현실의 극복이 최우선 과제이다. 이러한 역설은 중국의 한반도 정책은 있는데 한국의 중국정책은 부재한 상황에서 벌어지는 문제일 수 있다.

이러한 현실에서 우리가 취해야 할 가장 중요한 전략목표는 중국이 우리에게 위협이 되지 않도록 하는 환경을 만들어내는 일일 것이다. 국제정치이론에서는 경제교류가 30%를 넘어서면 국가 간의 관계는 평화적인 모드로 전환한다고 말한다. 하지만 한중관계는 오히려 거꾸로 가는 정랭경열(政冷經熱)이다. 경제적으로는 상호 의존관계가 높아지고 있지만 정치안보 면에서는 한파가 몰아치고 있는 상황이다. 경제적으로 중국과의 교류가 우리 무역에서 차지하는 비중이 30%를 넘어서고 있다. 우리의 기술과 중국의 제조업이 분업형태의 보완관계를 이루면서 나타나고 있는 현상이다. 기술격차를 넓혀 각 분야에서 중국을 계속 리드하는 전략이 필요하다. 하지만 정치 · 안보 면에서는 아직 신뢰구축이 제대로 되어 있지 못한 상태이다. 따라서 양국관계의 심화를 통해 경제적 상호 의존을 군사 · 안보 면으로 확산시키는 전략을 모색하지 않으면 안 된다.

북한문제, 동북공정, 해양마찰 등에서 볼 수 있듯이 현재 한중관계는 아직 해결해야 할 많은 난제들을 안고 있다. 선린우호 관계의 확대 · 심화가 무엇보다도 시급하지만 이러한 양국 간의 관계로 문제가 쉽게 해결될 시대는 아니라는 것이 점점 분명해지고 있다. 이러한 현실에서 우리의 기본 전략은 중국이 위협이 되지 않도록 하는 환경을 구축하는 작업이 되어야 할 것이다. 그것은 한중 양국 간의 공통이익에 착목한 양국관계의 확대 · 심화 · 발전인 동시에 중국이 한반도 문제에 건설적인 역할을 할 수 있게 하는 다자적 협조체제의 구축에 다름 아닐 것이다.

그런데 우리 내부에는 반중감정과 대중강경책을 요구하는 목소리가 있는가 하면 한중 간의 상호 보완적인 관계를 중시하는 목소리도 있다. 대중정책은 이러한 여러 움직임들을 고려하면서 합리적인 국익추구와 감정적인 여론 사이의 간극을 메울 수 있는 방향으로 전개되지 않으면 안 될 것이다. 다른 말로 하면 중국 열기(China fever)와 중국 때리기(China bashing) 사이를 왕래하는 감정적 여론을 뛰어넘는 중국 정책이 필요하다는 것이다.[10] 아직 성숙한 단계에 진입하지 못하고 있는 한중관계의 발전을 위해 양국 간에 신뢰를 쌓는 작업(trust-building)부터 서두르지 않으면 안 되는 시점이다.

4. 한반도의 평화관리와 통일외교 추진

지난 정부가 북한의 변화를 '유인'하는 데 실패했다면 현 정부는 북한의 변화를 '강제'하는 데 실패했다. 지난 정부의 포용정책과 차별화된 '비포용 무시정책'을 택한 현 정부는 '기다리는 전략'으로 북한의 변화를 강제하려 했으나 결과는 남북관계의 파탄이요, 북핵문제의 악화로 나타났다.

따라서 새로운 대북정책은 포용정책과 비포용정책의 장단점에 대한 점검에서부터 시작해야 한다. 지난 정부의 포용정책은 남북관계의 진전을 가져왔지만 북한의 일방주의에 끌려다녔다는 비난을 면키 어려우며, 이명박 정부의 비포용정책은 북한의 자세를 고치는 '학습효과'는 있었지만 남북관계를 파탄시켰다는 비난을 면키 어렵다. 여기서 우리가 심각하게 고려하지 않으면 안 될 것은 비포용정책이 북한의 변화를 강제할 수 없을 뿐만 아니라, 한반도 정세가 남북의 차원을 넘어 국제화되어버리는 결과를 초래하고 있다는 사실이다. 한반도 문제가 다시 국제적 세력에 의해 좌우되는 것을 막기 위해서도 포용정책을 통한 한반도 문제의 한반도화 전략이 필요한 이유가 여기에 있다.

그러나 포용정책을 택하더라도 우리는 과거의 실수를 되풀이해서는 안 된다. 포용정책이 북한의 변화를 도모하는 데 일정의 효과를 거두었다는 점은 인정하지만 의미 있는 변화를 유인하지 못했다는 반성하에서

10) 장달중, "차이나 피버와 차이나 배싱," 『중앙일보』, 2010년 7월 21일.

보다 효율적인 개입방식을 모색해야 할 필요가 있다. 그러한 개입방식은 남북관계의 특수성을 국제적 현실과 조화시키는 동시에 남남관계와 남북관계의 갈등을 극복할 수 있는 국민적 합의의 바탕에서 출발하지 않으면 안 된다.

그렇다면 북한의 변화를 유인할 수 있는 대책은 어떤 것이 있을까? 무엇보다도 시급한 것은 대국적인 견지에서의 남북문제 해결이다. 남북관계에 돌파구를 마련할 수 있는 특단의 조치가 필요하다. 그것이 정상회담이 되든 특사파견이 되든 위기로 치닫고 있는 남북관계에 출구를 마련할 수 있는 대책을 모색해야 한다. 이러한 바탕 위에서 북핵문제 해결을 위한 북미 간 대화를 재개해야 할 것이다. 오바마 정부가 '전략적 인내' 정책의 한계를 실감하고 새로운 접근법의 필요성을 모색하고 있는 상황에서 남북관계의 돌파구는 북미관계와 선순환 구조를 이룰 수 있을 것이다. 이를 위해서는 한미동맹이 주변을 위협하는 것이 아니라 한반도의 안정을 담보하는 공공재로서 기능하도록 하는 정책 마인드가 필요하다.

그 다음으로 그동안 방치했던 한반도의 평화관리와 통일외교전략을 다시 한번 가다듬을 필요가 있다. 한반도의 평화관리와 통일문제가 동아시아의 질서 재편과 시기적으로나 구조적으로 맞물려 제기되고 있기 때문에 한미동맹의 재정의와 재강화가 북중동맹을 결속시키는 방향으로 이루어지지 않도록 해야 한다. 주한미군이 지니는 공공재적 성격을 중국이나 북한에 납득시키는 전략이 무엇보다도 필요할 것이다. 북한은 우리의 주요한 위협이지만, 다른 한편으로는 통일의 길을 열어갈 대화와 협력의 대상이라는 이중적 성격을 고려에 넣으면서 한반도 평화체제 구축, 남북 경제협력의 확대 심화, 남북대화의 정례화 및 제도화를 추진해야 한다. 동아시아 시대의 도래에 따른 이러한 한반도 전략의 성공여부는 한미동맹과 남북관계에 대한 우리와 중국의 시각차를 얼마나 좁힐 수 있느냐에 달려 있음은 재론의 여지가 없다.

5. 양자관계의 심화와 다자적 지역협력체제 구축

동아시아 시대에 한국이 직면한 최대의 전략과제는 중국이다. 중국과 어떻게 공통의 이익을 만들어낼 것이며 또 어떻게 중국이 우리의 안보와 통일에 방해가 되지 않도록 할 것인가가 무엇보다도 중요하다. 상호의존적인 경제에도 불구하고 긴장하고 있는 정치 · 안보 관계를 개선하기 위해서는 중국의 건설적인 역할을 담보할 수 있는 중층적인 지역다자협력체제의 구축이 절실하기 때문이다. 물론 동아시아에서 다자적 지역협력체제를 구축하기에는 아직 여건이 미비하기 짝이 없다. 실제로 경제규모나 발전단계의 차이는 말할 것도 없고 이데올로기나 정치체제의 차이, 그리고 불안정한 안보환경 등으로 인해 다자적 지역협력체제를 추진하기가 쉽지 않기 때문이다. 하지만 바로 이러한 대립과 갈등 때문에 이를 극복하기 위한 다자적 지역협력체제가 절실히 요구되고 있는 것이다.

현재 동아시아에는 지역협력의 공통기반이 될 수 있는 경제적 상호의존관계가 확대되고 있다. 역내무역이 60%를 넘는 EU의 수준에는 못 미치지만 40%대 중반에 머물고 있는 NAFTA 수준보다 높은 50%대에서 이루어지고 있다. 여기서 중요한 것은 어떻게 이런 지역협력 기반을 확대 · 발전시킬 현실적인 방안을 모색할 것인가 하는 것이다. 아마도 그것은 무역이나 투자와 같은 경제적 기능과 정치 · 안보 기능을 한데 묶기보다는 따로따로 하는 기능적인 '다자협력의 틀' 을 만드는 것일 것이다.[11]

이것은 EU와 같은 단일 지역공동체의 전 단계에 해당하는 기능별 지역적 다자협력체이다. 예컨대 무역 · 투자 · 금융 부문의 경제적 협력, 북핵문제와 한반도 평화체제 문제 등을 다루기 위한 6자 회담, 비전통적 안보에 관한 동아시아 안보 포럼, 그리고 한중일 간의 신뢰조성 등을 위한 기능적 틀을 중층적으로 구축하는 것이다. 성공적인 한국 모델의 고도화와 국제화를 통하여 양적인 면에서는 중국과 경쟁할 수 없지만 질적인 면에서 앞서고 있는 우리의 장점을 이용함으로써 '안정을 위해 발전이 필요하며 발전을 위해 평화를 필요로 하는' 중국으로부터 협력을 유도해낼 수 있을 것이다.

11) 田中 均, 『外交の 力』(東京 : 日本經濟新聞社, 2009), 194–195쪽.

한국 외교안보정책의 과제와 접근방법 :
미중관계, 한미동맹, 한반도 평화체제

함택영(북한대학원대학교)

I. 머리말

남북한의 오랜 상호 대립과 불신의 역사는 평화와 통일에 대한 '회의주의' 혹은 '비관적 현실주의'를 이 땅에 심어놓았다. 평화통일에 대한 비관적 현실주의는 통일정책을 분단관리로, 평화를 안보라는 하위 개념으로 대체시켰다. 나아가 한미동맹에 의존하다 보니 자주성이 국가안보의 중요한 가치임에도 불구하고 안보와 자율성을 대립되는 것으로 인식하는 경향이 강하다. 그러나 평화통일을 지향하는 우리의 자세는 '긍정적 현실주의'에 기반을 두어야 한다. 이 논문은 21세기 한국 외교안보정책의 방향, 특히 동북아 지역의 안보환경에 대비하고 나아가 능동적으로 보다 유리한 안보환경을 조성할 수 있는 중장기 한국 외교안보정책의 선택대안과 이에 따른 한국의 안보 · 군사 전략을 논의한다.

이를 위하여 본 연구는 동북아 힘의 분포(distribution of power) 구조, 특히 미중관계를 중심축으로 한 동북아의 힘의 균형변화 전망, 그리고 북한이 제기하는 안보위협 및 북한의 안보위협 인식을 논의할 것이다. 그리고 이에 의거하여 한국 외교안보전략의 선택을 개괄적으로 전망한다. 나아가 북한의 군사위협이 지니는 특성 및 한계를 분석함으로써 한국이 한반도 평화체제의 구축을 적극 추진하는 것이 한국 외교안보정책의 근간임을 주장한다. 즉 한반도 문제의 한반도화, 즉 분단의 극복이 미중에 대하여 한국이 취할 수 있는 안보외교의 자율성과 주도역량을 확보할 수 있는 관건임을 적시함으로써 이에 의거하여 한미군사동맹의 조정과 자주적 국방정책의 방향을 논의한다.

II. 동북아 안보환경의 불확실성

한국 정부와 국민은 북한의 존재 그 자체를 최대의 안보위협으로 인지하고 있다. 북한의 체제와 이념, 핵무기 개발이나 군사도발은 물론 심지어 북한 '급변사태'까지 모든 형태의 안보위협을 염려하는 것이다. 그러나 한국의 안보위협은 북한으로부터 제기되는 것만은 아니다. 동맹국이자 후견국인 미국의 안보지원에 대한 불안감, 즉 이른바 비대칭동맹에서 강대국의 '포기'라는 위협인지(threat perception)가 북한으로부터의 안보위협에 못지 않게 중요하다. 예컨대 우리 정부와 국민들은 한반도의 평화와 아울러 보다 동등한 한미동맹 혹은 한국의 자율적인 선택을 희구하면서도 한편으로 주한미군 철수나 재배치 이야기가 나올 때마다 불안해 했던 것이다. 이에 더하여 제1차 북핵위기 당시 한국 정부가 미국의 북한 핵시설 폭격을 극력 반대한 것이나, 한 · 미가 주한미군의 '전략적 유연성' 에 합의한 이후 한국이 원하지 않는 미중 군사갈등에 휘말릴 것을 두려워하는 이른바 한미동맹이 지니는 '연루' 의 위협이 제기되었다. 미국이 한반도의 안정과 평화를 위협하는 존재로 인지되기에 이르렀던 것이다.[1]

북한과 미국이라는 변수 외에도 탈냉전기 동북아 국제정세의 불확실성 및 지역 내 불특정 안보위협이 한국의 국방에 새로운 도전이 되고 있다. 동북아 지역의 안보상황을 전망해 볼 때 탈냉전은 긴장완화와 화해협력의 증진이라는 긍정적 측면과 함께 지역 내 유동적인 힘의 균형, 역내국가 간의 갈등, 다양한 이슈의 등장과 같은 '안보의 불확실성', 즉 '안보상황의 유동성' 과 '안보위협 국가의 불특정성' 이 한국의 안보 · 국방정책에 새로운 도전을 제기하고 있는 것이다.

1. 동북아의 유동적 안보상황 및 군비경쟁

탈냉전에도 불구하고 동북아 지역의 전략적 환경, 특히 지정학적 특성에는 변화가 없다.

첫째, 이 지역은 세계 4대 강국이 각축하는 전략적 요충지이다. 특히 역내국가 간에 아직도 제2차 세계대전이나 냉전의 유산을 청산하지 못

---

1) 조선일보의 여론조사에서조차 한국의 안보를 위협하는 국가로(부시 행정부의) 미국이 39%, 북한이 33%라는 응답이 나오기도 했다. 『조선일보』, 2004년 1월 12일.

한 채 잠재적인 적대감과 불신을 안고 있는 과거 역사문제나 미해결된 영유권 문제가 남아 있다. 러·일 간의 '북방 4개 도서문제, 중·일 간의 센카쿠 열도 영유권 문제, 한·일 간의 독도 문제 등 미해결된 많은 영유권 문제는 분쟁으로 비화될 소지를 안고 있다. 해양 및 도서 영유권 문제는 또한 어로 및 대륙붕 개발 등에 연관된 분쟁을 낳을 소지가 있다.

둘째, 탈냉전에 따른 범세계적 군비통제 및 군축의 추세와 달리 이 지역 국가 간에는 국력의 물적 토대 증강에 발맞추어 군비경쟁이 전개되고 있다.

셋째, 이 지역은 또한 중·일 간의 경쟁과 같은 강대국 간 힘의 균형은 물론 장기적으로 미·중 간의 패권경쟁과 같은 '힘의 전이'(power transition) 마저 예상되는 곳이다.[2)]

넷째, 그럼에도 불구하고 동북아는 유럽과 달리 '안보체제의 제도화'가 이루어지지 못한 불안정한 지역이며, 복합적인 쌍무적 동맹에 의해 안보가 유지되고 있는 실정이다. 마지막으로 동북아 지역의 비국가 간 및 초국가적 갈등의 양상을 전망해 보면 민족·종교적 분쟁의 개연성은 적으나 결코 그 가능성을 무시할 수는 없다. 특히 중국과 대만의 양안관계는 장차 미·중 관계의 시금석이 될 것이며, 동북아의 안보구도에 가장 결정적인 계기가 될 수 있다. 또한 부차적으로 티베트와 신장 등 소수민족의 지역분쟁이 발생할 경우에도 국제적 파장이 결코 적지 않을 것이다.

---

2) John L. Mearsheimer, *The Tragedy of Great Power Politics* (New York : W. W. Norton, 2001), pp. 396–402.

동북아 안보환경을 현재 진행 중인 군비경쟁과 보다 구조적인 향후 역내국가 간 힘의 구도를 중심으로 살펴보자.

먼저 탈냉전기의 동북아 지역은 이러한 패권유지 및 잠재적 도전자 출현과 맞물려 새로운 군비경쟁이 전개되고 있음을 알 수 있다. 탈냉전에 따라 범세계적으로 군사비 감축이 이루어지고 있음에 반하여 동아시아, 특히 동북아는 각국이 군비지출을 계속 확장하는 가운데 군비경쟁이 전개되고 있다. 과거 냉전기의 군비경쟁은 미 · 소 두 초강대국 간의 전략핵무기 경쟁과 동맹국들이 합세한 진영 간 경쟁이었다. 이에 비해 오늘날 동북아의 군비경쟁은 진영 간 대결을 중심으로 전개되었던 냉전기와 다른 양상을 보이고 있다. 군비경쟁이 다자간 경쟁, 실석 성생, 그리고 비대칭 경쟁으로 바뀐 것이다. 동북아의 군비경쟁은 냉전체제의 해체에 따른 진영 간 대결구도가 어느 정도 다자간 경쟁으로 변화한 것과 동북아 지역의 활력적인 경제성장에 힘입어 군비지출을 위한 가용자원이 증가한 데에서 기인한다. 냉전체제의 해체는 미 · 소의 군비감축으로 이어졌으나 이는 또한 소련방의 해체를 가져왔다. 비록 오늘날 러시아가 잠재적 군사강국이기는 하지만 구소련에 비해 경제적 · 군사적으로 몰락한 것은 틀림없는 사실이다. 현재 러시아군은 1990년 소련군에 비해 훨씬 작고 초라하다.

동북아에서 미 · 소 두 초강대국 외에 군사비가 감축된 나라는 1990년대 경제위기 속에서 10년간 연속 마이너스 성장을 기록한 북한뿐이다. 그러나 북한은 핵무장을 선택함으로써 비대칭 군비경쟁에 뛰어들었다. 동북아의 다자간 군비경쟁은 남북한 비대칭 경쟁 이외에도 미 · 중 간의 경쟁, 중 · 일 간의 경쟁, 그리고 중국과 대만 간의 양안(兩岸) 관계 등으로 나타나고 있다.

미국은 대중견제를 위하여 특히 '미일방위협력지침'이나 1996년 양안의 위기 뒤에 나온 '미·일 신안보선언' 등을 통해 일본과의 동맹을 강화했다. MD 계획은 북한 등 이른바 '불량국가'로부터의 미사일 공격을 명분으로 하고 있지만 사실상 중국을 겨냥한 측면이 강하다. 즉 일본을 중국의 핵위협으로부터 벗어나게 함과 동시에 일본을 미국의 대중전략에 끌어들인다는 것이다. 중국도 MD를 자국을 겨냥한 것으로 인식하고 있다. 미국이 취하고 있는 대중견제의 또 다른 수단은 타이완(臺灣)에 대한 안보공약과 무기판매이다. 미국은 '하나의 중국' 원칙을 지지하면서도 국내법인 1979년의 대만관계법을 제정하여 대만의 안보를 위한 법적 근거를 마련해 놓았던 바 있다. 미국은 또한 부시 행정부는 물론 후속 오바마 행정부도 대만에 신예무기 판매를 결정했다. 결과적으로 중국과 미국은 대만해협을 사이에 두고 해공군력을 경쟁적으로 증강하고 있는 것이다.[3)]

[표 1] 동북아 각국의 국력 및 군사력 지표(2009년 기준)

국가	인구 (만 명)	GDP (10억 달러)	병력(만 명) 인구대비	국방비(10억 $)/ GNP 대비	1인당 GDP(달러)	병력 1인당 국방비(달러)
한국	4,851	882	65.5(1.35%)	24.5(2.78%)	18,190	37,420
북한[1)]	2,338	22.4(추정)	119.0(5.09%)	3.35(15.0% 추정)	960	2,815
미국	30,406	14,119	158.0(0.52%)	690.3(4.89%)	46,435	437,000
러시아	14,004	1,232	102.7(0.73%)	41.05(3.33%)	8,800	40,000
일본	12,708	5,069	23.03(0.18%)	52.6(1.04%)	39,890	228,000
중국	133,861	4,985	228.5(0.17%)	70.3(1.41%)	3,724	30,770
대만	2,297	349	29.0(1.26%)	9.78(2.80%)	15,170	33,700

1) PPP에 의거하거나 실질적 지출로 추정되는 국방비.

출처 : 『국방백서 2010』 ; IISS, *The Military Balance 2010* ; U.S. CIA, *World Factbook* ; World Bank 자료.

중국과 일본은 또한 도서 영유권 문제를 중심으로 하여 해양 중시 및 원거리 투사(projection)의 국방정책을 추진하면서 각기 항공모함 내지 대형 헬기 순양함을 확보하는 등 해군력 및 장거리 공군력 건설에서 경쟁하고 있다. 양안 간 및 중 · 일 간 군비경쟁을 보더라도 '질적 경쟁'의 측면이 강하다. 남북한이 지상군 위주의 군비경쟁을 통해 병력을 늘려온 것과 달리 동북아 각국은 해 · 공군력과 정보화 전력을 중심으로 한 질적 군비경쟁을 전개하고 있는 것이다. 일 · 중 · 대만 그리고 (이 표에 나타나 있지는 않지만 1990년대 후반부터) 미국은 병력을 대폭 감축하면서도 군비지출을 늘리는 획기적인 질적 증강, 특히 이른바 군사기술혁신(RMA)을 중시하고 있다. 일본은 경제·기술 대국으로서 핵기술, 인공위성 및 F-2 전투기 개발, 그리고 앞선 IT 능력을 활용하여 군사력의 첨단화 · 정보화를 꾀하고 있다.

중국의 현대화 · 정보화는 더욱 의미심장하다. 한국전쟁에서 이른바 '인해전술'의 신화를 남긴 인민해방군은 더 이상 대량동원에 의한 '인민전쟁' 개념을 고수하지 않고 병력을 대폭 감축했다. 중국은 오히려 '핵억지하의 정보전' 혹은 '첨단기술 조건하의 국지전' 등 첨단기술군을 지향하였으며, 또한 열악한 과학기술적 조건을 극복하기 위해 정보전력 선진국의 취약점을 노리는 이른바 '점용'(點冗) 전쟁 개념을 발전시키고 있다고 한다. 이에 따라 중국은 미사일 전력, 전자기파(EMP) 무기, 해커 · 바이러스 등 정보마비 무기, 고출력 레이저 등 나름대로의 비

---

3) Robert D. Kaplan, "The Geography of Chinese Power : How Far Can Beijing Reach on Land and at Sea?" *Foreign Affairs* 89, no. 3(2010), pp. 33-35.

대칭적 증강을 도모할 것이다. 그리고 가장 중요한 것은 중국이 공군력 등 첨단전력 증강 및 국력과시를 위해 항공우주산업을 육성함으로써 유인 우주선을 발사하고, 세계에서 유일하게 미국의 F-22 랩터 및 그 염가 축소판인 F-35 라이트닝 스텔스 전투기에 대항하는 스텔스 전투기 젠(殲)-20을 개발하기에 이르렀다는 사실이다(일본과 한국은 아직 스텔스 전투기 계획을 수립하지 않았거나 기종을 선정하지 못했다). 이는 1950-1960년대 소련이 미국의 항공우주 전력에 대항하여 항공기와 미사일 그리고 우주개발에 집중했던 것을 연상시킨다.

동북아 지역은 또한 핵무기 등 대량살상무기의 확산이 크게 문제시되고 있는 지역이다. 지리적으로는 역외국가이나 이 지역에서 패권적 지위를 누리면서 깊이 개입하고 있는 미국을 포함할 경우 동북아는 미·러·중 세계 3대 핵보유국이 존재하고, 북한이 사실상 핵보유국임을 선언했으며, 일본·한국·대만 비핵 3국도 기술적으로 모두 핵보유가 가능하며, 특히 일본은 매우 신속하게 핵을 보유할 수 있다. 이 가운데 북한의 핵무기 개발 노력과 탄도미사일 개발, 배치 및 수출은 대량살상무기의 확산저지라는 미국의 핵심적 국가이익에 반하는 중대한 사항이다. 우리는 이미 1990년대의 북핵위기로 인해 남북한 간의 충돌은 물론 북·미 간의 무력사태가 확대되어 본의 아니게 전쟁을 치를 뻔한 경험을 갖고 있다. 앞으로도 북한의 탄도미사일 및 화생무기를 중심으로 북·미 간의 갈등이 재연될 수 있는 개연성은 충분하다. 마지막으로 개연성은 낮지만 일본이 이른바 '예외국가' 지위를 탈피하고자 핵능력을 군수용으로도 활용하고자 할 때, 혹은 미국의 안보공약이 약화되어 한국이나 대만이 핵무장을 시도할 경우 동북아는 핵확산을 둘러싸고 심각한 갈등과 불안정을 겪게 될 것이다.

2. 동북아 힘의 구도

동북아 힘의 구도를 볼 때 한반도를 가운데 두고 포진한 4대 강국의 존재는 이전과 다름 없지만 그 내부에서 급격한 순위변동이 이루어지고 있는 중이다. 중국은 경이적인 경제성장에 힘입어 이미 러시아를 대신하여 이 지역의 새로운 강자로 등장했으며, 패권국가 미국에 대한 잠재적 도전자로 인식되고 있다. 중국은 이미 경제적으로는 러시아, 정치 · 군사적으로는 일본을 능가하는 역량을 갖게 되었다. [표 2]에서 보는 바와 같이 경제종량으로 볼 때 중국은 2010년 구매력 평가환율(PPP) 기준은 물론 시장환율로 평가하더라도 일본을 추월하여 제2의 경제강국으로 부상했다. 경제총량뿐만 아니라 중국은 막대한 외환보유고를 보유하고 있고 대미 채권국으로서 미국은 물론 세계의 경제성장을 견인하는 역할을 맡고 있다. 비록 전략 핵전력에서는 러시아에 미치지 못하지만, [표 1]에서 살펴본 바와 같이 중국은 군사 현대화와 이를 뒷받침하는 군사비 지출 측면에서 러시아를 능가했다.

미국은 중국을 몰락한 소련/러시아의 뒤를 잇는 새로운 경쟁자 내지 도전자로 보고 있으며, 중국의 국력상승과 아울러 군비증강에 관심과 우려를 나타내고 있다. 또한 미국은 국제체제의 구조적 힘의 관계 때문만이 아니라 중국의 (전체주의는 아니라 할지라도) 권위주의적인 정치체제, 19-20세기 서구 제국주의에 침탈당한 역사적 체험과 민족주의적 성향 등으로 볼 때 중국이 이 지역의 수정주의 및 팽창주의 세력으로 등장할 것을 우려하고 있다.

미국의 국방정책은 패권을 뒷받침하기 위한 압도적인 군사력 우위를 유지하고자 RMA와 핵 군비경쟁의 우위를 목표로 하고 있다. 미사일방어계획(MD)의 주목적도 사실 중 · 러의 제2격 능력(핵보복 능력)을 무력화시킴으로써 유일 초강대국으로 군림하고, 다중적 동맹체제에 의한 미국 중심의 집단안보(collective security)를 공고히 한다는 것이다. 부시 행정부는 이전 클린턴 행정부와 중국이 목표로 했던 '건설적 전략동반(자) 관계'를 경쟁관계로 바꾸고 보다 노골적인 대중견제정책을 추진했다. 오바마 행정부는 다시 자유주의적 외교노선을 채택하여 2009년 4월 G-20 정상회의에서 '21세기 적극협력(合作) 전면적 관계'를 선언했으나 아직 '전략적 관계'나 '동반자 관계'로 격상하지는 않고 있다. 물론 오바마 행정부는 특히 재정 · 금융 위기로 실추된 미국의 경제재건과 세계경제의 안정적 성장을 위하여 전세계의 경제성장을 견인하고 있는 중국과 '전략경제 대화'를 시작하는 등 긴밀한 협력관계를 강조하지 않을 수 없었다. 나아가 2008 베이징 올림픽 개최 등 중국의 국위상승과 미국의 경제위기를 전후하여 이른바 'G-2 시대'가 때 이르게 도래했다. 중국은 국력상승에 보다 자신감을 갖게 되었고, 또한 국내정치의 안정을 위하여 민족주의를 표명하고 나아가 외교정책에서 공세적 수정주의 성향도 드러내게 되었다. 2010년 천안함 사태나 연평도 포격전에서 보듯이 미 · 중은 상당기간 동안 안보문제에서 협력과 견제를 병행할 것으로 보인다.

중국과 미국의 패권적 지위와 행위에 대하여 불만을 품고 있다.[4] 그

4) Elizabeth C. Economy, "The Game Changer : Coping with China's Foreign Policy Revolution," *Foreign Affairs* 89, no. 6(2010), pp. 142–152.

러나 중국은 지속적이고 안정적인 경제발전을 위하여 미 · 일과 이들이 주도하는 자본주의 세계체제에 적극적으로 협력 · 참여해야 한다. 중국은 근래 '할 일은 한다'는 '유소작위'(有所作爲)도 내걸었지만, 기본적으로는 향후 상당기간 동안 '능력을 기르며 때를 기다리는' 이른바 '도광양해'(韜光養晦)의 전략을 구사하며 쟁점사안에 따라 선별적으로 미국과 경합 · 갈등 관계를 보일 것이다.

국력추세를 볼 때 [표 2]는 중국이 시장가격으로도 경제총량에서 2030년 이전에 미국을 추월할 수도 있다는 전망을 보여준다. 그러나 이러한 예측(projection)은 중국이 향후 10–20년간 지속적으로 고도성장을

[표 2] 동아시아 각국의 국력 및 군사력 전망

국가	GDP (억 달러) (2010 불변가격)				2015 군사자산 (Rand 누적투자비 예측)[2]	
	2010[1]	연간 성장률 전망	2020	2030	1995 전망/ 1994 가격 · 환율 (PPP 추정)	2000 전망/ 1994 가격 · 환율 (PPP 추정)
미국	146,200	~2030 : 2.0%	178,203	217,229	8,440	–
중국	57,450	~2020 : 8.0% ~2030 : 7.0%	124,030	243,986	?(3,130–4,560)	1,130–1,820 (3,860–6,340)
일본	53,910	~2030 : 2.0%	65,711	80,095	1,630	1,658(1,189)
인도	14,300	~2030 : 5.5%	24,426	41,724	?(3,330)	813(3,140)
한국	9,863	~2020 : 4.5% ~2030 : 4.0%	15,317	18,635	?(1,190–1,290)	569(1,135)
대만	4,270	~2020 : 4.5% ~2030 : 4.0%	6,631	8,068	?(1,010)	–

1) CIA.

2) Wolf.

출처 : CIA, *World Factbook* ; Charles Wolf, Jr. et al., *Long–Term Economic and Military Trends 1994–2015 : The United States and Asia* (Santa Monica : Rand, 1995) ; *Asian Economic Trends and Their Security Implications* (Santa Monica : Rand, 2000).

유지하기는 어렵고, 특히 소득 수준 및 물가상승에 따라 성장률이 하락하기 때문에 상당히 낙관적인 전망이다. 또한 경제총량에서 앞서게 된다고 곧 힘의 전이가 발생하는 것은 아니다. 비록 경제총량에서 앞선다 할지라도 19세기 영국과 20세기 미국이 보여주었듯이 경제생산성, 과학기술의 우위, 사회문화적 가치에서 다른 나라들을 이끌지 못한다면 헤게모니를 누릴 수 없다. 이 점은 경제력을 평가할 때 소득과 재산(즉 '축적된 이전의 소득')을 함께 살펴보아야 한다는 점을 일깨워 준다. 그런데 GDP와 같은 특정 연도의 경제총량은 경제력의 '저량'(貯量, stock)이 아니라 '유량'(流量, flow) 개념, 즉 특정 시점의 소득을 나타낼 뿐이다. 또한 [표 2]는 중국이 경제총량에서 미국을 앞선다 할지라도 군사력(누적 군비투자, 즉 군사력의 저량)에서는 미국이 이후에도 상당기간 우위를 누릴 것이라는 전망을 보여준다. 마지막으로, 미국은 세계적 수준에서 서유럽제국, 그리고 아시아 지역에서는 일본 및 한국과 강력한 동맹관계에 있으며, 대만과 적극적인 군사협력도 카드로 활용할 수 있다. 반면 러시아는 현재 기회주의적인 대중편승전략을 취하는 측면이 있지만 중국이 강대해질 경우 중국에 대한 견제욕구가 강해질 것으로 볼 수도 있다.[5)]

---

5) 중국의 부상에 대한 각국의 반응은 편승에서부터 균형화에 이르기까지 다양하게 나타나고 있다. Robert Ross, *Chinese Security Policy : Structure, Power, and Politics*(London : Routledge, 2009) ; Jae-Ho Chung, "East Asia Responds to the Rise of China : Patterns and Variations," *Pacific Affairs* 82, no. 4(2009), pp. 657-675 ; Yasuhiro Izmikawa, " The Rise of China, US-China Relations, and the Future of East Asia," Taik-young Hamm and Kun Young Park, ed., *Sino-U.S. Relations and the Korean Peninsula*(Seoul : Korean Association of International Studies, 2009), pp. 187-231 참조.

내부적 및 외부적 차원의 힘의 '균형화'(balancing)에서 중국이 미국을 능가하는 힘의 전이를 이루어내는 것은 경제총량에서 우위를 점하고 상당기간 격차를 벌인 이후에야 가능해질 것이다. 그리고 미중 힘의 전이가 일어나더라도 그 격차가 확연하지 못하여 탈냉전기 미국이 누렸던 수준의 일방적 패권을 쟁취하기란 불가능할 것이다. 요컨대 향후 동북아 국제체계는 구조적으로 확실한 힘의 우위체제보다 유동적이고 불안정한 힘의 균형체제가 상당기간 지속될 개연성이 높다.

III. 미중관계와 한국 외교안보전략의 선택

미국 국력의 상대적 퇴조, 그리고 2011년 사상 초유의 쓰나미로 동북지역이 초토화되었을 뿐만 아니라, 핵오염이라는 대재앙을 겪고 있는 일본의 장기적 침체가 예상되는 가운데 중국의 부상은 단연 돋보인다. 한편, 비록 한국이 세계 15위 이내의 중진 경제강국으로 부상했지만 이 지역에서 차지하는 서열은 유감스럽게도 과거와 별로 다를 바 없다. 동북아 지역은 현재 일초다극체제(uni-multipolar system)로 부를 수 있고 향후 2초(超)2강(强)으로 변모할 수 있지만, 남북한 및 대만은 주변 강대국들에 비해 한 극을 형성하지 못하는 3약(弱)들이다. [표 1]과 [표 2]에서 본 바와 같이 이들이 경제성장에도 불구하고 국력의 기반인 영토나 인구가 절대적인 열세를 극복하기란 불가능에 가깝다. 또한 이 전망은 1994년 이후 한국이 가장 고도의 경제성장을 이룩할 것이라는 매우 낙관적인 전망에서 이루어진 것으로 IMF 위기는 예상하지 않았던 것이다. 비록 남북한과 대만이 남달리 높은 인구대비 병력비율이나 군비부담(GDP 대비 국방비)을 유지하고 있지만 군사력에서도 열세를 만회할 수는 없는 것이다. 또한 경제총량이나 군사비를 비교하더라도 한국의 총체적 국력 규모로는 어느 한편의 결정적인 우세를 만들어 줄 수 있는 '균형자' 역할을 기대하기 쉽지 않다(그러나 다음 절에서는 한국이 경우에 따라 균형자의 역할을 선택할 수 있음을 제기할 것임). 더욱이 남북한 및 대만은 각기 역내에서 체제 · 이념 대결을 벌이는 분단국가들이기 때문에 결국 유일한 선택은 강대국과의 동맹이다. 한국과 대만은 미국과 양자적 동맹관계(대만은 사실상의 동맹)에 있다. 그러나 북한의 경우에는 동맹에 대한 불신 때문에 국운을 걸고 대량살상무기에 의한 억지능력, 즉 '고슴도치전략'을 추진중이다.

1. 한국 외교안보전략의 선택 대안

중국의 국력신장에 따른 동북아 국제체계의 구조적 변화, 그리고 이에 따른 중 · 일 간의 갈등 및 나아가 미 · 중 간의 패권경쟁이 벌어진다면 한국의 생존과 번영을 담보하는 외교안보전략에 중대한 시련과 도전이 될 것이다. 특히 동북아의 열강이 힘의 정치와 군비경쟁에 나설 경우 그 최대의 피해자는 대만을 제외하면 가장 힘이 약한 한국이 될 것임에 틀림없다. 지금까지 한미동맹에 거의 전적으로 의존해 왔던 한국의 안보전략은 이제 보다 다변적인 안보상황을 직시하지 않을 수 없게 되었다.

냉전기에는 우적관계와 군비경쟁의 상대방이 확실했고, 진영 내에서는 강대국과 약소국 간에 '군사적 분업' 이 비교적 분명했으며 또 비교적 순조로웠다. 한국은 한미동맹 체제 안에서 북한을 상대하면 되었고, 한 · 미 간에는 미국의 자본(정보 · 기술) 집약적 증강 대 한국의 노동집약적 증강 또는 미국의 해 · 공군 대 한국의 지상군이라는 분업이 유지되었던 것이다. 그러나 오늘날 중국은 한국의 최대 경제 파트너로서 해외투자에서 대중 투자액이 가장 높을 뿐만 아니라, 교역에서도 대미 · 일 교역량의 합계를 능가하고 있다. 중국의 경제성장이 뒷받침하는 정치적 안정이 한국 경제의 안정과 성장을 담보하고 있는 것이다. 동북아 국제관계가 다변화할 뿐만 아니라, 상호 의존과 상호 침투가 확산되는 가운데 힘의 구조적 전환기를 맞고 있는 상황에서 한미동맹은 상당한 도전과 변화, 그리고 때로는 갈등을 겪게 될 것이다. 물론 국력의 약세 때문에 한국은 동북아 국제체계에서 생존과 번영 가운데 생존을 중시하지 않을 수 없으며, 경제이익보다는 안보이익을 우선시한다. 결국 선택의 가장 중요한 요인은 미중관계일 것이며, 이에 따른 한미동맹 체제 변화의 폭도 '동맹체제의 내부적 변화' 를 넘어 '동맹 자체의 변화' 에 이를 수도 있는 것이다. 중단기적으로 보더라도 한미동맹에 큰 변화는 일어나지 않을 것이나 적어도 주한미군의 철수는 아니지만 상당한 수준의 감축 정도는 충분히 예상할 수 있다.

미중관계를 중심으로 본 동북아 국제체계의 전망에 따라 한국이 취할 수 있는 외교안보정책의 선택 대안은 어떠한 형태의 동맹이 될 것인가? 미중관계를 다시 구조적인 차원의 역학관계와 상호작용 차원의 외교관계로 대별하고 전자를 힘의 균형 대 힘의 전이로, 후자를 협력 대 갈등으로 양분하면 2×2의 네 가지 동맹전략의 선택 대안을 전망할 수 있다([표 3] 참조).

[표 3] 미중관계와 한국의 외교안보정책

외교관계	역학관계	역학관계: 힘의 균형	역학관계: 힘의 전이
외교관계	협력	1. 한미동맹 유연화	3. 등거리 외교 혹은 한미동맹 유연화
	갈등	2. 한미동맹 고수	4. 중립화 혹은 대중편승

먼저 미중 간 힘의 전이가 이루어지지 않고 유동적인 균형이 지속될 경우 한국의 외교안보전략은 정도의 차이는 있지만 한미동맹을 지속하는 것이다. 대안 1은 미중 힘의 균형상태에서 미중 외교관계가 협력적일 경우 한미동맹은 유연성을 지닐 것임을 보여준다. 한국은 그런대로 비교적 어렵지 않게 미국과 동맹을 유지하고 중국과도 화친을 유지하는 이른바 '연미화중'(聯美和中)[6] 전략을 택할 수 있게 되는 것이다.

그러나 미 · 중이 힘의 균형상태에 있더라도 외교관계가 갈등적일 경우 미국은 대중 견제동맹을 강화하여 힘의 우위를 확보하려 할 것이며, 한국도 비록 국내적으로 상당한 정책갈등이 있을 수 있지만 한미동맹을 고수 내지 강화하지 않을 수 없을 것이다(대안 2). 이는 한국이 한미동맹에서 안보와 자율성을 교환했거나 군사적으로 미국에 종속되어 있기 때문이라고 역설할 수도 있지만 한국이 나름대로의 합리적 선택을 한 것으로 볼 수도 있다. 즉 미 · 중이 힘의 균형상태에 있는 불확실한 힘의 구조에서 보다 확실하고도 합리적인 것은 기존 동맹을 지키는 것으로 판

6) 김흥규, "21세기 변화 중의 미중관계와 북핵문제," 『한국과 국제정치』 27권 1호(핵의 국제정치 특집호), 241–242쪽.

단하게 된다. 군사동맹이란 불확실성과 기회비용을 줄이는 국제제도이자 동맹이 다른 제도보다 효과적인 제도가 될 수 있도록 하는 기득권 효과 혹은 '자산특수성'을 만들어내는 제도이기 때문일 것이다. 또한 동맹은 강력한 '우적관계'를 규정하는 '사회적 국가정체성'을 창출한다고 한다.[7] 그러나 이 대안을 선택할 경우 한중관계는 악화되고, 특히 한중 경제협력에 큰 타격을 입게 되며, 또한 거의 확실하게 남북관계가 악화될 것이다.

한편, 미·중 간 힘의 전이가 이루어진 상황에서도 미중 협력·갈등 복합적 관계가 가능하다. 먼저 미국의 '영예로운 퇴장'과 같은 양국의 협력적 관계가 유지되는 경우를 상정해 보자(대안 3). 이때 객관적으로는 한국은 미중 등거리 외교, 즉 '연미연중'(聯美聯中)이 합리적인 선택이 될 것이다. 이론상으로는 쉽지만 한미 양자동맹에 안주해 온 한국으로서는 실행하기 상당히 힘든 방안이다. 현실적으로는 한국은 여전히 한미동맹을 선호할 개연성이 높다. 이는 대안 1의 연미화중(聯美和中)을 변형하여 적용하는 것이지만 한국이 계속 혈맹인 미국에 '의리와 보은'의 대의를 지키는 길이며, 국내적으로는 중국보다 미국을 선호하는 보수계층이 적극 지지할 것이다. 이는 결국 한국이 미국에게 대중 '균형자' 역할을 해주는 것이기 때문에 '위험방지'(hedging) 비용은 매우 높아질 것이며, 국내적으로도 정책갈등이 심화될 것이다.

마지막으로, 힘의 전이가 확연히 이루어진 가운데 미중관계가 악화될 경우 한국은 더 이상 미국에 의리를 지키기도 어렵고, 또 위험방지를 위

7) 서재정, 『한미동맹은 영구화하는가』(서울 : 한울, 2009), 34-49쪽.

한 '양다리 걸치기' 도 힘에 벅찬 일이 된다. 이 경우의 선택은 동맹을 철회하든가 바꾸는 길밖에 없다. 물론 조선(朝鮮)이 명청(明淸)과의 관계에서 '재조지은'(再造之恩)을 고집했듯이 한미동맹을 고수할 수 있지만, 이 선택은 '21세기의 호란'(胡亂)을 가져올 개연성이 높다. 결국 한국은 '중립화' 외교를 선언하든지 아니면 조선이 원명(元明)과의 관계에서 그러했듯이 동맹을 바꾸어 '대중편승'을 취하는 길이 남게 된다. 중립화란 우리가 지금까지 적극적으로 실행해 보지 못했던 방책이며, 조선/대한제국의 소극적인 중립방책은 한반도가 청일과 노일의 패권전쟁의 목표가 되었음을 재확인시켰을 뿐이다. 중립화란 또 남북이 분단을 극복하지 않고는 현실적으로 선택하기 어려운 대안이다. 결국 대중편승의 길이 유효한 대안으로 남게 된다.

2. 외교안보정책의 추진전략

위의 네 가지 대안을 검토해 본 결과 최적의 한국 외교안보정책을 모색하기 위한 몇 가지 시사점을 도출할 수 있다. 첫째, 한국의 외교안보정책은 미중 역학관계가 어떠하든 양국이 협력적일 때 보다 안전하고 득실 측면에서 유리한 대안의 조합을 찾을 수 있다. 한국의 성공적인 외교안보정책의 핵심은 한미동맹과 한중화친이 상호 배타적인 제로섬(zero-sum) 게임이 되지 않도록 노력하는 데 있다. 한국은 미중 역학관계에는 큰 영향을 미칠 수 없으나 미중의 협력적 관계를 조성하는 데 적극 개입하고 자주외교의 역량을 개발해야 할 것이다. 사실 한국은 대외환경에 반응할 뿐만 아니라 나름대로 '구성적'(constructive)인 외교정책을 시도

해 왔다.[8)]

둘째, 그러나 대미 · 대중 협력이 제로섬 게임은 아닐지라도 갈등 없이 양립할 수는 없다. 한국은 때로는 고통스러운 선택을 내려야 하는바, 한미동맹을 강화 · 유지 · 유연화 혹은 폐기하는 선택에 봉착할 때 국력과 군사력 및 결정의 득실을 냉철하게 계산해야 할 것이다. 앞절에서는 각국의 국력추이를 전망할 때 한국이 균형자 역할을 택하기가 매우 어렵다는 현실주의적 일반론을 제기했다. 그러나 미중의 균형이 매우 대등하거나 중국의 우위만큼 한국이 미국의 힘을 보완해 줄 수 있거나, 그러하다고 중국이 인지하게 만든다면 한미는 동맹의 지속을 열망할 것이다. 예를 들어 한국은 미국의 동맹국 가운데 가장 대규모인 막강한 지상군을 보유하고 있기 때문에 해양대국 미국은 한미 간의 비교우위에 입각하여 해공군력에 집중 투자하고 한국으로 하여금 중국의 지상군을 견제하게 하는 전략을 선호할 것이다. 이 상황에서 미국은 한국에 보상을 제공해야 할 것이다. 그러나 미국은 경제력 저하로 인해 한중 경제협력 악화에서 한국이 입는 손실을 보전해 주기란 더욱 어려운 일이 된다. 결국 미국은 한국에 추가적 안보이익을 제공해야 하는바, 한반도의 평화를 획기적으로 증진하거나 남북통일에 적극적으로 협력해야 할 것이다.

셋째, 동맹의 자산특수성 및 국가정체성 효과 때문에 한국은 한미동맹을 쉽게 버리지 못할 것이라는 점이다. 동맹은 한국의 안보를 책임져 주었지만 외교안보의 자율성을 제약하는 가장 중대한 요인이기도 하다.

---

8) 신욱희, 『순응과 저항을 넘어서 : 이승만과 박정희의 대미정책』(서울 : 서울대학교출판문화원, 2010) ; 배종윤, "노무현 정부의 외교정책과 한 · 미동맹," 함택영 · 남궁곤 편, 『한국 외교정책 : 역사와 쟁점』(서울 : 사회평론, 2010), 604-651쪽.

미중 균형상태에서는 물론이고 힘의 전이가 이루어진 상황에서도 한국은 한미동맹을 유지하려는 유혹을 떨쳐버리기 어려울 것이다. 따라서 '의리와 보은'이 현실주의적 · 근시안적인 현실주의 이해타산을 넘어서는 한국적 덕목이자 동맹전략의 중요한 원칙이 될 수 있을 것이다.[9] 사실 의리와 보은은 '죄수의 딜레마'(prisoners' dilemma) 게임에서 상호 배신을 방지하는 긴 안목의 합리적 전략이며, 특히 동맹의 약자 측이 '맞수작전'(tit for tat)보다 우선해야 할 전략일 것이다. 문제는 한국이 죄수의 딜레마를 현명하게 풀어내 한미동맹을 지속할 수 있지만, 한국에 추가적 안보이익을 제공하지 못하는 '미국의 배신'에 의하여 '순교자'로 희생될 수도 있다는 점이다. 결국 대안 4의 경우 한국의 바람직한 선택은 '미국을 배신하는 길'이다. 그러나 역사는 이를 두고 한국의 배은망덕함을 비난하기보다는 합리적 선택이라고 평가할 것이다.

요컨대 한미동맹은 외교안보정책의 수단이지 목표가 아닌 것이다. '의리와 보은'은 힘의 균형이 유지되는 비교적 안정기의 세계에서 약자가 취해야 할 현명한 죄수의 딜레마 해법이다. 그러나 힘의 전이와 같은 격변기, 왕도(王道)보다 패도(覇道)가 난무하는 난세(亂世)에서는 아쉽게도 충절(忠節)이라는 도덕적 가치가 아니라 노골적인 '국가이성'이 국가의 덕목이 된다.

넷째, 그러나 외교안보정책의 선택이나 변경은 국내외의 정치적 갈등을 수반하며, 한미동맹에 관한 보다 근본적인 문제를 건드릴수록 이 갈

9) 구영록, 『한국의 국가이익 : 외교정책의 현실과 이상』(서울 : 법문사, 1995), 121–127쪽.

등은 증폭될 것임을 알 수 있다. 예를 들어 중국에 편승하는 길은 정책갈등의 차원을 넘어 국가정체성을 둘러싼 치열한 정치갈등을 통해 이루어질 것이다. 그리고 이 갈등은 한일 국교정상화 갈등과는 비교할 수 없는, 마치 왕조를 뒤바꾼 친원파 대 친명파의 싸움이나 남북한 체제갈등에 필적할 만한 심각한 양상을 띨 것이다. 그러나 정책결정이란 또한 갈등의 산물이다. 외교정책 앞에서는 여야의 구분이 없다는 것은 선의로 해석하더라도 정책의 합리성을 제고해 보려는 허구에 불과하다. 우리는 북진통일론과 평화통일론의 대립에서부터 햇볕정책에 이르기까지 대북·통일 정책을 중심으로 하여 지속적으로 전개되었던 정치적·이념적 갈등, 한일 국교정상화 갈등, 효순·미선 양 문제나 한미 전시작전권 이전을 중심으로 전개된 갈등, 미국산 쇠고기 관련 촛불시위 등 무수한 외교안보정책의 갈등을 겪어 왔다. 그리고 한국의 민주화가 진전되어 정책결정 및 집행의 투명성이 높아질수록 외교안보의 정책적·정치적 갈등은 더욱 표출될 것이다. 중요한 문제는 이러한 갈등을 어떻게 해소하며 또 어떻게 해소방안을 제도화할 수 있을 것인가에 있다.

다섯째, 그럼에도 불구하고 당파적 이해관계는 물론 이념적 정체성 갈등에 기반을 둔 대결을 통하여 이루어진 정책결정은 한국의 국력기반과 함께 외교안보정책의 자율성을 결정해 주는 변수가 될 수 있다. 2008년 촛불시위는 쇠고기 협상에서 한국 정부가 하지 못했던 미국의 재협상 양보를 받아내는 데 결정적인 역할을 하였다. 또 정치적·이념적 갈등이 가장 첨예하게 표출된 대북정책은 한미 및 한중관계에서 한국 외교의 자율성을 가름하는 변수가 되어왔던 것이다. 김대중 정부는 대북포용정책을 통해 한반도 평화구축의 주도세력으로 남북한이 등장한 한반도 문제의 한반도화를 가져왔다.[10] 김대중 정부가 미국 클린턴 행정부의 대북정책을 온건책으로 유도한 것, 노무현 정부가 중국과 더불어 6자회담을 주도함으로써 부시 행정부의 대북 대화를 유도한 정책 등은 한국이 남북관계 개선을 통해 나름대로 외교의 상대적 자율성을 확보하고 미중 등 강대국의 국가이익 형성에 영향을 행사한 사례일 것이다.[11] 즉 체계구조의 결정력에 순응함을 넘어서 한국이 구조에 주체적으로 대응하는 구성적 능력을 보여준 측면이 있다.

IV. 외교안보정책의 목표 : 한반도 평화체제

이명박 정부 들어와 한국의 대북압박과 북한의 강경대응으로 남북관계가 냉각되었고 급기야 무력충돌 사태까지 조성되었다. 2010년 한국 정부는 천안함 사건에 대한 감정적이고도 선거를 의식한 정략적인 선택과 연평도 포격전에서 보여준 시효를 놓친 대북 강경대응을 통해 한미동맹 강화에 집착하는 선택을 내림으로써 미중의 경쟁적 개입을 초래했다. 결국 남북한 문제에서 다시 미국과 중국이 주체가 되고 한국이 객체가 되는 결과가 이루어졌다. 이 사실은 두말할 나위 없이 한국 외교안보정책에서 또 하나의 축은 바로 외교정책의 상대적 자율성 공간을 마련해 주는 대북정책임을 재확인시켜 준다.

---

10) 박건영 외, 『한반도 평화보고서』(서울 : 후마니타스, 2002), 52쪽.

11) 김학노, "김대중 정부의 햇볕정책과 6 · 15 남북정상회담," 함택영 · 남궁곤 편, 『한국 외교정책』, 593쪽.

1. '북한 위협'의 극복과 한반도 평화체제

먼저 한국민은 북한이 제기하는 위협이 무엇이라고 인지하며 또한 북한은 어떠한 위협을 인지하고 있는지 살펴보기로 한다. 오늘날 김정일 시대의 북한은 국가 · 체제의 존망이 달린 '총체적 위기'에 직면해 있다. 북한은 이미 사회주의권의 몰락 · 해체로 인하여 외교 · 안보에 있어서 중대한 손실을 보게 되었을 뿐만 아니라, 경제협력 및 원조획득에 실패하여 1980년대부터 가시화된 경제침체가 경제위기로 치달았다. 더욱이 북한은 김일성 사망 직후 수년간 홍수나 한발로 인해 농업, 특히 식량부문에 큰 타격을 입었다.

북한당국은 사회주의권의 붕괴와 과중한 군비부담 등 경제난의 외인론을 펴왔고, 또한 자연재해라는 환경론으로 경제난을 설명했다. 그러나 북한의 경제난은 비단 어제 오늘의 일이 아니며, 이미 자생력을 상실한 경제의 한 단면일 뿐이다. 문제는 북한이 경제위기에 대처하여 이를 극복할 수 있는 체계적이고 포괄적인 개혁을 추진하지 못했다는 점이다. '강성대국'과 이를 뒷받침하는 '선군정치' 노선이 시사하듯이 생존이나 위기관리를 위해 현재까지 북한이 취할 수 있는 정책은 국내개혁보다 주로 대외관계, 특히 대미관계를 중심으로 한 안보 · 국방정책에 역점을 두고 있다. 김정일이 스스로 말한 바와 같이 '군력'은 북한의 대외적 생존을 위한 필수요건이라는 차원을 넘어서 대내적으로도 체제위기에 대처하는 사실상 유일한 수단이 되어 왔다. 여기에서 결정적 변수는 동북아에서 북한이 지니고 있는 대남 · 대서방 '안보위협'일 것이다. 북한이 자신의 존재를 전세계와 특히 한 · 미 · 일에 알리는 가장 유력한 수단은 핵개발(위협)과 군사적 도발의 위협이었다.

북한은 1970년대 중반부터 우월한 경제력을 바탕으로 한 남한의 자본집약적 증강에 대처하여 병력증강이라는 '노동집약적 군비증강'을 추진했다. 인민군은 이 기간 중 40-45만에서 100만 이상의 대군으로 확장되었다. 백만대군은 결코 무시할 수 없는 자산이지만 자원제약에 시달리는 국가로서는 큰 부담이기도 하다.[12] 인민군은 실업과 사회불안을 예방한다는 측면과 근래 대규모 민간노동력 동원의 한계라는 북한의 사정을 반영하고 있는바, 사실 병력의 상당수는 강제노동력의 특성을 지니고 있다. 인민군은 '무장 근로자로부터 근로 병사로' 전환된 것이다.

그 결과 북한은 1990년대부터 전쟁수행 능력보다는 재래식 및 비재래식 대량살상무기 등 상대적으로 경제적인 전력증강에 치중하고 있다. 즉 북한은 군비경쟁의 열세를 만회하기 위하여 '비대칭적 군비경쟁'으로 전환했던 것이다. 북한은 핵확산을 우려하는 미국을 협상 테이블로 끌어내어 사실상 생존을 보장받는 성공을 거둔 한편, '과거 핵'뿐만 아니라 앞으로도 핵개발 선택권을 확보하고자 노력했다. 급기야 북한은

12) 인민군은 '병력 대 장비'의 비율에서 계속 경량화되고 있다. 또한 인민군 기계화 군단/여단은 한·미 측 기준으로 볼 때 장갑차량(APC 또는 IFV) 대신 주로 트럭에 의존하는 '차량화'(motorized), 또는 '트럭기동'(truck mobile) 보병으로 분류된다. U.S. DIA, *North Korea : The Foundations for Military Strength, Update 1995* (Washington, D. C. : DIA, 1996), p. 16. 그 후 2006년 김정일은 "군종, 병종, 전문병에 관계없이 … 보병훈련에 힘을 넣어 군인들이 그 어떤 불리한 정황 속에서도 적과 싸워 이길 수 있는 높은 전투기능을 소유하도록 하여야 합니다"라고 '전군의 보병화'를 강조했다. 김정일, "현시기 인민군대 대대장, 대대정치지도원들 앞에 나선 몇가지 과업에 대하여," 조선인민군 대대장, 대대정치지도원대회 참자들에게 보낸 서한(2006년 10월 3일).

2006년과 2009년 두 차례의 핵실험을 통해 핵보유정책을 천명했으며, 탄도유도탄(화성-5 · 6호, 노동-1호) 등 장거리 운반수단을 확보했다. 북한은 또한 '빈자의 핵무기'라고 일컬어지는 화학무기도 개발 · 비축하고 있다고 평가된다.

오늘날 북한의 위협은 최후수단으로서의 대량살상무기 외에도 적어도 남한에 대하여는 재래식 억지력도 지니고 있다. 즉 수도권을 타격할 수 있는 240mm '방사포'와 170mm 자주곡사포 등 합계 수백 문의 대구경 포대를 전진배치하고 있는 것이다. 인민군의 전격전과 기습공격이 성공하기는 매우 어려울 것이다. 그럼에도 불구하고 2010년 11월 북한의 연평도 포격은 수도권은 DMZ에 가까워 전략적 종심이 짧아 북한의 공격에 취약할 것이라는 한국민의 불안감을 증폭시켰다.

결론적으로 북한은 한미동맹군의 일방적 우위는 물론 한국의 우월한 전쟁수행 능력에 대응하여 보다 값싼 억지능력이라는 '위협의 균형' 혹은 비대칭적 군사력 균형을 시도하고 있다. 남북한 비대칭 군비경쟁에는 이미 '수확체감의 법칙'이 적용되는바, 군비증강이 추가적인 안보의 획득보다 상실을 가져오고 있는 것이다. 군비경쟁이론은 안보 딜레마가 상호작용에 의하여 이루어짐을 논증해 준다. 즉 북한의 위협은 곧 스스로 조성하는 안보위기뿐만 아니라 한 · 미로부터 오는 안보위협에 대한 북한의 인지를 반영한 결과이다.

보다 중요한 사실은 남북한 대결은 한반도의 안정과 평화를 저해할 뿐만 아니라, 남북한이 스스로를 객체로 전락시키고 외세를 한반도의 주체로 불러들인다는 사실이다. 남북한이 한반도 문제의 한반도화를 이루는 일은 곧 분단을 극복함으로써 통일된 국민국가의 정체성을 확립하는 일이다. 근대국가는 국내의 지역갈등과 어떠한 형태와 방식에 의하든 특히 계급갈등을 해결함으로써 국민통합을 이루어냈다. 그러나 남북한 분단체제는 냉전체제 형성과정에서 외세에 의한 분단이 계급갈등에 의하여 중첩결정된 이중 분단체제이다. 분단국가 간의 대결로 외연화된 계급갈등을 해결하지 않는다면 한민족은 근대화의 상징인 완성된 민족/국민국가의 정체성을 확보하지 못한 채 근대화 콤플렉스를 안고 탈근대 시대를 살아가야 할 것이다. 한국이 필요 이상으로 북한으로부터의 안보위협을 강조하는 것도 민족의 계급갈등을 해결하지 못한 데에서 기인하는 불안감 때문이다. 분단체제를 평화체제로 전환하지 못하는 한, 한국 외교는 주변 4강에 대하여 비견할 만한 국력은 물론 대등한 정체성도 확보할 수 없다.

2. 평화체제와 외교안보정책의 목표

한국 외교안보정책의 최우선 과제는 남북의 군사대립과 군비경쟁을 극복하고 평화체제를 구축하여 분단을 극복함으로써 통일을 기약하는 데 전력을 다하는 것이다. 여기에서 한반도 평화체제는 제도로서의 평화체제(peace regime)에 더하여 보다 적극적이고 지속 가능한 평화상태로서의 평화체제(peace system)를 의미한다.

첫째, 한반도 평화체제를 구축하는 과정은 군사적인 수단과 방법이 아니라 보다 대승적인 정치적 해결을 촉구하고 있다. 요컨대 남북한 두 분단국은 각자의 근시안적인 국가이익에 급급할 것이 아니라 남북의 공동이익, 즉 '민족이익'을 신중히 고려해야 한다는 것이다. 남북한의 독자적인 안보정책은 비생산적인 적대와 군비경쟁을 낳을 뿐, 결국 각자의 안보를 보다 증진시키지도 못했다. 군사적 억지력에 기반을 둔 안보위주의 소극적 자세로부터 탈피하여 보다 적극적으로 '협력안보' 수준은 못 되더라도 '공동안보'에 바탕을 두고 평화통일을 지향하는 발상전환이 요구된다. 남북한의 공동안보는 최소한 불가침조약 등 평화협정과 군비통제 및 군축을 바탕으로 한다. 남북한은 그 이름이야 어떠하든 평화정착을 위한 제도적 틀을 마련하기 위해 현재의 불안한 정전체제를 평화체제로 전환할 필요가 있다. 역설적이지만 분단체제를 제도화하는 것이 '제도로서의' 평화체제(peace regime)이다.

둘째, 남북한이 현재의 6자회담이나 기타 방식을 통하여 4강의 남북한 교차승인을 완료하고 국제적으로 구속력 있는 평화협정을 도출하는 것이야말로 한반도 및 동북아 평화체제의 제도적 기반이 될 것이다. 또한 동북아의 평화는 경제협력과 공동번영에 달려 있기 때문에 남북한 경제의 번영이 미국은 물론 일·중과의 긴밀한 협력을 전제조건으로 한다는 사실을 망각할 수 없다. 탈냉전의 초창기 대소·대중 수교를 이루어낸 노태우 정부의 북방정책은 중소를 통하여 북한에 접근한다는 북방 '우회론'이었다. 그러나 이는 북한을 적극적으로 포용하는 것이 아니라 포위·압박하는 묵시적 목표를 지닌 정책이었다.[13] 북방정책은 북한의 흡수통일을 가져오지 못했고, 또한 대미·대일 수교로 이어지지 않아 한반도의 안정을 위한 4강의 '남북한 교차승인'을 이루지도 못했다. 결

13) 김성철, "외교정책의 제도·환경·효과의 역동성 : 북방정책의 사례분석," 『국제정치논총』 40권 3호(2000), 81-99쪽. 포용정책은 김대중 정부 들어서 본격적으로 추진되었다. 전재성, "노태우 정부의 북방정책과 공산권수교," 함택영·남궁곤, 『한국 외교정책』, 388-389쪽.

국 북방정책은 한반도 평화체제 구축에 실기했을 뿐만 아니라 북핵위기의 직접적 계기가 된 것이다. 북방정책에서 진일보하여 대북정책과 대주변국 정책을 아우르는 포용정책이 요청된다.

셋째, 남북한의 상호 인정과 주변 관련국에 의한 교차승인은 군비통제 및 군축과 밀접히 연관된다. 상대방의 존재로 인한 안보위협을 우리가 감내하면서 살아야 하는 숙명적인 것으로 인정하면서 이른바 '절대안보'에 대한 집착으로부터 탈피해야 하는 것이다. 무엇보다도 먼저 남북한은 피차 무력도발을 억지하면서도 상대방의 안보불안감을 자극하지 않는 국가안보의 '합리적 충분성' (resonable sufficiency) 원칙을 필요로 한다. 남북한은 나아가 동북아 다자간 안보체제의 수립에 적극적으로 참여하며 동북아의 군비통제 및 군축을 지향해야 한다. 장차 통일한국의 안보정책은 4강과 군비경쟁을 전개하는 것이 역부족일 뿐만 아니라 위험한 전략이라는 뼈아픈 자각에서 나와야 하기 때문이다.

넷째, 제도로서의 평화체제에 비하여 지속 가능한 평화상태로서의 한반도 평화체제(peace system)는 평화협정의 수립, 남북한의 군비통제 및 4강의 남북한 교차승인을 통해 분단체제의 안정화 · 제도화라는 평화체제의 정치적 접근만을 의미하지 않는다. 이를 뒷받침할 물적 토대를 가져야 하는 것이다. 즉 남북한의 부단한 교류협력을 통해 '경제통합'을 진척시킴으로써 평화체제가 완성된다. 적극적인 평화체제를 목표로 하는 세계화 시대의 바람직한 평화통일전략은 정치 · 군사적 접근보다 경제적인 접근에 의하여, 즉 경제통합을 통하여 민족공동체의 기반을 조성하는 길이다. 범세계적 자본(global capital)의 지배가 관철되는 세계화 시대에 남북한이 선택할 수 있는 대안은 '시장의 논리'와 '(민족)공동체의 논리'를 변증법적으로 종합하는 길이다. 이는 북한의 개혁개방과 남한의 대규모 경제지원을 요구한다. 그러나 남북 경제협력의 기회비용, 다시 말해 남북 대치상황에서 한국이 미중에 지불하게 될 안보비용과 비교할 때 유리한 선택이다. 한국은 남북관계 개선을 통해서 보다 경제적으로 평화와 안보를 구매할 수 있는 것이다.

다섯째, 물론 경제협력 및 통합의 전망에 있어서 북한의 선택이 가장 중요한 변수로 작용할 것이다. 북한의 화해협력을 유도하기 위하여 한국의 대북정책은 장기적 안목을 지니고 정치적 · 군사적 신뢰구축을 위한 끈기 있는 자세를 견지해야 한다. 상호 군축이 당분간 어려운 여건이라면 '비대칭적 상호주의' 도 고려해 볼 만하다. 또한 남북관계가 국내정치 목적을 위하여 동원된다면 진전을 기대하기 어렵다. 특히 북한의 인권문제나 민주화를 간접적으로 우회 접근하는 인내가 필요할 것이다. 유신시절의 한미관계와 북한의 대중 · 대소 관계를 볼 때 우방의 요구가 내정간섭으로 받아들여져 역효과를 불러일으킨 사례가 많았다. 남북한이 각기 가장 신뢰하고 의지해 온 동맹국과의 관계가 이럴진대 아직 상호 불신과 대립관계에 있는 남북한 간의 내정간섭은 금물이다.

마지막으로 한반도 평화체제를 수립하기 위하여는 대미 일변도의 안보협력 관계를 재고함으로써 통일조국의 독자적이고도 평화지향적인 정책과 철학이 요청된다. 북한의 안보위협을 포함한 한반도 안보위협의 본질과 한계에 대하여 보다 냉철하고 객관적인 판단, 그리고 위협인지에 작용하는 국가정체성의 자각이 필요하다. 즉 한반도의 위협에 대한 인지는 평화통일을 지향하는 우리의 정체성과 남북관계 개선을 통해 얼마든지 수정할 수 있는 것이다. 한국민과 정부 모두 한국의 '위기관리' 체제와 안보외교 능력을 배양함으로써 과도한 심리적 · 정책적 대미의존을 극복하고 한미 군사협력에서 '부차적 역할' 로부터 탈피해야 한다.

자주국방은 군사력의 물적 토대뿐만 아니라 무엇보다도 전시작전통제권을 충분히 행사할 수 있는 정책능력과 이를 뒷받침하는 국민의 자주적 안보의식을 요청한다.

3. 한미동맹의 조정

냉전체제에서 한미군사동맹은 한미 간의 정치적 신뢰와 경제협력을 바탕으로 하여 상호방위조약, 안보협의체제(SCM), 한미연합사령부(CFC) 등 제도적 장치에 의해 효과적으로 유지되어 왔다. 미국의 대한정책은 범세계적인 패권유지전략은 물론 대중 및 대일정책의 하위 개념이다. 미국은 한반도의 평화와 안정을 위한 공약을 지속할 것으로 예상되나 1990년대 핵위기 당시 미국이 핵확산의 방지를 위하여 북한과 일전불사를 준비했던 것을 보면 한반도의 안정과 평화를 강조하는 한국의 안보전략과 항상 합치하는 것은 아니었다. 부시 행정부도 남북한 관계를 진전시키려는 남한 정부의 선포용·후검증 정책방향에 제동을 걸었던 것이다.

오늘날 한미동맹은 탈냉전의 시대적 상황에 부합하고 한미 간 이해관계 조정과 정책갈등을 극복할 수 있는 새로운 차원의 군사협력 관계를 요청받고 있다. 나아가 한반도 긴장완화와 신뢰구축이 진전되어 평화체제가 정착되는 경우 한미동맹이 지니는 기본 전제의 변화와 함께 동맹의 목표와 임무가 바뀌게 될 것이다. 한반도 평화체제는 그 법적 형식에 상관없이 한미동맹체제, 특히 한국군의 작전통제권 문제와 주한미군의 역할, 규모 및 지속적인 주둔 여부 및 UN군사령부(UNC)의 해체 등 큰 변화를 요구하게 될 것이다.

연합방위체제는 한반도의 평화유지에 효과적으로 기여했으나 그동안 몇 가지 미해결된 문제도 안고 있었다. 법제도적 측면에서 한미상호방위조약에는 NATO에 대한 군사지원과 달리 유사시에 미국의 자동개입을 보장하는 조항이 없으며, 주한미군이 미국의 자동개입을 사실상 보장하는 인계철선의 기능을 담당했다. 한미동맹은 또한 CFC 체제의 작전통제권 등 구조적 문제에서 파생하는 한미관계의 불평등이나 비대칭성을 지니고 있다. 정책운영의 측면에서도 과거 주한미군의 철수결정에서 보듯이 유사시 미국은 한미 간의 합의보다 일방적 결정에 따라 행동한 비대칭성을 지적할 수 있다.

CFC 체제의 조정에 대한 필요성으로 인해 한미 양국은 한국의 군사주권이 점진적으로 회복되도록 각종 조치들이 강구해 왔다. 1990년 이후에는 주한미군의 감축계획 추진에 따라 한국의 방위를 위한 주도적 역할이 주한미군으로부터 점차 한국군에 이양되는 조치가 취해졌다. 1994년 12월 1일부로 한국군에 대한 '평시' 작전통제권이 한국군 합참의장에게 이관됨으로써 연합사령관은 '전시' 작전통제권만을 보유하게 되었다. 평시작전통제권 환수를 계기로 한국군은 주권국가의 군대로서 마땅히 지녀야 할 군사주권의 일부를 향유하게 되었다.

그럼에도 불구하고 CFC 체제는 한국의 자주성 제약이라는 문제점을 안고 있다. 물론 군사동맹을 맺는다는 사실 그 자체가 군사주권의 제약을 전제로 한다. 그러나 문제는 한국군과 같이 자주적 작전통제권이 제한되는 형태는 그 유례를 찾기 어렵다는 사실이다. 한국의 군사주권 제한은 북한의 대남대화 거부의 빌미를 제공할 뿐만 아니라, 한미안보동맹에 대한 국내 비판여론 및 반미감정을 유발하는 요인으로 작용했다.

작전통제권은 국가주권의 필수요소로서 당연히 행사되어야 마땅하다. 이러한 국가정체성의 문제는 외교안보정책의 주요한 자원이기도 하다. 전시작전통제권 전환은 지휘체제의 변화일 뿐, 바로 미국의 안보공약이 철회됨을 의미하지 않는다. 전시작전통제권이 환수되더라도 한미동맹은 전쟁억지력을 유지할 수 있다. 비록 중단기적으로 한국의 안보비용이 증가할지라도, 오히려 외교안보정책의 전환과 한국군의 질적 발전과 주체적 역량을 배양하는 계기가 될 것이다. 연평도 포격전은 한국군의 무기가 미흡한 것이 아니라 의지와 결단이 부족했음을 드러냈다. 전시작전통제권 전환은 더 이상 연기될 사안이 아니다.

한미동맹의 가시적 상징인 주한미군은 1953년에 체결(1954년 비준)된 한미상호방위조약에 의거하여 전쟁억지력의 전위로서 한반도의 안보에 크게 기여해 왔다. 주한미군의 전진배치는 유사시 미군의 자동개입을 담보함으로써 북한의 남침을 억지하는 역할을 수행하고 있다. 억지의 측면에서는 미군의 규모보다도 배치가 더욱 중요하다. 주한미군은 또한 방어전력으로서의 역할을 수행했다. 억지가 실패할 경우 주한미군은 한국군과 더불어 북한의 공격을 격퇴해야 하는 임무를 띠고 있는 것이다. 한국군 증강에 따라 주한미군은 보조전력이 되고 있지만 공군력, 패트리어트 미사일 부대, 조기경보 등 특정 분야에서는 여전히 중요한 보완전력이다.

주한미군은 또한 미국의 대아시아전략의 첨병으로서 아태지역의 안정과 평화를 유지하는 데 중요한 역할을 수행해 왔다. 주한미군은 미국의 공약의지에 대한 한국인들의 신뢰를 조성했을 뿐만 아니라, 아시아지역 동맹국 및 우방에 대한 강력한 안보공약의 상징으로서 미국에 대한 아시아인들의 신뢰를 담보했다.[14] 주한미군은 또한 오랫동안 대소봉

쇄전략에 따른 전진배치 전력으로서, 중국의 지역패권주의를 견제하는 억지력으로서, 그리고 일본에 대한 안보공약의 신뢰성을 표현하는 수단임과 동시에 재무장을 억제하는 역할도 수행해 왔다.

주한미군의 규모는 1958년경 정착된 60,000-70,000명 규모에서 1971년 닉슨 행정부의 제7사단 철수 이후 점진적으로 감축되어 왔다. 북핵문제가 대두한 뒤 클린턴 행정부는 동아시아전략검토(EASR 1995)에서 미국은 '사활적 이익'이 걸려 있는 동아시아에 10만 명 수준의 미군을 계속 주둔시킬 것이며, 또한 한국의 안정이 동북아의 안정과 직결되기 때문에 북한의 위협이 소멸된 이후에도 한국과 강력한 동맹관계를 유지해야 할 것을 주장하였다. 2000년대 부시 행정부는 이라크, 아프가니스탄 전쟁에 따른 병력수요 때문에 상당수의 지상군을 철수했으며, 세계전략의 수정에 발맞추어 주한미군의 전략적 유연성을 천명했다. 그러나 한미 양국은 북한의 위협이 소멸된 이후에도 주한미군이 주둔한다는 데 인식을 같이하고 있다.

북한의 위협이 현저히 감소하거나 한국의 통일 이후 미국의 아시아략과 한국의 국지전략을 조화하여 양자 간에 일치된 이익을 추구하는 길을 찾아야 할 것이다. 이때 한반도에 계속 주둔하는 미군의 역할은 동북아의 안보에 우선순위를 두는 방향으로 재조정될 것이다. 즉 주한미군

---

14) 카터의 철군계획에 대한 반대 움직임을 조율했던 홀부르크(Richard Holbrooke) 국무차관보에 의하면, 철군계획의 중단은 북한 군사력의 재평가와 같은 군사적 요인과는 별 상관이 없었고, 가장 중요한 동기는 동아시아 국가들에 대한 미국 안보공약의 신뢰성 때문이었다. Peter Hayes, *Pacific Powderkeg : American Nuclear Dilemmas in Korea*(Boulder : Westview Press, 1991), p. 83.

의 기본 임무는 동북아의 안정을 보장하는 '안정자'의 역할로 전환될 것이다. 그러나 한미 양국의 국내 여론은 주한미군의 감축 내지 궁극적인 철수를 요구할 것으로 예상된다. 한국에서는 부당하게 느껴지는 통상압력이나 과중한 방위비 분담 문제 등을 중심으로 군사동맹의 피로현상이 제기되고 동맹의 비용 대비 효과분석이 제기될 것이다. 또한 주한미군 감축도 과거에는 모두 미국의 일방적 결정에 따라 추진되었으나 앞으로는 이 문제를 한미 양국이 긴밀한 협의를 통하여 추진될 것이다. 작전통제권과 마찬가지로 이 문제도 중대한 양국 간 신뢰의 문제인 것이다.

물론 돌발적인 부정적 상황들을 감안할 때 한미동맹은 가급적 점진적으로 개선해 나가는 것이 바람직하다. 남북한의 화해협력이나 통일 이후 당면하게 될 동북아의 전략적 상황은 유동적이기 때문에 주한미군 문제는 신중한 판단과 대비를 요한다. 한미 연합방위 체제와 주한미군은 통일과정에서 돌출할 수 있는 국내외의 불안정성을 극복하고, 통일 이후에도 일부 반통일세력의 준동 가능성을 제어할 수 있는 버팀목이 될 수 있다. 한편, 바로 한미 연합세력이 수구적인 반통일세력이 될 수도 있다. 결국 주한미군 잔류의 또 다른 조건은 미국의 정체성, 즉 한국민들이 평화통일 과정에서 미국이 보여줄 역할을 어떻게 평가하는가의 문제이다.

주한미군의 주둔은 한미 두 당사국이 결정할 문제이지만 외교적으로는 주변국과 분쟁의 소지가 커질 것이다. 이 경우 일본 · 중국 · 러시아가 미국을 동북아의 역내세력으로 인식하고 균형자 내지 안정자의 역할을 인정하는 한도 안에서 주한미군의 잔류가 용인될 수 있을 것이다. 특히 미군이 통일 이후에도 한국에 주둔한다는 것은 국경을 맞대게 될 중국을 자극하게 될 것이 거의 확실하다. 이를 방지하기 위해 한중 국경에서 멀리 떨어진 한반도 남부에 주둔시키는 것도 하나의 방안이 될 것이나 다른 대안은 지상군이 철수하고 해공군 및 정보전력 지원을 제공하는 것이다. '주한미군 없는 한미동맹'은 얼마든지 가능한 대안이 될 것이다.

만약 미중 간의 무력사태가 발생할 경우 한국은 원하지 않지만 한미동맹에 따라 미국을 군사적으로 지원하고 중국에 적대해야 한다는 연루의 문제가 제기된다. 주한미군이 있을 경우 한국의 군사개입은 거의 자동적이다. 물론 이러한 힘의 구도가 이루어지기 전에 중국은 한국에 대중편승을 강요하게 될 것이다. 한국은 미중대결에서 계속 균형자의 역할을 선택하든가 한미동맹을 종식하고 중립화나 대중편승을 선택해야 하는 '진실의 순간'(moment of truth)에 봉착할 것이다. 한국 외교안보의 일대 위기가 아닐 수 없게 된다. 이러한 미중갈등을 예방하기 위한 한국의 노력은 현실주의적인 군사력의 비교와 득실계산이 아니라 한반도 평화체제 구축에 집중되어야 할 것이다. 한국의 힘은 동맹의 균형자 역할을 하기에는 미흡하기 때문이다. 마지막으로, 결정적인 힘의 전이가 일어난 가운데 미중갈등이 전개된다면 한국은 결국 한미동맹을 포기하고 중립화 내지 대중편승을 택할 수밖에 없다.

4. 국방정책의 방향

한국 안보·국방 정책의 목표는 무엇보다도 현재의 불안정한 정전체제를 평화체제로 전환하는 것이다. 군사적 신뢰구축과 긴장완화 등의 선행조건을 전제로 국제적으로 구속력 있는 평화협정을 도출하는 것이야말로 한반도 및 동북아 평화 레짐의 제도적 기반이 되는 것이다. 이는 남북한은 물론 미·중 등 관련 당사국들의 신뢰구축에 기여하고, 나아가 동북아의 다자간 안보체제를 향한 시금석이 된다고 볼 수 있다. 따라서 우리의 안보·국방 정책은 동북아의 안정과 평화를 지향해야 한다. 장차 통일한국이 4강과 군비경쟁을 전개하는 것은 역부족일 뿐만 아니라 위험한 전략이다. 국제안보 협력과 '합리적 방어충분성'에 의거한 한반도 공동안보가 요청된다. 한국의 안보는 또한 활력적인 경제에 달려 있으며, 한국 경제는 미국은 물론 일·중과의 긴밀한 협력을 전제조건으로 한다. 동북아에서 한국과 일본만이 이른바 '전략무기'를 지니고 있지 않으며, 가까운 시일 내에 보유하지 않을 것으로 보인다. 우리는 동북아의 군비통제를 가장 적극적으로 주도할 위치에 있다. 비핵화는 또한 일본의 군사대국화를 방지하는 데 유용하다.

과도한 대미 안보의존을 극복하기 위한 자주적 국방정책은 군사위협의 본질과 한계에 대하여 보다 객관적인 판단과 현실성 있는 대응 및 예방을 필요로 한다. 즉 남한이 전반적 국력과 군사력에서 북한보다 명백히 우월하나 남북한 간 '위협의 균형' 때문에 남이 북을 군사적으로 압도하기 어렵다는 모순도 명심해야 한다. 물론 군사도발 위협이 북한의 안보 카드인 상황에서 성급한 군축정책은 북한의 유일한 협상무기 포기를 의미하기 때문에 역효과를 가져올 수도 있다. 그러나 군비통제가 당분간 어렵다 할지라도 한국의 국방정책은 '합리적 충분성' 원칙에 의거하여 이를 적극 선도해야 한다. 보다 효과적인 방법은 경제부흥에 따른 노동력 수요의 창출을 통해 장기적으로 과도한 인민군의 병력을 감축하는 방안이다.

한국은 '첨단화·정보화'라는 세계적 추세에 발맞추어 보다 기술집약적인 소수정예의 군사력 건설을 적극 추진해야 함에도 불구하고 북한의 노동집약적 군사력 및 비대칭 전력의 위협 때문에 발목이 잡혀 있다. 그러나 한국은 북한과의 양적인 경쟁보다 동북아의 유동적인 안보환경에 대비하는 소수정예의 정보화 전력, 그리고 남북한 간에는 대규모 군사충돌보다 개연성이 높은 비정규전에 대처할 수 있는 즉응성이 높은 신속기동군을 양성해야 할 시점에 있다. IMF 사태가 한국 경제의 외연적 성장방식의 한계를 보여주는 바와 같이 한국군의 전력구조도 보다 효율적인 구조로 발전되어야 한다. 즉 노동집약적 전력구조를 자본집약적으로, 조직역량을 십분 향상시킨 정보화 전력으로 발전시켜야 한다. 전세계가 '정보화 시대'에 진입한 오늘날 장차전의 양상은 화력이 아니라 정보화 전력, 특히 C4ISR 능력이 승패를 결정짓게 된다.

일례로 '인해전술'의 나라 중국이 병력을 대폭 감축하고 정예화하는 속도는 실로 괄목할 만하다. [표 1]을 보면 군사력의 자본집약도 및 정보화 수준을 판가름하는 군인 1인당 군사비에서 2009년 중국은 '공식' 군사비만으로도 30,770달러를 지출했다(참고로 선진국이자 지원병제도를 택한 미국은 437,000달러, 일본은 228,000달러). 이는 러시아 40,000달러(PPP 추정치), 한국 37,420달러와 대만 33,700달러에 육박하는 수치일 뿐만 아니라, 2009년 1인당 GDP 3,724달러는 한국의 18,190달러이나 대만의 15,170달러에 비해 1/5-1/4에 불과함을 볼 때 그 상대적 자본집중도가 매우 높다. 뿐만 아니라 한국은 수년 내에 군인 1인당 군사비 절대액에서도 추월당할 것으로 전망된다. 즉 한국군이 인민해방군에 비해서도 정예화 수준이 뒤떨어지게 된다는 것이다.

그럼에도 불구하고 우리 정부 및 민간경제의 많은 분야에서 구조조정이 이루어진 것과 달리 한국군은 지상군 위주의 대병력의 구조조정에 매우 소극적이다. 육군의 영향력이 압도적이고 또 미국 측도 대륙세력 견제를 위해 한국의 강력한 지상군을 선호하기 때문에 한국군은 해공군력이 상대적으로 약세이다. 현재의 전력구조는 1950년대 북중 연합군에 대항하기 위해 한미 간에 이루어진 경제 · 군사적 분업의 산물일 뿐이다. 방만한 지상군을 감축하는 것은 군의 정예화와 육해공 합동전력의 극대화에 필수적일 뿐만 아니라, 장기적인 한국의 동맹전략을 구상할 때 보다 유연한 선택을 제공해 줄 수 있다. 비록 우리의 총체적 군사력이 균형자 역할에 미흡할지라도 지상군과 해공군력을 어떻게 배합하는가에 따라 해양국가 미국과 대륙국가 중국 사이에서 한국의 군사동맹 가치를 높일 수 있는 것이다.[15)]

통일국군을 대비한 장기적 전력구조 구상과 무기체계 선정은 우리 국력 실정에 맞는 첨단전력의 선별적 육성이 바람직하다. 물론 우리의 경제적 · 기술적 수준으로 볼 때 첨단 RMA 전력을 모두 수용할 수 있는 역량은 없으며, 반드시 그럴 필요도 없다. 통일에 대비하는 긴 안목으로 은인자중하며 미래의 도전에 대비하는 연구개발(R&D)에 역점을 두어야 할 것이다. 우리에게는 RMA의 핵심인 정보기술(IT)의 강점을 적절히 활용할 필요가 있으며, 사안에 따라 민 · 군 공동의 R&D 사업도 유망하다. C4ISR 전력을 우리의 경제력과 기술력의 한도 안에서 '한국형 시스템' 을 개발하는 한편 미 · 일의 전략정보에 효과적으로 접근하는 방안이 요청된다.

국방비 수준을 보면 최근 GDP의 2.7-2.8% 수준에 머무르고 있고,

---

15) 함택영, "전환기 한미 군사동맹과 자주국방," 『동북아연구』 8권(2003), 38쪽.

앞으로 또 사회복지 요구가 증가함에 따라 GDP 3% 이상의 국방비를 확보하기는 매우 어려울 것이다. 가용재원의 효율을 극대화할 수 있는 최적의 국방예산 배분은 군사력의 인적 · 물적 · 조직적 자원에 대한 투자의 효용이 동일하다는 전제에 입각한다. 그러나 한국의 국방예산은 운영유지비(O&M)의 효용을 과소평가한다. 미국은 오랫동안 3 : 4 : 3의 비율을 유지했으며, 구조조정을 마친 2000년대에는 2.5 : 4 : 3.5 정도로 운영유지비를 중시한다. 한국 국방비 배분구조를 보면 병력유지비 · 운영유지비 · 투자비의 비율은 1990년대의 4.5 : 2.5 : 3.0 비율에서 2000년대에는 5 : 2 : 3에 가깝게 악화되었다. 향후 병력감축 및 효율적 국방예산 운영을 통하여 보다 균형 잡힌 4 : 3 : 3으로 전환될 수 있을 것이다.[16)] 요컨대 국방개혁은 자원배분의 재조정을 통해 군사기술혁명(RMA), '국방경영의 혁명'과 '인사관리의 혁명'이 결합된 '군사전환'을 구현함으로써 한국의 장기적인 외교안보정책의 기반을 마련해야 할 것이다.

V. 맺음말

한국의 외교안보정책은 다자주의 안보협력의 적극추진, 연성권력(soft power)이나 소위 '매력'의 개발, 국민적 지지의 동원전략, 대미 · 대

16) 함택영, "한국 국방정책의 도전과 선택," 『한국과 국제정치』 19권 4호(2003), 115쪽.

중 비대칭 쟁점 및 정책자원의 선택적 집중, 군사적 거부능력(denial capability) 배양 등 많은 전략적인 과제를 안고 있다. 가장 중요한 것은 미중관계를 주축으로 한 동북아 국제체계에서 안보와 자율성의 최적의 조합을 추구하는 일이다. 이른바 한미동맹을 통해 안보를 확보하는 동시에 한중협력을 통해 경제번영을 추구하는 연미화중(聯美和中)정책은 대미·대중 협력이 가급적 상충하지 않도록 한국의 역량을 발휘하는 것이지만 미국과 중국을 동시에 만족시킬 수는 없다. 한국은 한미중 '3자 게임'에서 정점에 서거나 한미 혹은 한중관계에서 주도적인 위치를 차지할 수는 없는 것이다.[17] 결국 한국은 미중으로부터 모두 배신당하지 않을 전략적 사고에 기반을 두고 3국 협력체제를 부단히 지향해야 할 것이다. 이는 현재적인 안보상황에 안주할 것이 아니라 장기적으로 한국 외교의 자율성, 즉 미중 힘의 구도변화에 대처하여 한국의 궁극적 선택권을 가질 때 진정한 의미가 있는 것이다.

한국은 미국과 전략동맹을 운영해야 하나 끊임없는 다자주의적 성찰을 필요로 한다. 특히 지난 10년 가까이 북핵문제를 화두로 하여 미중, 중일, 남북한, 미북 등 동북아의 다자적인 관계가 더욱 복잡다기해졌다. 한국 외교의 대미·대중 자율성은 한반도 문제의 한국화에 진전을 이룰 때 비로소 성취할 수 있다. 결국 자율성을 갖는다는 것은 우리가 한반도 문제를 외세에 맡긴 '주체의 객체화'를 바로잡는 일의 동어반복일 뿐이다. 한반도 문제의 해결책을 찾기 위하여 우리는 목전의 북핵문제 해결이라는 대증요법이 아니라 문제의 근원으로 돌아가야 한다. 그 해답은

---

17) 김동성, 『한반도 동맹구조와 한국의 신대외전략』(서울 : 한울, 2011), 186-190쪽.

한반도의 평화체제를 구축함으로써 분단을 극복하는 것이며, 급선무는 남북관계를 개선하는 일이다.

향후 한국의 외교안보정책은 포용정책의 발전적 반성에서 출발해야 할 것이다. 탈냉전의 초창기 한국의 북방정책은 대소 · 대중 수교를 이루었고 북한과도 UN 동시 가입을 제안하여 성사시키기도 했다. 이 정책은 한국의 지위를 높이고 국민들의 안보불안감을 덜어주었지만 사실상 중소를 통하여 북한을 포위한다는 '우회정책'이었다. 그러나 북방정책은 북한의 대미 · 대일 수교, 즉 한반도의 안정을 위한 4강의 '남북한 교차승인'을 이루지 못하고, 결국 한반도의 힘의 균형에 심대한 변화만을 초래함으로써 북핵위기의 직접적 계기가 되었던 것이다. 향후 한국의 외교안보정책은 '북한을 통하여' 북방국가 중국을 비롯한 주변의 열강에 접근한다는 역발상을 필요로 한다.

한국의 군비통제

한용섭(국방대학교)

I. 서론

독일이 통일된 지 20년이 지난 오늘도 한반도의 분단과 북한의 군사도발은 계속되고 있다. 탈냉전은 세계정치의 지각변동을 가져와서 동구 공산권은 몰락하고 동서 양 진영 간 군비경쟁과 대결은 종말을 고했다. 1990년대에 한반도에서는 냉전이 종식되고 지속 가능한 평화가 기대되었으나 그 이후 전개된 양상은 냉전적 분단이 더 공고해지게 되었다. 한국은 세계화와 정보화의 대열에 동참했으나 북한은 강성대국과 선군정치를 내걸고 핵무기 개발과 군비경쟁에 매진한 결과 남북한 간의 국력 격차는 더 심각해지고, 북한은 국제적 고립과 경제난이 악화되어 결국 체제 생존의 위기에 봉착하게 되었다.

냉전기 한국은 한반도에서 전쟁을 억제하고 북한의 침략위협에 대비하기 위해 한미동맹 체제에 기반을 두고 국방력 건설에 매진함으로써 안보를 확보하는 전략을 구사해 왔다. 탈냉전기 한국은 한미동맹을 강화·발전시키면서도 군비통제정책을 추진함으로써 남북한 간 군사적 신뢰구축과 한반도의 긴장완화를 도모해 왔다.

1990년대 초 북한은 남한의 군비통제 요청에 부응하여 잠시 동안 남북 사이의 화해와 불가침 및 교류협력에 관한 합의서(기본합의서)와 한반도 비핵화 공동선언에 합의함으로써 국가 안보정책으로서 군비통제를 채택하는 듯하였다. 그러나 김정일 체제를 공고하게 만들기 위해 선군정치를 채택하고 핵개발과 재래식 군사력 증강, 비대칭 군사력을 증강시켜 왔다. 반면 남한은 미국과 협의를 계속하여 미국은 주한미군의 삼단계 감축정책과 한반도 긴장완화정책을 발표하게 되었으며, 남한은 남북한 교류협력과 군비통제를 지속적으로 추진해 오게 되었다.

유럽에서 냉전해체를 위해 추진한 군비통제의 성공을 목도한 한국은 이를 한반도에 적용하고자 많은 노력을 기울여 왔다. 괄목할 만한 성과는 별로 없었으나 북한의 핵개발을 저지하기 위해 남북한 핵회담, 북미 핵회담, 6자회담이 진행되었으며, 한반도에서 군사적 긴장을 완화시키기 위해 남북한 간에 군사회담이 간헐적으로 개최되어 왔던 것은 사실이다. 그러나 2011년 6월 말 현재 북핵문제는 두 차례의 북한 핵실험 이후 6자회담이 결렬된 상태로 있고, 남북한 간 재래식 군비통제는 이명박 정부 이래 아무런 진전을 보이지 못하고 있다. 그러면 한반도에서 군비통제는 어떤 상황에 놓여 있으며 왜 이런 상황에 이르게 되었는가 하는 질문을 던지지 않을 수 없다.

따라서 본고에서는 군비통제의 개념과 유럽에서의 선험적 사례를 살펴보고, 탈냉전 후 한반도에서 전개된 군비통제의 전개과정을 고찰해 보면서 현 상황에 대한 분석과 평가를 해봄으로써 한반도에서의 군비통제에 대한 향후 전망을 도출해 보기로 한다.

II. 군비통제의 개념과 유럽과 미소의 군비통제 사례

군비통제는 평화시에 상대 국가와의 대화를 통해 상호 군사적 위협을 감소시키거나 제거하는 정책이라고 개념정의할 수 있다.[1] 특히 국가 간 혹은 진영 간의 군사대결이 첨예한 경우 국가들은 상대방 국가 혹은 진영을 적대세력으로 간주하고 그 위협에 대응하여 군비경쟁을 하지 않을 수 없다. 그러나 대화 없는 군비경쟁은 천문학적인 예산소요로 인해 국력을 소진할 수밖에 없고, 경쟁은 국가 간의 긴장을 더욱 강화시켜 마침내 전쟁으로 이르게 할 가능성이 커진다. 동시에 군비경쟁으로 말미암아 국가 간의 관계는 작용–반작용의 악순환을 거쳐 군비경쟁에 참여한 국가들은 군비경쟁을 시작하기 전보다 안보가 오히려 더 불안해지는 결과를 맞게 된다. 국가들이 안보를 향상시키기 위해 합리적인 의사결정을 거쳐 군비를 증강시키기로 했지만, 작용–반작용의 악순환을 거친 결과 국가들은 군비증강 이전보다 안보가 더 불안해지는 현상을 맞게 되는 것이다. 이러한 안보 딜레마 현상을 극복하기 위해 유럽과 미국, 소련에서 군비통제라는 개념을 개발하여 적대국과 협상에 임하게 된 것이다.

군비통제라는 개념은 운용적 군비통제(operational arms control)와 구조

1) 한용섭, 『한반도 평화와 군비통제』(서울 : 박영사, 2004), 199쪽.

적 군비통제(structural arms control) 두 가지로 구분될 수 있다. 운용적 군비통제는 군사력을 그대로 둔 채 군사력의 운용, 즉 기동과 이동, 훈련과 배치를 통제함으로써 국가들 간에 군비경쟁을 방지하고 상호 신뢰구축을 통해 긴장완화와 관계개선을 성취할 목적을 갖고 있다. 구조적 군비통제는 군사력의 구조, 즉 병력과 무기체계 등에 대해서 수량적인 감축을 함으로써 군사능력을 삭감시키고자 하는 목적을 갖고 있다. 결국 운용적 군비통제는 군사적 의도(intentions)를 통제하고자 하고 구조적 군비통제는 군사능력(capabilities)을 통제하고자 하는 것이다.

운용적 군비통제는 다시 신뢰구축조치와 제한조치로 세분된다. 신뢰구축조치(CBM : Confidence Building Measures)는 국가의 군사활동을 상호 공개하고 군사활동에 대해 투명성을 높이고 예측 가능성을 높임으로써 국가들 상호간에 오인과 오지, 오산에 의한 전쟁의 가능성을 감소시키고 공포와 적대감을 감소시키고자 한다. 제한조치는 접경지역에서 군사력 배치를 제한하고, 특정 규모 이상의 군사훈련을 하지 못하게 하며, 특정 무기를 제조하지 못하게 함으로써 군사력의 충돌 가능성을 방지하고자 하는 목적을 가지고 있다.

구조적 군비통제는 병력과 무기를 감축함으로써 국가 간의 관계를 개선하고 전쟁 가능성을 감소시키며, 군비증강에 드는 비용을 감소시킬 뿐만 아니라 전쟁발발시 피해의 범위를 최소화시키고자 한다. 구조적 군비통제는 다른 말로 군축(arms reduction or disarmament)이라고 불리기도 하는데, 역사상 사례로는 공격용 무기의 감축을 합의한 유럽재래식무기감축협정(CFE : Conventional Forces in Europe)을 들 수 있다. 핵군축에는 미국과 구소련 간의 중거리핵무기폐기협정(INF : Intermediate Nuclear Forces Treaty)과 전략핵무기감축협정(START : Strategic Arms Reduction

Treaty) 등을 들 수 있다. 탈냉전 이후 미국이 러시아와 우크라이나, 카자흐스탄, 벨루로시 등에 미 의회의 넌-루가 프로그램에 의해 1992년부터 2002년까지 매년 2억 달러를 제공하는 대신 이들 국가들의 핵무기를 해체하게 되었는데, 이를 협력적 위협감소 프로그램(cooperative threat reduction program)이라고 부른다.

냉전시대 유럽과 한반도에서는 군비경쟁이 치열하게 전개되었다. 냉전시대 국가들의 안보정책은 자유진영은 미국을 중심으로, 공산진영은 소련을 중심으로 동맹을 맺고 동맹 군사력을 강화시키는 방법으로 안보를 확보해 왔다. 따라서 핵과 재래식 군비분야에서 경쟁이 격화되었으며, 미소 간에는 핵무기로 인한 공포의 균형을 이루었고, 재래식 군비분야에서도 치열한 군비경쟁이 전개되어 진영 간 국가들 간에 군사적 긴장이 고조되었다.

1970년대 초반 유럽에서 군비경쟁을 막고 군사적 긴장과 위협을 감소시키기 위해 군비통제가 시도되었다. 국가들 간에 신뢰를 구축하고 일반적 관계를 개선하기 위해서 유럽에서는 전유럽 국가들과 미국, 캐나다가 참가하는 유럽안보협력회의가 개최되었다. 미국과 소련 간의 안보이익의 타협을 거쳐 1975년 헬싱키 유럽안보협력회의에서 군사적 신뢰구축에 대한 합의가 이루어졌고, 스톡홀름 유럽안보협력회의에서 신뢰구축을 강화시키는 합의가 이루어졌다. 이를 통틀어 유럽에서의 군사적 신뢰구축이라고 부른다. 아울러 유럽에서 과다한 병력의 감축을 목적으로 하여 1973년에 상호균형군감축(MBFR : Mutually Balanced Force Reduction) 회담이 개최되었다. 16년간의 지루한 협상 동안 병력에 대한 감축은 합의에 이르지 못했으나 1990년 동서 양 진영이 보유하고 있던 5대 재래식 공격용 무기(탱크, 장갑차, 야포, 전투기, 공격용 헬기)의 상호 감축에 대한 합의가 이루어져서 군축을 하게 되었다.

이와 더불어 미국과 소련 양자 간에는 핵무기 경쟁을 제한하고 거대 규모의 핵무기를 감축시키고자 핵군축 협상을 개최하였다. 1972년에 전략핵무기제한조약(SALT : Strategic Arms Limitation Treaty), 1987년에 INF, 1991년에 전략핵무기감축조약(START : Strategic Arms Reduction Treaty), 2002년에 전략공격무기감축협정(SORT : Strategic Offensive Reduction Treaty)이 있었다.

세계적 분위기가 탈냉전으로 가면서 유럽과 미소 간에 이루어진 군사적 신뢰구축과 군축의 성공사례는 아시아와 중남미, 아프리카, 중동에도 많은 영향을 미치게 되었다. 이에 따라 탈냉전 시기 국가들은 안보정책을 수립함에 있어서 군사동맹정책 이외에 군비통제정책을 구상하고 실천에 옮기지 않으면 안 되었다. 국가안보전략상 군사력 건설을 위주로 하는 국방정책과 군사적 위협의 직접 감소를 목적으로 하는 군비통제정책은 외관상 정반대의 정책으로서 양립할 수 없는 것같이 보이지만, 적의 위협이 존재하기 때문에 국방력을 건설하고 적의 위협을 협상을 통해 감소시키고자 군비통제 협상을 하게 되는 점을 감안하면 두 정책은 국가안보전략상 양립 가능하며, 동시에 추구가 가능한 정책으로 될 수 있는 것이다.

Ⅲ. 한반도에서 군비통제의 시도와 전개과정

세계정치의 탈냉전 분위기 속에서 한국 내에서도 남북한 간 군사적 대결을 완화 내지 종식시키려는 움직임이 일어나게 되었다. 노태우 정부에서는 소련 · 중국과 국교를 정상화하고 이의 여세를 몰아서 북한과의 긴장완화와 남북한 교류협력을 증진시키기 위해 서독의 빌리브란트 수상의 '동방정책' 에 버금가는 한국판 '북방정책' 을 추진했다. 즉 불확실한 탈냉전기의 안보환경을 한국의 안보이익에 유리하게 조성하기 위하여 북한의 핵개발 의혹을 해소하고 남북한 간의 군사적 긴장완화를 하기 위한 목적을 가지고 군비통제정책을 추진했던 것이다.[2)]

탈냉전을 맞아 남한과 북한은 각각 다른 접근을 했는데, 남한은 북한과의 교류협력을 통해 한민족공동체를 만들고 결국 통일에 이르겠다는 한민족공동체 통일방안을 발표했다. 군사분야에서는 남북한 간 긴장완화와 평화구축을 하기 위해 삼단계 군비통제 방안을 발표하고 추진해 나갔다. 반면에 북한은 한편으로는 핵을 개발하고 핵카드를 사용하여 대남한 · 대미국 협상을 번갈아 개최하면서 다른 한편으로는 선군정치 노선에 입각하여 핵을 비롯한 재래식 군비증강을 계속했던 것이다.

남한은 북한의 핵개발을 대화와 협상을 통해 저지하기 위해 미국의 자문을 받아 한반도 비핵화정책을 추진했는데, 이를 군비통제적 접근방식이라고 할 수 있다. 북한의 핵개발을 포기시키기 위해 1991년 말부터 남북한 핵협상, 1993년 6월부터 북미 핵협상, 2003년부터 6자회담이 차례대로 개최되었다. 몇 가지 합의에도 불구하고 북한의 핵개발은 계속되고 있으며, 북한 핵을 둘러싸고 한반도에서 몇 차례 위기가 고조되기도 했다.

---

2) 구영록, "한국의 안보전략," 『국가전략』 제1권 1호(1995), 43–69쪽.

한편, 재래식 군사 면에서는 서해에서 북방한계선을 둘러싸고 네 차례의 군사적 충돌이 있었고, 남북한 간 군사적 긴장이 주기적으로 완화 혹은 고조되는 경향을 보여왔다. 남한은 군사적 신뢰구축-제한조치-군축과 같은 점진적인 삼단계 접근법을 보인 데 반해, 북한은 주한미군 철수를 포함한 군축부터 먼저 하자고 주장하여 군비통제에 대한 커다란 입장 차이를 보여왔던 것이다.

본장에서는 1991년부터 2008년까지 전개된 북한의 비핵화를 위한 핵협상과 1991년부터 2011년까지 전개된 재래식 군사회담에서 추진된 군비통제 분야의 전개과정을 살펴보기로 한다.[3)]

1. 한반도에서 핵통제 노력

1991년 12월부터 1993년 1월까지 북한의 핵개발을 막기 위해 남북한 당국은 핵협상을 개최했다. 남한 측은 북한의 비핵화를 위해, 북한 측은 남한 땅에서 미군의 핵철수와 한반도의 비핵지대화를 위해 협상에 임했다.

협상의 계기는 미국이 취한 세계적 차원의 조치로부터 주어졌다. 탈냉전과 함께 소련의 영향권으로부터 벗어나는 국가들이 소련의 핵무기를 자국의 소유로 주장할 경우 세계의 핵질서와 NPT 체제는 와해될 것

---

3) 한용섭, "한반도 안보문제에 대한 군비통제적 접근 : 이론, 평가, 전망," 『국제정치논총』 제49집 5호(2009), 101-128쪽. 본장의 많은 부분은 이 논문에 의존하고 있다.

이란 위기감이 증폭되었다. 이러한 세계적 차원의 핵위기를 해소하기 위해 미국의 부시 대통령과 구소련의 고르바초프 총서기 간에 해외에 배치한 핵무기를 철수하자는 비밀합의가 이루어졌다. 이에 따라 1991년 9월 26일 부시 대통령은 "해외에 배치한 모든 전술핵무기를 본국으로 철수한다"는 선언을 했다. 연이어 고르바초프는 10월 5일 "해외에 배치한 모든 지상 · 공중 전술핵무기를 철수하여 폐기한다"고 선언했다.

당시 북한은 탈냉전 후 안보불안과 체제붕괴 위험을 고려하고 남한과의 장기적인 군비경쟁에서 예상되는 패배에 대한 대응책으로서 핵무기 개발을 서둘렀다. 그러나 미국의 일방적인 핵무기 철수선언과 함께 미국의 부시 정부가 소련을 통해 북한에게 압력을 행사하면서 국제원자력기구(IAEA)의 핵안전보장조치를 촉구하자 남한과의 한반도 비핵화 회담에 임하게 되었다.[4]

한반도 비핵화 공동선언이 합의된 것은 1991년 12월 26일부터 세 차례 개최되었던 남북 핵전문가 회의에서였다. 이 회의에서 북한 측은 남한 측에게 한미 양국의 팀스피리트 군사훈련을 중지해 줄 것을 요구했고, 남한 측은 북한의 비핵화와 재처리 농축시설의 불보유를 합의해 달라고 요구했다. 양측의 입장이 타협된 결과 한반도 비핵화 공동선언이 이루어졌다.

한반도 비핵화 공동선언의 주요 내용은 "남과 북은 핵무기의 시험, 제조, 생산, 접수, 보유, 저장, 배비, 사용을 하지 않는다. 남과 북은 핵에너

4) James Baker III, *Politics of Diplomacy* (Washington, D.C. : Putnam's Sons Inc., 1995), p. 597.

지를 오직 평화적 목적에만 이용한다. 남과 북은 핵재처리 시설과 우라늄 농축시설을 보유하지 아니한다. 남과 북은 한반도 비핵화를 검증하기 위해 상대 측이 선정하고 쌍방이 합의하는 대상들에 대해 남북핵통제공동위원회가 규정하는 절차와 방법으로 사찰을 실시한다"이다.

이 공동선언의 이행여부를 검증하기 위해 남북한 간에 사찰제도를 확립하기 위해 개최한 회담이 남북핵통제공동위원회 회의이다. 남북 각기 회담 대표 1인과 위원 6명, 전략 수행요원 6명이 본회담에 참석했는데, 본회담은 13회, 실무회담은 7회가 개최되었다. 그러나 이 회담은 결국 남북 사찰규정에 대한 논란과 회담기간 중 한미 양국의 1993년 팀스피리트 연합훈련 재개 발표로 인해 아무런 진전도 기록하지 못하고 결렬되었다. 마침내 북한은 국가의 최고이익이 위협당했다고 하면서 국제핵확산방지조약(NPT : Nuclear Nonproliferation Treaty)을 탈퇴하고야 말았다. 이로써 한반도의 핵위기는 국제적인 핵비확산 레짐에 대한 위기로 확대되기에 이르렀다.

북한의 NPT 탈퇴선언 이후 북한을 NPT에 복귀시키고 북한의 핵개발을 막기 위해 미국과 북한 간의 핵협상이 시작되었다. 북미회담은 1993년 6월부터 1994년 10월까지 계속되었다. 미국의 뉴욕에서 1차례, 스위스의 제네바에서 2차례, 총 3차에 걸쳐 전개된 핵협상에서 '미합중국과 조선민주주의인민공화국 사이의 제네바 기본합의문(제네바 합의)'이 타결되었다. 제네바 합의에 의하면 북한은 현재와 미래의 핵시설을 동결하고, NPT에 복귀하며, IAEA와의 핵안전조치 협정을 이행하기로 되어 있었고, 미국은 북한에 경수로를 제공할 의무와 핵무기 불위협 및 불사용 보장, 중유제공을 책임지게 되었다. 북미 양측은 정치적 · 경제적 관계의 정상화를 위해 노력하기로 되어 있었다.

미국은 북한의 50메가와트 및 200메가와트 원자로 2기의 건설계획을 취소시킴으로써 매년 30개 정도의 핵무기를 만들 수 있는 북한의 핵능력을 중단시켰으며, 북한이 IAEA에 신고한 핵시설의 동결상황을 확인하고 흑연감속로를 경수로로 대치시킴으로써 핵문제를 해결했다고 제네바 합의의 성과를 홍보했다.[5] 한편, 북한은 미국과 직접협상을 통해 제네바 합의를 이끌어낸 점을 정치외교적 승리로 불렀으며, 미국의 대북한 적대시 정책을 변경시키고 적대관계를 해소하는 데 기여할 것[6]이라고 자랑했다.

그러나 1998년 8월 북한이 장거리 미사일을 시험발사함으로써 한반도와 동북아 지역의 안정을 해치는 행위를 감행했고, 북한이 핵무기를 지속적으로 개발하고 있다는 의혹이 증폭되자 제네바 합의체제가 도전을 받기 시작했다. 경수로 건설사업은 속도가 느렸으며 남북한 간에는 간혹 긴장이 고조된 적도 있었다. 북한의 핵개발 계속에 의심을 가진 조지 W. 부시 행정부가 출범하고 난 후 9 · 11테러가 발생했으며, 북한이 고농축 우라늄 프로그램의 존재를 시인하자 제네바 합의체제는 깨어졌고 한반도에 다시 핵위기가 고조되었다.

2002년 10월 북한의 농축시설 보유여부를 둘러싸고 북미 간에 전개된 논란의 결과 발생한 북핵위기를 제2차 북핵위기라고 한다. 제2차 북핵위기를 해결하기 위해 2003년 8월부터 2008년 말까지 북미 양국과 중

---

5) U.S. Department of Defense, *United States Security Strategy for the East Asia-Pacific Region* (February 1995), p. 17.

6) "북한 외교부 대변인 보도," 「노동신문」, 1994년 10월 20일 ; "신년사," 『노동신문』, 1995년 1월 1일.

국, 한국, 일본, 러시아가 참가하여 6자회담을 개최했다. 북핵문제가 더욱 심각해짐에 따라 일본과 한국의 핵무장을 촉발할지도 모른다는 지역적 안보 우려가 발생했고, 미국의 대이라크 공격 전후에 걸쳐 미국이 북한에 대해 군사공격을 감행할지도 모른다는 우려가 생겼으며, 북한의 국제 핵비확산 체제를 파괴하려는 책동을 전개함에 따라 중국이 주최하여 북경에서 6자회담이 출범하게 되었다.

6자회담은 북미 양자회담의 산물인 제네바 합의체제에 대해 비판적 시각을 가진 조지 W. 부시 행정부에 의해 동북아 지역 국가들이 모두 북한에게 부담을 주자는 취지에서 제안되었다. 그 전까지 북핵문제가 북미 간의 문제라는 인식을 가지고 있던 중국이 북핵문제가 동북아 지역의 안정과 평화에 영향을 끼치는 주요 문제이며, 국제 비확산 질서에 큰 도전 요소라고 하는 인식전환을 하게 되면서 중국은 6자회담을 주최하기에 이르렀다.[7] 중국의 6자회담 주최는 북한의 비핵화를 추구하는 미국과 책임 있는 이해상관자(stakeholder)이자 대국으로서의 역할을 촉구당한 중국 사이의 이익균형의 결과로 생겨난 것이라고 보는 이도 있다.[8]

중국 북경에서 6자회담을 2003년 8월에 개시한 이래 2007년까지 몇 가지 합의를 이룩하였다. 6자회담에서 이루어진 북한의 비핵화에 대한 성과는 9 · 19 공동성명을 통한 북한의 핵포기 약속 획득, 2 · 13 합의와 10 · 3 합의에 의한 주요 핵시설의 가동 중단과 불능화 조치, 미국의 북

7) 王聯合, “朝核問題解決路徑的三個層次選擇,” 『現代國際關係』 2009年 第1期, 第 20–25 項.

8) 박홍서, “탈냉전기 중미간 ‘협조체제’ 의 출현? : 9 · 19 공동성명 후 북핵문제에 대한 중미 간 협력,” 『국제정치논총』 제47집 3호(2007) , 77–97쪽.

한에 대한 안보보장 약속 등이 있다. 또한 북한의 핵문제를 핵에 국한시켜 해결하기보다 북한의 안보불안, 외교적 고립, 경제난, 에너지난 등 복합적인 북한 문제의 해결방식으로 북한 핵을 해결해 보고자 하는 포괄적 시도가 처음 시도되었다는 데 그 의미가 크다.[9]

결국 북한의 제1차 핵실험으로 인해 6자회담은 그 운명에 큰 도전을 받았다. 미국은 북미 양자회담을 계속 거부했으나 북한이 제1차 핵실험을 감행하자 그때까지 거부해 왔던 북미 양자회담을 가지기 시작했다. 이것은 6자회담보다 북미 양자회담을 선호해 왔던 북한에게 잘못된 인식을 형성시켰다. 따라서 6자회담은 의제와 이익타협 측면에서, 그리고 참가자 면에서도 불완전한 제도화에 머무르게 되었다.

노무현 정부 시기 북한의 비핵화와 관련된 성과를 평가해 보면 북한은 핵무기와 직접 관련된 프로그램, 핵무기와 핵물질, 과거 핵개발 행적에 대해서 이를 공개시키거나 투명하게 만들 수 없었다. 북한은 가동 중단되거나 폐쇄된 핵시설, 즉 과거에 IAEA에 신고했던 시설들만 보여주는 행동을 취했다. 미국의 핵전문가를 간혹 초청했으나 한국, 일본, 중국, 러시아의 핵전문가들에게 북한에 대해 신뢰를 구축할 수 있는 조치를 취하거나 참관을 허용하지 않았다. 핵냉각탑 폭파라는 쇼를 진행했으나 비핵화에 대한 본질적인 조치를 시행하지 않았다. 중국 또한 북한의 비핵화를 원칙적으로 찬성한다는 입장을 표시하고 북한이 핵실험 등 6자회담을 일탈하지 않는 한 북핵에 대한 투명성 조치를 강하게 요구하

9) 서재진, "북한 핵문제에 대한 포괄적 접근법으로서의 2 · 13합의 : 형성배경과 이행전망," 『통일정책연구』 제16권 1호,(2007) , 1–26쪽.

지 않았다.

미국은 남북한 핵협상이나 북미 제네바 합의체제가 노정했던 검증문제의 취약성을 극복하기 위해 완전하고 검증 가능하며 비가역적인 핵폐기(CVID : Complete, Verifiable, Irreversible Dismantlement)를 주장했고, 북한은 CVID는 수용 불가하며, 오히려 미국의 대북 적대시 정책을 완전하고 검증 가능하며 불가역적인 방식으로 제거하라고 대응했다.[10] 결국 9·19 공동선언은 사찰규정 없이 끝났다. 특히 9·19 공동선언의 실천을 위한 2·13합의에서 북한이 IAEA에 신고했던 핵시설 중 영변 핵시설의 봉인과 불능화 작업이 IAEA 사찰관과 미 국무부 몇 명의 감독하에 이루어졌다. 그러나 핵무기 관련 프로그램과 시설, 핵무기에 관한 사찰은 전혀 논의되지도 합의되지도 못했다. 그리고 북한이 핵불능화와 관련하여 모든 핵정보를 미국에 통보하기로 약속했으나 핵무기 관련 정보는 통보하지 않았고, 시료채취 등을 거부함으로써 불능화 이후에 한 발짝도 진전하지 못한 가운데 핵문제 해결은 난관에 부딪치게 되었다.

북한을 비핵화시키기 위해 이명박 정부는 "북한이 핵을 포기하고 개방의 길을 택하면 남북협력에 새 지평이 열릴 것입니다. 국제사회와 협력하여 10년 안에 북한 주민 소득이 3000달러에 이르도록 돕겠습니다"라고 제의함으로써 소위 "비핵개방 3000구상"을 발표했다. 그러나 북한은 이명박 정부를 비난만 하다가 2009년 5월에 제2차 핵실험을 감행했다. 북한은 핵을 포기하지도 않고 개방의 길도 선택하지 않은 것이다.

북한의 핵실험 이후 한국과 미국은 북한 핵문제를 UN안보리로 가지

---

10) 하영선, 『북핵위기와 한반도 평화』(서울 : 동아시아연구원, 2006), 13-42쪽.

고 갔으며, 중국을 비롯한 UN안보리 상임이사국들은 대북한 제재결의안 1874호를 만장일치로 의결함으로써 북한에 대한 강력한 제재결의안을 통과시켰다. 이로써 북핵문제는 더욱 악화되게 되었다.

북한 핵문제로 인한 한반도의 긴장을 해소하고자 이명박 정부는 2009년 8월 15일 광복절 기념사에서 "북한이 핵을 포기한다면 우리는 북한 경제를 발전시키고 북한 주민들의 삶을 획기적으로 향상시키는 국제협력 프로그램을 적극 실행할 것입니다 … 한반도의 비핵화와 함께 남북 간 재래식 무기의 감축도 논의해야 합니다 … 무기와 병력을 서로 줄이고 뒤로 물러서야 진정한 평화로 나아갈 수 있을 것입니다"라고 함으로써 소위 그랜드 바겐(grand bargain)을 북한에 제의했다. 이것이 북핵의 근본적인 해결과 북한에 대한 대폭지원을 연계시킨 '한반도 신평화구상'이라는 것이다.

북한은 한국의 이러한 제안을 계속 무시하고 있다가 2011년 3월 한국 해군 초계함 천안함을 몰래 공격하여 침몰시키고, 11월에는 연평도를 백주에 공격하여 한반도의 군사적 긴장을 더욱 고조시켰다. 천안함과 연평도 사태로 궁지에 몰리자 북한은 6자회담의 무조건 재개를 제의하고 나섰다. 한국, 미국, 그리고 중국은 천안함과 연평도 사태를 타개하고 6자회담을 재개하기 위해 남북한회담, 북미회담, 6자회담 순으로 회담을 전개하자고 입장의 통일을 보았다. 그러나 2011년 6월 현재 남북관계, 북미관계, 6자회담은 재개될 기미를 보이지 않고 북한 핵문제는 더 악화된 채 회담은 결렬상태에 처해 있다고 할 것이다.

2. 한반도에서 재래식 군비통제 노력

한반도에서 북한 핵문제를 제외한 남북한 간 군사관계를 개선시키고 긴장을 완화하며, 신뢰를 구축하고 군비통제의 여건을 조성하기 위해 탈냉전 후 한국의 역대 정권들은 많은 노력을 기울였다. 그러나 재래식 군비통제는 이루어지지 않았으며, 몇 가지 초보적인 신뢰구축을 이루는 데 그쳤다. 여기에서는 노태우 정부, 김영삼 정부, 김대중 정부, 노무현 정부, 이명박 정부하에서 각각 남북한 간 재래식 군비통제에 대해 어떤 노력을 추구했는지 그 노력의 과정을 살펴보기로 한다.

첫째, 노태우 정부에서는 한반도에서 군비통제를 달성하기 위해 1992년 2월 기본합의서를 발효시켰다. 기본합의서 제2장인 남북불가침에 관한 조항에는 "남북한 상호간 무력불사용 문제, 대규모 부대이동과 군사연습의 통보와 통제 문제, 비무장지대의 평화적 이용 문제, 군인사 교류 및 정보교환 문제, 대량살상무기와 공격능력의 제거를 비롯한 단계적 군축 문제, 검증 문제 등 군사적 신뢰조성과 군축을 실현하기 위한 문제를 협의 및 추진한다"고 합의한 내용이 들어 있다. 남북기본합의서를 만든 남한 측의 협상 대표들은 유럽의 신뢰구축을 담은 헬싱키 프로세스의 세 가지 배스킷(basket)에 담긴 취지와 전략을 벤치마킹하여 남북한 간의 관계를 세 가지 분야, 즉 정치적 화해, 군사적 불가침, 경제 · 사회 · 문화의 교류 협력을 동시에 포괄적으로 발전시키려고 시도했다. 특히 군사분야에서는 남북한 군사공동위원회를 개최하여 군비통제에 관한 논의를 하려고 시도했다. 그러나 군사공동위는 북한 측의 반대로 한 번도 개최되지 못했다. 노태우 정부 시기에 남북한 군비통제 분야에서 진전이 있을 수도 있었으나 미국이 북한 핵에 대한 철저한 사찰을 요청하고, 이를 북한에 대해 관철하고자 했던 남한 정부에 대해 북한이 강력하게 거부하고 나오자 한미 양국은 팀스피리트 연합훈련의 재개를 결정했으며, 북한은 NPT 탈퇴라는 초강수를 둠으로써 남북한 관계는 파탄 지경에 이르게 되었다. 따라서 군비통제는 진전을 이룰 수 없었다.

둘째, 김영삼 정부 시기에는 북한의 NPT 탈퇴선언으로 초래된 국제 핵비확산 레짐에 대한 위기를 해결하고자 미국이 직접 나서서 북한과 협상을 개최하였기 때문에 남북한 간에 제대로 된 회담이 한 번도 개최되지 못했다. 북미 직접협상에서 소외된 김영삼 정부는 한반도에서 평화체제 구축과 긴장완화를 달성하기 위해 남북한, 미국, 중국 4자회담을 제안했으며, 스위스의 제네바에서 4자회담이 6회 개최되었다. 4자회담에서는 한때 긴장완화분과위원회와 평화체제분과위원회 등 2개의 분과위원회 설치에 합의하기도 했으나 주한미군의 철수와 북미 간 평화협정 체결 문제, 외부로부터 한반도로의 무기반입 금지와 한미합동 군사훈련의 중지를 의제로 삼자는 북한의 완고한 주장과 주한미군의 의제 채택은 불가하며 긴장완화와 신뢰구축 문제를 의제로 삼자는 한미의 입장이 대립되어 무산되고 말았다.[11]

셋째, 김대중 정부 시기에는 남북한 간에 정상회담, 경제분야와 사회문화 분야의 당국자 회담, 군사실무회담 등이 개최되어 군비통제 분야에 대한 진전이 기대되었으나 그 성과는 기대에 미치지 못했다. 햇볕정

11) 대한민국 외교부, "4자회담을 통한 한반도 평화체제 구축 노력," 『외교백서 2000』 (서울 : 외교통상부, 2000), 173-182쪽.

책을 추진한 김대중 정부는 북한 핵문제는 북미 간에 풀고 남북한 간 신뢰구축과 군비통제 문제는 한국이 풀기 위해 노력하자고 하는 업무분담론을 제기하였다. 김대중 대통령은 이 전략을 소위 "좋은 경찰(good cop) 나쁜 경찰(bad cop)"이라고 부르면서 한국은 좋은 경찰 역할을 맡고 미국은 나쁜 경찰 역할을 하기를 주문했다.

햇볕정책은 남북한 간의 전반적인 관계에서 긴장을 완화하고 대결을 넘어선 협력적인 관계를 만들자는 취지에서 시작되었다. 임동원은 남북한 간 관계개선이 잘 되고 있었던 노태우 정부 시기에 미국이 "북한 핵문제가 해결되지 않으면 남북관계 개선을 하지 말라"는 주장을 하고 이를 남한에게 강요했기 때문에 남북관계가 악화되었다고 주장하면서 북한 핵문제에 관계없이 남북관계를 발전시켜야 한다는 입장을 고수했다. 즉 북한의 핵과 군사 문제는 일반적인 관계개선이 먼저 이루어져야 그것이 군사분야에 확산되어 가능할 것이라는 기능주의적 입장을 취했다.[12]

햇볕정책의 기본전제는 "북한의 호전성은 북한이 호전적인 군사의도를 갖고 있거나 군사능력이 남한보다 월등해서 그런 것이 아니라, 북한이 처해 있는 대내외적인 취약성을 감추기 위해 고의적으로 구사하는 언술체계에서 비롯되는 것"[13]이라고 해석했다. 그래서 주변국, 특히 미국, 그리고 한국이 북한에게 호의를 가지고 잘 대해주면 언젠가는 북한

---

12) 임동원, 『피스메이커 : 남북관계와 북핵문제 20년』(서울 : 중앙books, 2008), 400-406쪽.

13) Norman Levin and Yong-Sup Han, *Sunshine in Korea*(Santa Monica, CA : RAND, 2002).

은 호전적인 언사를 중단하고 핵계획과 미사일, 군사적 위협을 감소시킴으로써 남북한 관계가 발전할 뿐만 아니라 신뢰구축과 군축이 될 수 있다고 상정하고 남북정상회담과 당국자 간 회담을 개시했다.

6·15 공동선언에서는 남북 군사안보 관계의 개선과 발전, 그리고 신뢰구축과 군비통제에 대해서는 언급조차 없었다. 이것은 안보와 경제의 상호 관련성을 무시하는 것이었으며, 북한의 핵위협과 재래식 군사위협에 직면하고 있는 한국의 군사현실을 무시한 대북전략이었기 때문에 이후에 남북한 간에 관계개선이 되더라도 군사적 대치와 긴장은 그대로 남아 있거나 북한이 핵카드를 악용하게 되는 결과를 초래했다. 또한 이 시기에 북한 핵문제는 북미 간의 제네바 합의에 근거하여 논의되고 추진되고 있었기 때문에 북한은 한반도 군사 문제도 북미 간에 논의되어야 한다는 입장을 고수함으로써 남한을 배제하는 전략을 택했다. 따라서 이 시기에 한반도 군비통제는 진전을 볼 수가 없었다. 6·15 공동선언에서 군사안보 분야에 대한 합의가 빠졌다는 한국 국민 여론의 비판을 의식한 김대중 정부는 뒤늦게 북한에게 국방장관 회담을 개최하자고 설득하여 남북 국방장관 회담이 1회 개최되었으나 협상 의제는 정상회담에서 합의한 남북 경제협력을 위한 철도 및 도로 연결사업을 위한 군사보장 문제를 논의하는 데 국한되었다.

7회에 걸친 남북 군사실무회담 수석대표 접촉과 7회에 걸친 남북 군사실무회담이 개최되어서 남한에서 개성공단에 이르는 철도와 도로를 건설하기 위해 비무장지대에 깔려 있던 지뢰를 제거하기로 한 합의는 남북한 간 초보적 신뢰구축이라고 평가될 수 있다. 그러나 지뢰 제거작업에 남북한의 군인들이 공동작업을 할 기회를 놓쳐 신뢰증진 효과는 제한되었다.

넷째, 노무현 정부는 "북한 핵문제가 해결되면 한반도 평화체제의 구축과 군사적 신뢰구축을 위한 협의를 본격적으로 추진하겠다"고 선언함과 동시에 한반도 평화체제 구축을 위한 군사적 신뢰구축과 군비통제 여건조성 방침을 발표했다.[14)]

노무현 정부 초기에는 북핵문제와 이라크 전쟁 파병 문제, 한미동맹의 재조정 문제에 가려 북한과 군사적 신뢰구축과 군축문제를 논의하지 못했다. 북한은 제2차 핵위기 이후 북미 평화협정 체결을 주장하고, 국내적으로는 체제 공고화와 경제난 타결에 중점을 두고 남한과의 군비통제와 한반도 평화구축에는 관심이 없었다.

그러다가 서해에서 1999년 6월과 2002년 6월에 두 차례 군사충돌이 발생했던 과거를 청산하고, 서해상에서 군사적 우발충돌의 가능성을 막기 위해 2004년 5월에 사상 처음으로 남북 장성급 군사회담이 개최되었다. 남한은 서해상에서 우발적 충돌방지라는 의제를 제기했으며, 북한은 군사분계선 지역에서 선전활동 중지 및 선전수단 제거를 의제로 제기했다. 그해 6월 2차 장성급 회의에서 "서해 해상에서 우발적 충돌방지와 군사분계선 지역에서의 선전활동 중지 및 선전수단 제거에 관한 합의서"를 채택했다. 남북한은 각각으로부터 가시권 내에 있는 선전수단을 제거했으나 일방적으로 이를 이행함으로써 상호 검증을 통한 신뢰구축의 기회를 놓치고 말았다. 남한 측은 이에서 한 걸음 더 나아가 서해 해상에서 충돌방지 및 공동 어로수역 설정 문제를 제기했으나 북한은

---

14) 국가안전보장회의, 『평화번영과 국가안보 : 참여정부의 안보정책구상』(서울 : 국가안전보장회의, 2004), 32-37쪽.

이에 대응하지 않고 이후 북방한계선(NLL : Northern Limit LineL)의 무실화 책동을 전개했다. 이로 말미암아 남북한 간에 군사적 신뢰구축의 기회는 모멘텀을 얻지 못했다.

이런 가운데 노무현 정부는 임기 말에 한반도의 평화체제 구축을 서둘렀다. 2007년 10월 제2차 남북정상회담을 서둘러 개최하고 10 · 4 공동선언에서 한반도 평화정착과 정전체제 전환에 대한 남북한 간의 기본적인 합의를 했고, 이어서 11월에는 제2차 남북 국방장관 회담을 개최했다. 10 · 4 공동선언에서는 "남과 북은 군사적 적대관계를 종식시키고 한반도에서 긴장완화와 평화를 보장하기 위해 긴밀히 협력하기로 하였다. 남과 북은 서로 적대시하지 않고 군사적 긴장을 완화하며 분쟁문제들을 대화와 협상을 통하여 해결하기로 하였다. 남과 북은 한반도에서 어떤 전쟁도 반대하며 불가침 의무를 확고히 준수하기로 하였다. 남과 북은 서해에서의 우발적 충돌방지를 위해 공동 어로수역을 지정하고 이 수역을 평화수역으로 만들기 위한 방안과 각종 협력사업에 대한 군사적 보장조치 문제 등 군사적 신뢰구축조치를 협의하기 위하여 남측 국방부장관과 북측 인민무력부 부장 간 회담을 2007년 11월 중에 평양에서 개최하기로 하였다." "남과 북은 정전체제를 종식시키고 항구적인 평화체제를 구축해 나가야 한다는 데 인식을 같이하고 직접 관련된 3자 또는 4자 정상들이 한반도 지역에서 만나 종전을 선언하는 문제를 추진하기 위해 협력해 나가기로 하였다. 남과 북은 한반도 핵문제 해결을 위해 6자회담, 9 · 19 공동성명과 2 · 13 합의가 순조롭게 이행되도록 공동으로 노력하기로 하였다." 이어서 제2차 남북 국방장관 회담에서 군사공동위원회를 개최하기로 합의하고 각종 신뢰구축과 긴장완화, 서해상 충돌방지조치를 협의하기로 합의했다. 그러나 정상회담이 노 대통령 임기 말에 개최되었으므로 군사분야 합의를 이행할 만한 시간적 여유도 없었고 아무런 실질적 조치가 따르지 못했다.

다섯째, 이명박 정부에서는 한반도 군비통제를 위한 회담이 한 차례도 열리지 못하고 있다. 2008년 말에 북한이 6자회담 합의 중에서 북한이 신고한 핵물질에 대한 핵검증을 수용할 수 없다고 표명한 이후에 6자회담은 결렬되었고, 2009년 5월 북한이 재2차 핵실험을 감행함으로써 핵문제가 난항에 부딪쳤을 뿐만 아니라, 남북한 간에는 서해 NLL을 둘러싸고 군사적 긴장이 더 높아졌다. 김정일의 건강 악화 이후 북한은 남한에 대한 군사도발을 함으로써 김정일-김정은 후계체제를 굳힐 계산하에 고의로 긴장을 고조시켰으며, 남한을 적대시함으로써 내부통제를 강화시키게 되었다. 북한은 체제안보를 위해 선군정치에 계속 중점을 두었으며, 지속적으로 핵과 미사일을 개발하고 남한에 대해 비대칭 도발을 감행함으로써 긴장을 악화시켰고, 미중관계를 악화시킴으로써 중국을 자기 편으로 끌어들이려는 긴장고조전략을 선택해 왔기 때문에 한반도에서의 군비통제에 아무런 진전이 있을 수 없었다. 이명박 정부가 재래식 군축을 포함한 그랜드 바겐 구상을 뒤늦게 제시하기는 했으나 북한이 아무런 관심을 보이지 않아 남북회담 자체가 성사되지 못하고 있다.

IV. 한반도 군비통제의 평가

한반도에서 상호간의 군사위협을 협상을 통해 감소시키고자 하는 핵협상과 재래식 군비통제 협상이 별로 성과를 내지 못하고 현재 답보상태에 있거나 문제가 오히려 악화된 형편에 있다. 그동안 20년에 걸쳐 남북한 협상, 북미 간 협상, 6자회담이 개최되었음에도 불구하고 왜 북한의 비핵화와 한반도의 재래식 군비통제에 진전이 별로 없었을까? 본장에서는 이 질문에 대해서 검토를 하기로 한다.

첫째, 한반도에서 군비통제가 제대로 이루어지지 않은 이유는 한반도의 군사 문제에 직접적 이해가 걸린 모든 국가들이 참여하는 협상체제가 구축되지 못했기 때문이다. 신뢰구축과 군비통제의 가장 기본적인 요소가 이해당사국들이 모두 참여하는 대화 프로세스가 제도화되는 것임을 고려한다면 이런 포괄적인 협상체제가 갖추어질 때에 당사국들이 위협이라고 간주하는 모든 의제가 논의될 수 있으며, 타협공간과 타협가능성이 커져서 협상이 성공을 가져올 수 있는 것이다. 유럽의 사례를 보면 신뢰구축 회담에는 모든 국가가 참가했으며, 군축회담에는 실제로 군사력을 그 지역에 배치하고 있는 모든 국가가 참여했던 것을 볼 수 있다.

한반도의 군사 문제에 직접 관련이 있는 국가들은 남한, 북한, 미국이다. 따라서 많은 전문가들은 남한, 북한, 미국 3자 간의 군비통제 회담이 개최될 필요가 있다고 끊임없이 주장해 왔다. 1970년대와 1980년대에 북한도 이와 같은 주장을 한 적이 있다. 북한은 미국을 위협으로 간주하고 있고 미국과 한국은 북한을 위협으로 간주하고 있기 때문에 한반도에서 위협의 비대칭성이 존재한다는 현실을 고려하여 남북한-미국 삼자 간의 군비통제회담이 필요한 것이다.[15] 이런 점에서 볼 때 한반도에서 군비통제가 진전을 보지 못한 것은 한반도에 실제 병력을 배치하고 있는 남한, 북한, 미국 삼자 간의 군비통제 대화 채널이 부재했기 때문이라고도 할 수 있을 것이다.

북핵문제와 관련해서는 이해당사국인 6개국, 즉 남북한, 미국, 중국, 일본, 러시아가 모두 참가하여 6자회담을 구성하게 되었는데, 이는 핵에 관한 모든 이해당사국들이 참가한 포괄적 대화 채널을 잘 구성했다고 볼 수 있다. 그러나 북핵문제가 위기국면에 부딪칠 때마다 그 해결노력은 미북 간의 직접협상에서 실마리를 찾았던 것을 볼 수 있다. 북한이 북미 직접회담을 주장했고 미국이 그것을 수용했다. 그래서 6자회담은 미북회담의 들러리란 지적을 듣기도 했다. 6자회담의 근본적인 문제점은 북한이 합의사항을 깨고 두 차례나 핵실험을 했음에도 불구하고 한·미·일·중·러 5개국이 통일된 대북제재를 할 수 없었다는 데에 있다. 또한 6자회담을 자세히 들여다보면 북미 양자회담, 6자회담, 유엔안보리를 비롯한 국제 레짐 등이 3중의 역할을 하고 있음을 발견할 수 있다. 한반도에서 군비통제가 부진을 면하지 못하고 있는 것은 북핵문제와 재래식 군사 문제를 동시에 타결할 수 있는 회담 채널이 아직도 부재하기 때문이라고 하겠다.

둘째, 북한 핵문제와 한반도의 재래식 군비통제 문제를 분리하여 다루었기 때문이다. 본고의 제3장에서 분석한 바와 같이 북한 핵문제는 가장 먼저 남북한 핵회담에서, 다음은 미북한 제네바 회담에서, 그 다음은 6자회담에서 다루었다. 재래식 군비통제 문제는 전혀 다루어지지 않았다. 그리고 미국의 대북한정책에서의 최우선 순위가 북한의 비핵화에

---

15) 현인택 · 최강, "한반도 군비통제에의 새로운 접근," 『전략연구』 제9권 2호(2002), 6–46쪽.

놓여져 있었고, 이 우선순위를 한국 정부가 존중해 주도록 시종일관 요구했었다. 노태우 정부 시기에 남북한 관계가 진전되고 있었을 때에 미국 정부는 한국에 대해서 북한 핵문제의 우선 해결을 주문했고, 한국이 남북대화를 통해 북핵문제 선결을 주장하자 핵문제에도 진전이 없었고 남북관계도 진전되지 않았다. 김영삼 정부 초기에 클린턴 행정부는 북핵문제의 우선 해결을 요구했고, 미국이 북한과의 직접회담을 수용함으로써 북한이 한국을 완전히 배제시킬 수 있는 여건을 제공하게 되었다. 김대중 정부에서는 클린턴 정부의 핵문제 우선 해결 노력을 수용하면서 한국 정부는 일반적인 남북관계의 진전에만 신경을 쓰게 되었다. 그리고 한미 간의 업무분담을 제안하기도 했지만 제대로 실현되지 않았다. 노무현 정부는 북핵문제가 북미 간에 해결되어야 한다는 입장을 고수했고, 북한의 핵실험이 미국 대북정책의 실패에 기인한다는 억지주장을 하기도 했다. 이명박 정부가 북핵문제를 한국 정부의 최우선 과제라고 인식하고 비핵개방 3000구상이라는 해결책을 제시했으나 북한은 핵문제가 반드시 미국과 해결해야 할 문제라는 사고방식을 갖고 있어서 한국 정부의 제안을 거들떠보지도 않은 것으로 보인다.

군사적인 면에서 보면 북한이 제기하는 핵위협과 재래식 군사위협은 긴밀하게 연계되어 있다. 북한의 군사위협을 핵과 재래식으로 구분해서 한 가지만 보면 군비통제의 목적을 달성할 수 없다. 미국은 북한의 재래식 군사위협은 크지 않고 핵위협만 해결하면 된다는 인식을 갖고 있을지 모르지만, 휴전선을 맞대고 있는 한국으로서는 핵위협과 재래식 군사위협은 불가분의 관계에 있기 때문에 나눌 수가 없는 것이다. 북한의 군부지도자들은 북한이 남한과의 엄청난 국력격차로 인해 재래식 군비경쟁에서 이길 수 없다고 보았기 때문에 핵개발을 서둘렀다고 생각하고 있다. 이것은 북한에서도 핵과 재래식 간에 긴밀한 연계가 있다고 보고 있음을 시사해 주는 것이다. 북한은 핵문제를 가지고 미국과 직접 협상하는 계기를 만들어냈으며, 핵문제가 해결되고 나면 재래식 군사협상도 한국을 배제하고 미국과 추진하겠다는 주장을 해왔던 것이다.

이런 측면에서 지난 20년간을 회고해 보면 핵문제와 재래식 군사 문제를 동시에 하나의 협상 채널에서 다루었어야 한다는 생각이 든다. 왜냐하면 1992년 한반도 비핵화 공동선언이 타결될 당시에 북한은 한국 측에게 팀스피리트 연합훈련을 취소시켜 주면 비핵화에 합의할 수 있다고 하는 타협조건을 제시했는데, 팀스피리트 훈련이 재래식 군사훈련인 점을 감안한다면 남북한 핵협상에서 재래식 군사 문제도 일부 다루어졌었기 때문이다. 그리고 북한은 6자회담의 9·19 공동성명 합의 당시 미국의 북한에 대한 재래식 군사위협을 중지할 것을 거론하기도 했으며, 관련 문안이 합의에 포함되기도 했다는 것은 핵문제가 일부 재래식 군사 문제와 함께 다루어졌다는 것을 보여준다. 그런데 주한미군이 한국으로부터 전술핵무기를 철수할 때라든지 감축할 때 혹은 후방으로 이동할 때에 북한의 군사적 위협 감소 문제와 전혀 연계시키지 않고 독자적으로 수행했던 것은 군비통제를 제대로 고려했다고 볼 수 없는 것이다. 이런 사례는 재래식 군비통제 문제가 핵문제와 함께 포괄적으로 논의되었더라면 한반도의 군비통제 문제가 전체적으로 다루어질 수 있었다는 것을 보여준다고 하겠다.

셋째, 북한의 지도부에 대해서 상호 신뢰구축의 필요성에 대해 제대로 설득하지 못했다. 군사적 신뢰구축조치는 상호 검증을 바탕으로 군사적 의도와 능력을 약화시키거나 제거하는 것을 확인하는 과정을 거쳐서 신뢰가 축적되는 것인데, 남북한 회담 혹은 6자회담에서 합의를 할 때 검증조항을 넣지 못함으로써 검증을 통한 신뢰를 구축하지 못했다. 먼저 북핵과 관련시켜 보면 한반도 비핵화 공동선언에서 이의 이행을 검증할 사찰규정을 합의하지 못했다. 6자회담의 합의문에서 북한을 제외한 5자가 참가하여 북핵에 대한 투명성과 공개성을 제고하는 조치를 취할 수 있도록 검증조항을 관철시켜야 하는데 그러지 못했던 것이다. 북한이 상대적으로 손쉬운 IAEA(국제원자력기구)만 초청하고 간혹 미국의 전문가를 초청하여 북핵에 대한 제한적인 공개를 시도함으로써 6자회담과 북미회담을 이어가고자 했지만 근본적으로 북한은 북핵에 대해서 관련국들의 신뢰를 얻지 못했다.

북한이 신고한 시설들만 검증할 수 있는 IAEA의 검증은 문제가 많았다. 북한은 IAEA에 신고하지 않았던 과거의 핵개발 프로그램을 숨어서 진행시켰다. 미국이 북한의 핵물질과 핵개발 행적에 대해 사찰을 제기하자 6자회담이 결렬되었던 데서 북한에 대한 핵사찰은 앞으로 수많은 난관이 도사리고 있음을 알 수 있다.

아울러 북한 지도부는 신뢰구축은 절대로 수용해서는 안 된다는 생각을 갖고 있는데, 남한이 정상회담을 통해서 북한에 경제지원을 할 때에 초기부터 신뢰구축의 필요성을 설득시켰어야 하는데 그러지 못했던 것은 문제점으로 지적될 수 있다. 미소 간의 군축회담을 보면, 양국 정상이 만나서 핵군축에 합의하고 검증을 이행할 때에 그에 상응한 경제적 대가를 지불한 것으로 되어 있는데, 남한은 북한과의 정상회담에서 경제적 지원을 무조건적으로 제공하고 군사 면에서는 북한의 선의를 기대하는 양상을 보여주어 결국 북한의 군사적 위협은 그대로 있거나 더 악화되었던 것이다.

넷째, 남한, 북한, 미국 정부가 한반도 군비통제전략을 국가안보전략으로 격상시키지 못하고 국방정책의 하위 개념으로 인식했기 때문이다. 이것은 남한, 북한, 미국에게 정도의 차이는 있지만 공통적으로 적용되는 사항이다.

남한은 군비통제정책을 국방정책의 하위 개념으로 간주해 온 경향이 있다. 북한의 핵위협과 비대칭 위협을 생각하면서 한미동맹의 강화와 한미 연합전력의 강화에 우선순위를 두어오는 한편, 군비통제정책을 국방정책의 부수적 개념으로 생각해 온 경향이 강하다. 미국 정부는 북핵 문제만 우선 해결하면 남한 내에 미군이 주둔하고 있기 때문에 한반도의 평화와 안보는 유지될 수 있다는 생각을 해왔다고 볼 수 있다. 이와는 대조적으로 남한은 탈냉전기에 북한과의 평화공존을 목표로 공동안보 혹은 협력안보라는 개념에 근거하여 북한에 대해 신뢰구축을 지속적으로 제안해 왔다는 점을 간과해서는 안 될 것이다. 반면에 북한은 탈냉전 이후 안보정책의 우선순위를 핵개발에 두고 남한 혹은 미국을 상대로 협상하는 척하면서 경제원조만 받으면 그만이란 생각을 해왔다. 북한은 근본적으로 핵위협을 카드로 활용하면서 대외협상에서 이익을 극대화하기 위해 노력했으며, 선군정치의 기치 아래 군사력 건설에 주력해 옴으로써 국가의 안보정책에 군비통제를 포함시키지 않은 것으로 보인다. 그래서 북한은 자신들이 선택한 시점에 도발을 감행함으로써 대내단결을 도모하고 남한의 안보를 인질로 삼아 협박과 원조 구걸외교를 동시에 목적으로 하는 행동을 보이기도 했다.

V. 결론 및 전망

본고에서는 지금까지 북한의 비핵화를 위한 6자회담과 남북한 긴장 완화를 위한 군사회담이 한반도 군사 문제의 이해당사자들이 모두 참여하는 회담의 제도화를 달성하지 못했고, 토의 의제도 핵문제와 재래식 군비통제 문제를 따로따로 논의했으며, 남북한 군 사이에 신뢰구축을 할 수 있는 기회가 몇 번 있었으나 남북한 각기 일방적인 조치를 취함으로써 신뢰구축으로 확산될 수 있는 기회를 놓침으로써 한반도의 군비통제가 성과를 거둘 수 없었음을 지적하였다. 아울러 남한, 미국, 북한의 지도부가 국가안보전략에 군비통제정책을 국방정책과 병립 가능한 국가전략으로서 격상시키지 못함으로써 국방정책을 우선 추진하고 군비통제는 부수적으로 추진함으로써 군비통제에 진전이 없었음을 발견하였다. 또한 북한의 '북미 안보대화 우선과 한국 배제 시도', '한미 양국의 북핵문제 우선', 일부 남한 정부의 '선경제협력 후군사 문제 해결' 방침으로 인해 남북한 간에 군비통제 대화가 제대로 이루어지지 못했음을 지적했다.

그러면 앞으로 한반도에서 핵과 재래식 군비통제 회담의 전망은 어떠한가? 결론적으로 핵회담과 재래식 군비통제 회담의 전망은 그리 밝지 못하다. 9·19 공동성명에 의하면, 6자회담이 재개되어 6자 간에 북핵 폐기에 대한 포괄적인 합의가 이루어짐과 동시에 한반도 평화를 위한 4자 포럼이 개최될 가능성이 있다. 이때 4자 포럼을 정기적으로 개최하고 여기에서 한반도의 군사적 신뢰구축과 군축, 한반도 평화체제 구축방안을 동시에 논의함으로써 의제 논의의 포괄성을 확보하고, 한반도에 실질적인 군사력을 보유하고 있는 남북한과 미국이 모든 군사 문제를 논의함으로써 이익의 포괄적인 타협에 이르게 될 것이다. 이때에 재래식 검증문제도 함께 논의됨으로써 한반도에서 평화체제 구축과 재래식 군비통제가 검증을 통해 가능하게 될 것이다. 그러나 이것은 6자회담에 대한 낙관적인 시나리오가 전개될 때에 가능한 현상이다. 만약 6자회담이 재개되더라도 북한이 핵폐기 의사를 밝히지 않거나 너무 많은 반대급부를 요구할 때에는 6자회담의 진전이 늦어질 가능성이 크다.

하지만 지금까지의 경험에서 보면 북핵문제를 포함한 한반도의 군비통제 문제는 모든 의제를 포괄적으로 다루고 모든 이해당사국들이 다 참여하여 군사와 경제분야의 모든 당근과 채찍을 협상 테이블에 내어놓고 대타협을 이룰 때 다시 그 성공 가능성을 기대해 볼 수도 있다. 따라서 한반도의 모든 군사 문제를 일괄 타결할 수 있는 새로운 대타협방식을 모색해야 할 것이다. 특히 중요한 것은 북한의 지도부가 협상을 통한 군비통제를 해야만 체제가 생존할 수 있다고 판단하고 전략적 결단을 할 수 있도록 남한, 미국, 중국 등이 여건을 조성하는 것이 필요할 것이다.

한국의 경제외교

류석진(서강대학교)

I. 들어가면서

한국은 변화하는 국제환경에 적응하면서 짧은 시간에 산업화 및 근대화와 민주화를 동시에 달성했다. 2009년 현재 경제력 순위 14위(9,291억 달러), 1인당 GNI 기준 9위(2만 1,530 달러), 수출 9위(3,640억 달러, 세계 수출의 2.9%), 수입 12위(3,230억 달러, 세계 수입의 2.6%)를 기록했다. 2009년 11월 경제협력개발기구(OECD) 개발원조위원회(DAC : Development Assistance Committee)의 24번째 국가로 가입함으로써 원조 수혜국에서 원조 공여국으로 바뀐 첫 번째 사례가 되기도 하였다. 한국전쟁의 참상으로부터 불과 60년이 되지 않아 이룬 경이적인 성과이다. 이런 성과를 이루게 된 배경에는 여러 요인이 있겠지만 경제외교가 큰 몫을 한 것은 분명한 사실이다.

한국은 변화하는 국제환경에 적응하면서 그때그때의 지정학적인 변화에 적합한 경제외교전략을 채택하려 노력했다. 냉전기에는 미국 패권의 영향하에서 그에 걸맞은 경제외교를, 탈냉전기에는 미국 중심의 질서에서 일정하게 변화를 시도하면서 다양한 경제외교전략을 시험했다. 21세기에 들어선 지금 한국이 처한 상황은 이전의 명확한 선택구조와는 달리 다양한 선택구조와 복잡다단한 이해구조를 내포하고 있다. 국가의 이익을 명확히 규정하는 것도 쉽지 않고, 이를 달성할 수 있는 전략을 선택하는 것도 쉽지 않다. 더구나 민주화의 진전으로 국내적으로 다양한 정치적 목소리가 분출되면서 일방적인 국가의 정책결정과 집행도 쉽지 않은 상태이다.

이 글은 한국 경제외교의 현황과 문제점을 진단하고 향후 경제외교의 방향을 제시하는 것을 목적으로 한다. 글의 구성은 다음과 같다. 2장에서는 21세기 이전까지의 경제외교를 간략히 개괄하고, 3장에서는 21세기에 이루어진 한국 경제외교의 현황과 성과를 FTA, 다자기구, 자원외교, 세계금융위기 대응외교 등 사안별로 정리하고, 4장에서는 전략적인 차원에서 한국 경제외교에 제기되는 쟁점을 이론적으로 검토한 후 5장에서 한국 경제외교의 방향성을 논하며 결론에 갈음한다.

II. 한국 경제외교 전사(前史)

1948년 건국과 1950년의 전쟁 이후 한국 경제외교의 최대 목표는 선진 우방국, 특히 미국의 원조를 확보하는 것이었다. 5개년 경제개발계획과 경공업 중심의 산업화가 본격적으로 시작된 1960년대에는 안정적인 무역환경을 확보하기 위한 노력이 경주되었는데, 1967년 3월 15일 GATT에 가입하여 GATT 회원국으로부터 최혜국 대우, 내국민 대우 등 비차별적 권리와 6만 6,000품목에 대한 GATT 양허세율 적용을 받게 되었다.[1] 또한 경제외교의 중요한 축은 한미일 삼각동맹 속에서의 한일 국교정상화를 통한 대일청구권 자금의 확보였다. 무역, 특히 대미수출이 증가하면서 섬유 등을 중심으로 한 한 · 미 간의 통상마찰이 증가하기도 하였다.

1970년대 초반 경제위기로 1971년 IMF의 구제금융을 받기도 하였고, 1973년 1차 오일 쇼크를 겪으면서 오일 머니를 가진 중동의 건설시장에 진출하여 외환을 확보하는 것이 주요한 과제가 되기도 하였다. 1979년 유신정부의 붕괴와 연이은 2차 오일 쇼크로 1980년에는 유례없는 −5.7%의 성장률을 기록하기도 하였다. 전두환 정부의 인플레 통제 정책과 일본으로부터의 안보차관을 통하여 위기를 극복한 한국은 1980년대 중반 세계적인 3저(저유가, 저금리, 저환율) 현상에 힘입어 경제적인 도약을 이룰 수 있게 되었다.

1980년대 초반부터 논의되기 시작하여 1986년 공식적으로 출범한 우루과이라운드(UR : Uruguay Round) 무역협상은 한국에게는 농산물 등의 취약상품 시장개방이라는 과제를 안겨주기도 하였다. 우여곡절을 겪으면서 1994년 공식적으로 타결된 UR 협상의 결과 회의체 성격의 GATT 체제는 상설 국제기구로서의 WTO 체제로 발전하게 되었다. "한국도

1) 외교통상부, 『참여정부 외교정책 백서, 2003–2007』(서울 : 외교통상부, 2009), 261쪽.

GATT 시대의 일방적 수혜국에서 더 나아가 자유롭고 공정한 세계 무역 질서의 구축에 앞장서서 참여하고 세계 다자무역 체제의 발전에 기여하는 파트너로서의 역할을 요구받게 됐다. 이에 따라 우리 정부는 WTO 체제의 정착과 새로운 다자무역 협상의 출범을 위한 논의에도 적극 참여했다. 또한 WTO의 효율적 운용과 관련한 WTO 분쟁해결 절차 및 무역정책 검토 등 각종 활동에도 적극적인 태도를 견지했다."[2]

이러한 GATT로부터 WTO로의 진전과 이에 대한 한국의 적극적인 참여라는 변화와 더불어 한국 경제외교의 환경과 장으로서 기능하는 국제정치에서도 큰 변화가 일어났다. 냉전으로부터 탈냉전으로의 변화이다. 1990년 동구권의 붕괴와 소련 제국의 해체로 인한 냉전의 종식으로 한미동맹을 중심으로 구성되었던 한국의 경제외교에도 큰 조정이 요구되었다. 냉전기간 동안 한미 간 안보와 경제의 이익교환이라는 안정적인 구조 속에서 미국은 한국의 후견국(patron state)으로서 작동해 왔다. 한국 수출품에 대한 미국 시장의 지속적 개방, 한미일 삼각동맹 속에서의 한국의 산업적 축적에 대한 지원 등이 그것이다. 하지만 이러한 구조는 냉전의 해체 이후 미국의 한국에 대한 통상압력 증대(한국 수입시장의 개방 확대 요구, 미국 시장 진출에 대한 각종 관세 비관세 장벽)와 함께 각종 안보 부담금의 확충 요구 등으로 이어졌다. 냉전시대에 통했던 대미 안보 카드의 효력이 떨어지기 시작한 것이다. 구체적으로는 안보적 이익과 경제적 이익이 같이 가지 못하고 별개로 작동하기 시작하는 디커플

2) 외교통상부, 『참여정부 외교정책 백서, 2003-2007』(서울 : 외교통상부, 2009), 262쪽.

링(decoupling)의 시대가 온 것이다. 한미동맹을 중심으로 하는 한국의 경제외교전략의 효율성이 떨어지기 시작하였고, 다변화된 경제외교전략을 모색해야 하는 시점이 도래한 것이다.

이러한 변화에 대한 대응 중의 하나로 1996년 OECD에 가입하면서 WTO 이외의 다자간 기구에 대한 적극적 참여가 이루어졌고, 이후 중층적 경제외교전략이 모색되게 되었다. 특히 1997년의 외환위기는 미국 중심의 경제외교가 가져올 수 있는 한계를 뼈저리게 깨닫게 해준 사건이었다.

또한 유럽에서의 단일유럽의정서(SEA : Single European Act), 마스트리히트(Maastricht) 조약을 통한 유로와 EU의 출범, 북미에서의 북미자유무역협정(NAFTA : North American Free Trade Act) 등으로 인한 지역주의 움직임은 한국의 경제외교에 새로운 도전이 되었다.

이러한 환경의 변화 속에서 한국은 신장된 국력을 바탕으로 쌍무적인 차원에서 개별 국가와 협력을 강화하는 한편, 지역적인 차원에서 APEC, ASEM 등 지역 경제협력에도 적극적인 노력을 경주했고, 다자적인 차원에서 WTO와 OECD에도 적극적으로 참여했다. 하지만 새로운 다자간 무역협상인 도하개발 어젠다(DDA : Doth Development Agenda)가 지연되고 세계적인 차원에서 FTA(Free Trade Agreement)가 확산되면서 한국도 이에 적극적으로 동참하게 된다.

21세기에 들어오면서 한국 경제외교의 가장 커다란 변화를 든다면 FTA 경쟁에의 적극적인 참여라고 할 수 있다. 2011년 현재 한국의 경제외교는 FTA의 적극적 추진이라는 쌍무적 전략을 근간으로 하면서 지역 경제협력체와 다자간 국제경제기구에서의 적극적인 역할 모색이라는 중층적인 모습을 보이고 있다. 이에 더하여 2007년 미국발 금융위기 이후 G20 회원국이 되고 2010년 G20 의장국으로서 서울정상회의를 개최하게 되면서 이제까지의 수동적이고 관찰자적인 위치에서 벗어나려는 모습을 보이고 있다. 특히 금융과 외환, 에너지, 환경 등의 영역에서는 국력에 걸맞은 정도의 목소리를 가지고 참여하려는 시도를 하고 있다.

Ⅲ. 21세기 한국의 경제외교 : 사안별 정리

1. FTA

1998년 외환위기 이후 구조조정에도 불구하고 대내적으로 경제성장률의 하락, 노령화, 청년실업 등 성장 잠재력의 한계가 노정되고, 대외적으로 DDA 협상의 부진과 주요 경쟁국들의 경쟁적 FTA 체결이 우리 수출시장을 위협하는 상황에서[3] 한국은 대외경제전략, 특히 무역과 관련된 부분에서 FTA를 추진하게 된다. 김대중 정부 때 외환위기 극복방안의 일환으로 칠레와의 FTA가 추진되었고, 노무현 정부 때에는 '동시다발적' 인 거대 경제권과의 FTA를 추진하였으며, 이러한 정책기조는 이명박 정부에서도 이어지고 있다. 문돈은 세계 FTA 네트워크에서 후발주자였던 한국이 선두주자로 나서게 되었다고 평가하고 있다.[4]

---

3) 외교통상부, 『2007 외교백서』(서울 : 외교통상부, 2007), 64쪽.

4) Moon, Don, "From Latecomer to Forerunner in Global FTA Networks : A Change

2003년 제정되고 2004년 보완된 FTA 추진 로드맵에 따르면, "1998년 11월 대외경제조정위원회에서 WTO 중심의 다자주의와 함께 FTA를 통상정책의 주요 수단으로 적극 활용하기로 방침을 정하였다. 이에 따라 FTA 정책을 체계적으로 추진하기 위해 정부는 2003년 8월 대외경제장관회의에서 FTA 추진 로드맵을 확정"하였다. 이후 "2003년 9월 칸쿤 WTO 각료회의 결렬로 지역주의 추세가 한층 심화되고, 칠레와의 FTA 발효로 여타 FTA 체결을 위한 국내 기반이 일부 조성되는 등 대내외 환경변화가 있었다. … 북중미 및 EU 시장의 교두보 확보"라는 1단계 전략을 구체화하고, 거대 경제권과 FTA를 본격 추진하는 2단계 전략을 설정하였다.[5)]

이러한 전략과 추진 로드맵에 기초하여 2004년 4월 칠레를 필두로 하여 싱가포르(2006), 유럽자유무역연합(EFTA, 2006), 제5대 수출시장인 ASEAN(2007) 등 총 4건 15개국과 FTA를 발효시킨 바 있고, EU와의 FTA 협상을 2007년 5월 출범하여 2009년 10월 협정문에 서명하고 2011년 5월 국회의 비준 동의를 받았다. 미국과의 FTA 협상은 2007년 4월 타결되었으나 2011년 5월 현재 양국 국회의 비준 동의 절차를 기다리고 있다. 또한 인도와의 CEPA(Comprehensive Economic Partnership Agreement)도 2010년 1월에 발효되었다.

이에 더하여 일본, 중국, 메르코수르(Mercosur), 러시아 등과의 FTA 관련 공동연구 등이 진행되면서 여건조성을 위해 노력하고 있다. 자원

---

in South Korea's FTA Policy," *Korean Political Science Review* no. 5(2010), pp. 101–125.

5) 외교통상부, 『2007 외교백서』(서울 : 외교통상부, 2007), 157쪽.

부국인 걸프협력이사회(GCC : Gulf Cooperation Council, 사우디아라비아, 쿠웨이트, UAE, 바레인, 오만, 카타르), 전략적 거점국인 호주, 뉴질랜드, 페루, 캐나다, 멕시코, 콜롬비아 등과 협상이 진행 중이며, 터키와는 공동연구가 종료되었고, 이스라엘과는 공동연구가 진행 중이다. 한중일, 아태자유무역지대(FTAAP : Free Trade Area of the Asia-Pacific) 등 다자간 FTA 논의에도 적극 참여하고 있다.

싱가포르, EFTA, ASEAN, 미국과의 FTA 경우 개성공단 생산제품을 한국산으로 인정할 수 있는 근거를 마련하여 개성공단 생산제품의 해외 판로를 확보하기도 하였다.

2. WTO, DDA와 OECD 등 다자기구 외교

우루과이라운드 이후 2001년 카타르 도하에서 개최된 제4차 세계무역기구(WTO) 각료회의에서 출범한 다자간 무역자유화 협상인 도하개발 어젠다(DDA : Doth Development Agenda)는 농산물과 비농산물의 관세 감축, 농업보조금 감축에 대해 미국, EU와 브라질, 인도를 중심으로 한 선진 · 개도국 간 입장 대립으로 진척을 보고 있지 못하다. DDA 협상의 각 부분별 한국의 주안점은 다음과 같다.

농업부분에서 한국의 핵심 이익 확보를 위해 수입국 그룹인 G10(한국, 일본, 스위스, 노르웨이, 이스라엘 등)과 개도국의 특별대우에 대해 입장이 같은 G33(한국, 인도, 인도네시아, 필리핀 등 개도국 특별 품목 공조 그룹) 국가들과 지속적인 협력을 유지하는 가운데 농업협상에 적극 참여해 왔다. 그 결과 의장 제4차 수정안에 개도국 특별품목, 개도국 특별긴급관

세(SSM) 등 우리 농업의 민감성 보호를 위한 장치를 포함시키는 성과를 얻었다.[6)]

비농산물시장접근(NAMA : Non-Agricultural Market Access)에서는 선진국과 개도국 양 진영이 관세감축 공식을 적용하는 관세감축 수준과 개도국에 대한 특별대우 등 핵심 이슈에 이견을 보이면서 진전을 이루지 못하고 있다. 서비스 시장개방 협상과 관련하여 "회원국들은 총 21개 복수적 요청/양허 협상 그룹을 구성했는데, 우리나라는 해운 · 통신 · 금융 등 10개 분야에서는 양허 요청국으로, 법률 · 시청각 · 항공운송 등 9개 분야에서는 양허 요청 대상국으로 참여"[7)]하고 있다. 특히 한국은 통신, 금융, 유통, 건설, 해운의 5대 인프라 서비스를 중점 분야로 선정하여 각국 서비스 시장 개방 확대를 위한 노력을 기울이고 있다.

규범협상 분야에서 한국은 반덤핑 프렌즈 그룹(한국, 일본, 칠레, 홍콩, 브라질, 노르웨이, 스위스, 싱가포르, 대만, 코스타리카, 멕시코, 태국, 이스라엘로 구성되는 DDA 규범협상 반덤핑 분야 논의의 핵심 공조 그룹)과 수산보조금 공조국 그룹(한국, 일본, 대만, EU, 캐나다 등은 수산보조금 관련 공조국 그룹을 형성하여 제안서 제출, 공동 입장 정립 등 지속적으로 협의를 강화하고 있음)을 형성하여 반덤핑조치의 남용으로 인한 부정적 영향의 축소와 균형 있는 수산보조금 규율 도출을 위해 노력하고 있다. 지식재산권 분야에 있어서는 지리적 표시(GI : Geographical Indication) 보호제도, 그리고 지적재산권 협정(TRIPS : Trade Related Intellectual Properties)과 생물다양성

6) 외교통상부, 『2009 외교백서』(서울 : 외교통상부, 2009), 147쪽.
7) 외교통상부, 『2009 외교백서』(서울 : 외교통상부, 2009), 149쪽.

협약(CBD : Convention on Biological Diversity) 등이 주요 쟁점이다.[8)]

WTO의 분쟁해결기구(DSB : Dispute Settlement Body)를 통한 절차도 적극 활용되고 있다. 1995년 WTO 출범 이후 2008년 12월까지 한국은 제소 13건, 피소 1건 등 모두 24건의 분쟁에 직접 당사자로 참여했으며, 이 중 패널이 설치된 16건의 분쟁에서 12승 4패를 기록함으로써 승소율 75%를 달성했다.[9)] 한편 한국의 이익이 직접 침해되지는 않았으나 '실질적 이해관계' (Substantial Interest)가 있는 타국 간의 통상분쟁에 제3자로 참여하여 우리의 입장을 적극 반영했던바, 2008년 EC-에어버스 미-보잉 항공기 보조금 분쟁, 미-새우 반덤핑 분쟁 등에의 제3자 참여가 그것이고, 2009년 현재 10건의 타국 간 분쟁에 제3자로 참여하여 입장을 개진함으로써 통상이익을 보호하고 있다.[10)]

1996년 한국은 OECD의 29번째 회원국으로 가입한 이래 최고 의사결정 기구인 각료이사회에 매년 참가하여 세계경제 이슈에 대한 대응방안 수립에 기여하고 있으며, 2009년 최초로 각료이사회 의장국을 수임하여 우리의 제안으로 각료 성명서 및 녹색성장 선언문을 채택하는 데 일조했다. 한국은 다국적 기업 가이드라인, 뇌물방지협약, 기업지배구조 원칙 제정, 전자상거래 규범화, 유해조세관행 규제, 신조선협정 협상 등의 영역에서 적극적인 외교활동을 전개 중이다.

---

8) 외교통상부, 『2009 외교백서』(서울 : 외교통상부, 2009), 149-150쪽

9) 외교통상부, 『2009 외교백서』(서울 : 외교통상부, 2009), 141쪽.

10) 외교통상부, 『2009 외교백서』(서울 : 외교통상부, 2009), 142쪽.

3. 자원외교

한국은 에너지 소비량의 97%를 수입하고 있으며, 원유수입의 82%를 중동지역에 의존하는 등 취약한 에너지 안보구조를 갖고 있다. 한국 "기업의 해외자원개발사업 지원 확대, 자원부국과의 우호협력 및 국제 에너지 협력 강화 등 적극적인 에너지 협력 외교를 추진"한 결과 2009년 현재 "석유 · 가스 자주개발률은 9%(2008년 5%), 6대 전략광종(유연탄 · 동 · 철광석 · 우라늄 · 아연 · 니켈) 자주개발률은 25.1%(2008년 23.1%)로 세고"되있다.[11]

참여정부 시절 에너지 공급원의 다변화를 위한 자원 정상외교를 적극 추진하여 2004년도 7건, 2005년도 4건, 2006년도 6건, 2007년 3건(중동 3개국 : 카타르, 사우디아라비아, 쿠웨이트)에 달하는 해외자원개발을 위한 정상방문을 하였으며(문민정부와 국민정부 시절에는 1999년 3건이 유일하였음), 에너지 · 자원 거점공관을 32개 설치하였고, 총 25개의 자원협력위를 운영하여 자원부국과의 포괄적 · 전략적 협력관계를 구축하기 위해 노력했다.[12] 이러한 자원외교는 이명박 정부에서도 계속 이어져 2008년 러시아 방문을 필두로 각종 정상회담에서 에너지 자원분야를 의제에 포함시켰으며, 에너지 거점공관을 76개로 확대하였다.

정상 등 고위급 외교를 통한 자원분야 협력 강화 외에도 국제 에너지

11) 외교통상부, 『2010 외교백서』(서울 : 외교통상부, 2010), 126쪽.
12) 외교통상부, 『2007 외교백서』(서울 : 외교통상부, 2007), 71쪽.

협력 외교를 활발히 전개하였다. "화석연료에 대한 의존도를 완화하고 기후변화 대응 및 경기침체 극복을 위해 신재생 에너지에 대한 관심이 높아짐에 따라 우리 정부는 2009년 1월 국제재생에너지기구(IRENA : International Renewable Energy Agency) 설립 규정에 서명하고, IRENA 사무국 소재지 선정위원회 의장국 수임 및 IRENA 제2차 준비위원회 부의장국 활동 등 저탄소 녹색성장 구현을 위한 재생 에너지 분야 국제협력을 대폭 강화"하였고, "주요 에너지 소비국이자 차년도(2010) G20 정상회의 개최국으로서 에너지 안전수송국제회의, ASEM 에너지안보장관회의, UN총회 에너지 Thematic Dialogue 등에 참여하여 에너지 안보를 위한 국제협력을 강화"하였다.[13)]

지역 및 범세계적 차원의 에너지 협력체계 구축 노력도 적극 전개되었던바, 2007년 '동북아 에너지 안보체계' 구축 노력이 시작되었으며, 또한 2007년 유엔 아태경제사회이사회(USESCAP)와 공동으로 범아시아에너지시스템(TAES : Trans-Asian Energy System) 구축을 위한 착수회의를 개최하기도 했다. 또한 국제에너지기구(IEA : International Energy Agency) 이사회 및 글로벌 장기협력 상설 그룹 회의에 참석하여 세계 에너지 시장 동향을 파악하고 IEA 비회원국인 중국, 인도, 러시아와의 에너지 협력방안을 공동 모색하였다.[14)]

---

13) 외교통상부, 『2010 외교백서』(서울 : 외교통상부, 2010), 128쪽.

14) 외교통상부, 『2008 외교백서』(서울 : 외교통상부, 2008), 135쪽.

4. 세계금융위기 대응외교

1) G20

2007년 미국발 금융위기 이후 거시 정책 공조와 위기 재발방지를 위한 국제금융 시스템 개선을 논의하기 위한 정상급 국제회의의 장이 G8에서 G20로 확대되어 2008년 11월 미국 워싱턴에서 '제1차 G20 세계금융경제정상회의'가 개최되었다. 한국은 여기서 금융위기 극복을 위한 유동성 공급 확대와 경기부양, 새로운 무역 및 투자장벽의 동결(Standstill), DDA 협상의 조속한 마무리를 위한 협력과 함께 금융시장 안정과 관련하여 1990년대 말 한국 외환위기시 부실채권 처리 경험과 교훈을 공유하고 금융권의 부실자산 처리 원칙을 수립하여 국제적으로 공조해 나갈 것을 역설하였다.[15] 또한 IMF, 세계은행 등 국제금융기구에 신흥경제국의 지분 확대 필요성을 강조하고, 금융안정 포럼(FSF : Financial Stability Forum) 회원국 확대와 주요 선진국의 신흥경제국과의 통화 스왑 확대 등 신흥경제국의 금융안정을 위한 방안을 제안했다.[16]

한국은 2010년 11월 G20 정상회의 유치와 함께 "국제 금융감독 체제 개선에 있어 중요한 역할을 담당하는 금융안정 포럼과 바젤은행감독위원회(BCBS : Basel Committee on Banking Supervision) 가입을 위한 노력을

---

15) 외교통상부, 『2009 외교백서』(서울 : 외교통상부, 2009), 123쪽 ; 외교통상부, 『2010 외교백서』(서울 : 외교통상부, 2010), 105쪽.

16) 외교통상부, 『2009 외교백서』(서울 : 외교통상부, 2009), 123쪽.

경주했다. 특히 FSF는 국제금융 안정 도모, 금융기관 거래의 지도, 감독 협조, 국가 및 국제감독기구, 국제금융기관 간 협력강화를 위해 1999년 설립된 국제기준 제정 기구로서 국제금융 협력의 중심기관이었다. G20 논의에서 우리나라의 주도적 기여와 적극적인 가입 교섭의 결과 2009년 3월 11일 런던에서 개최된 FSF 총회에서 기존 12개 회원국에 추가하여 G20 국가 중 회원국이 아니었던 한국, 브리질, 러시아, 인도, 중국, 멕시코, 사우디아라비아, 남아공, 터키, 아르헨티나, 인도네시아와 스페인, EC가 새로이 정식 회원국으로 가입하게 되었다. 또한 2009년 3월 13일에는 우리나라를 비롯한 호주, 브라질, 중국, 인도, 멕시코, 러시아가 바젤은행감독위원회의 정식 회원국으로 가입하게 되었다."[17]

2010년 서울에서 개최된 G20 정상회의에서는 속칭 서울 선언문(2010 G20 서울 정상회의 선언문)이 채택되었다. 구체적인 내용을 정리하면 [표 1]과 같고 상세한 내용은 아래와 같다.

특히 서울 액션플랜에는 통화 · 환율, 무역 · 개발, 재정, 금융, 구조개혁 등 5대 분야에 걸쳐 G20의 정책공조 사항과 국가별 정책 공약사항이 포함돼 있다. 통화 · 환율 공조와 관련해 시장결정적 환율제도 전환, 경쟁적 평가절하 자제, 환율 유연성 제고 등을 강조했으며, 준비통화 발행국가(reserve currency)를 포함한 선진국들은 환율의 과도한 변동성과 무질서한 움직임에 유의하기로 약속했다. 아울러 신흥국으로의 자본유입 급증으로 인한 자본 변동성 위험을 고려해 제한된 요건, 예를 들면 충분한 외환보유고, 변동환율제하에서 환율의 고평가 심화, 자본유입 등으

17) 외교통상부, 『2010 외교백서』(서울 : 외교통상부, 2010), 106쪽.

[표 1] 2010 G20 서울 정상회의 선언문 내용

구 분	내 용
국제공조협력체계 (Framework)	· 서울 액션플랜 마련 · 시장의 결정에 따르는 환율제도 지향 · 균형 잡힌 경상수지 유지를 위한 예시적 가이드라인 수립
IMF 개혁	· IMF 쿼터의 6% 이상과 선진 유럽의 이사직 2석이 신흥국으로 이전 · IMF의 재원 2배로 증액
금융규제개혁	· 은행의 자본금 대폭 증가 · 대형 금융회사에 대한 규제와 감독 강화 · 신용평가회사에 대한 감독 강화
글로벌 금융 안전망	· 탄력대출제를 동시에 제공하는 제도를 도입 · IMF가 위기 예방에까지 역할을 확대
기타	· 도하개발 어젠다 막바지 협상 적극 전개 · 모든 형태의 보호주의를 배격, 무역자유화를 위한 확대 재확인 · 부패척결과 투명하고 공정한 기업환경을 위해 9개 분야의 구체적인 행동계획 승인

로 과도한 정책조정 부담에 직면 등에 해당할 경우 거시 건전성 규제를 인정하기로 했다. 다만 이 경우에도 다른 국가로의 부정적 영향을 고려해 '주의깊게 설계' (carefully designed) 하도록 했다. 글로벌 불균형 문제도 G20 정상들이 직접 추진체계와 일정을 제시해 정상 선언문에 명시했다. 프레임워크 워킹그룹이 IMF의 지원하에 개발작업을 맡게 되며, 내년 상반기 중 G20 재무장관 회의에서 가이드라인 진행경과에 대해 논의하기로 했다. 또 내년 의장국인 프랑스가 가이드라인에 기반한 첫 번째 상호평가(mutual assessment)를 착수 · 수행하기로 했다.

■ **국제금융기구 개혁** 지난 10월 경주 재무장관 회의에서 많은 부분 합의가 이뤄져 이번 정상회의에서는 IMF 쿼터 지배구조 개혁방안을 환영하고 이행상황을 재무장관 회의 때마다 보고하도록 결정했다. 정상회의 결과에 따라 IMF 쿼터는 100% 증액되며, 6% 이상의

선진국 쿼터는 신흥개도국 · 과소대표국으로 이전된다. 쿼터 산정 공식도 2013년 1월까지 개선될 전망이다. 또 현재 24석인 IMF 이사직 중 2석이 선진 유럽국에서 신흥 개도국으로 이전된다.

■ **글로벌 금융안전망** 우리나라가 지속적으로 제기해 G20의 공식 의제로 채택된 글로벌 금융안전망도 IMF가 '위기해결'(crisis resolution)만이 아니라 '위기 예방'(crisis prevention) 역할도 하게 함으로써 큰 성과를 거뒀다. IMF는 이미 서울 정상회의 개최 전 우량국가에게 조건 없이 자금을 지원하는 탄력대출제도(FCL)의 활용도를 높이고, 우량국가는 아니지만 약간의 조건만 달아 자금을 지원하는 예방대출제도(PCL)를 신설하기로 결정했다. 이번 회의에서는 그간 성과를 환영하는 한편, IMF가 동일한 충격에 노출된 다수국가에 FCL을 동시에 제공하는 제도(multi-country FCL)를 도입하는 데 지지를 보냈고, 치앙마이 이니셔티브(CMIM)와 같은 지역안전망과 IMF의 협력을 확대하도록 요청했다.

■ **금융규제 개혁** 바젤은행감독위원회(BCSC)의 새로운 은행 자본 · 유동성 규제방안(BaselⅢ)을 채택하고 각국이 차질 없이 이행하도록 합의했다. 대마불사 문제를 완화하기 위해 금융안정위원회(FSB)가 제안한 체계적으로 중요한 금융기관(SIFI)에 대한 규제감독 강화체계도 채택했다. 또 과도한 자본 유출입에 따른 영향 완화수단 등 거시 건전성 체계를 FSB, IMF, 국제결제은행(BIS)이 공동으로 마련해 다음 재무장관 회의에 보고하기로 했다. 아울러 유사은행(shadow banking) 규제방안도 FSB가 내년 중반까지 마련하기로 했다.

■ **무역** 무역분야에서는 도하개발 어젠다(DDA) 협상의 조속한 타결을 위한 G20 차원의 정치적 의지(political will)를 재확인했다. 특히 내년이 협상타결을 위한 중요한 기회임을 감안하여 막바지 협상(end game)을 적극 전개하기로 했다. 또 2013년까지 새로운 무역·투자 장벽 설치 또는 수출제한조치를 동결(standstill)하기로 한 약속을 재확인하고 모든 형태의 보호주의를 배격하기로 합의했다.

■ **개발** 우리나라가 적극 개진했던 개발의제가 정상 선언문에 포함되고, 2개의 부속서로 나온 것 역시 커다란 성과다. 그간 선진국 중심 논의에서 나아가 신흥국 관심 이슈를 G20 중점의제로 포함시켰다는 의미로 해석된다. G20 정상들은 개도국의 빈곤해소와 개발격차 해소를 위한 개발의제 추진 필요성을 인식하고 "서울 개발 컨센서스"에 합의했으며, 인프라·인적 자원 개발·무역·식량안보·금융 소외계층 포용 등 총 9개 핵심 분야에 대한 "다년간 개발 행동계획"을 채택했다.

■ **기타 의제** 이번 회의에서 반부패(anti-corruption) 의제도 중요하게 다뤄졌다. G20 정상들은 부패를 척결하고 투명하고 공정한 기업환경을 만들기 위해 9개 분야의 구체적인 행동계획을 승인했다. 세계경제의 지속 가능한 성장을 위해 공공과 민간의 파트너십을 향상시키고자 열린 비즈니스 서밋(Business Summit)도 성공적으로 폐막하고 차기 의장국인 프랑스도 큰 관심을 보임에 따라 앞으로 비즈니스 서밋은 G20 정상회의의 사전행사로 자리 잡을 가능성도 커졌다. 에

너지와 관련해 화석연료 보조금, 신재생 에너지, 해양환경 보호 등 3개 에너지 분야에 대한 향후 추진과제에 합의했다. 특히 우리의 관심분야인 유가변동성 대응을 위한 G20 간 구체적인 공조방안 마련을 위한 토대가 구축됐다.[18]

2) 외환관리와 운용, 그리고 통화 스왑

외환 혹은 금융위기시 중요한 탈출기제로 작동하는 외환보유고의 액수와 구성은 다음과 같다. 2011년 4월 말 현재 한국의 외환보유액은 3,072.0억 달러로 전월 말(2,986.2억 달러)보다 85.8억 달러 증가했고, 이의 구성은 유가증권 2,719.1억 달러(88.5%), 예치금 301.9억 달러(9.8%), SDR 36.2억 달러(1.2%), IMF 포지션[19] 14.0억 달러(0.5%), 금 0.8억 달러(0.03%)로 구성되어 있으며([표 2]), 2011년 3월 말 현재 세계 7위이다([표 3]). 또한 이러한 외환과 각종 연기금의 관리를 위하여 한국투자공사(KIC : Korea Investment Corporation)를 창설해 운영하고 있다.

2000년 APT(ASEAN+3)가 위기시 외환의 공동 사용 메커니즘으로 출범한 CMI(Chiang Mai Initiative)는 2008년 총 800억 달러로 다자화하기로 하고 감시기능을 강화하면서 2009년에는 1,200억 달러로 확충하고,

---

18) 출처 : [주요 의제별 성과] 환율 · 경상수지 갈등해결 위한 '서울 액션플랜' 마련/작성자 방문규 대변인(http://blog.naver.com/mosf1004?Redirect=Log&logNo=30099307896. 접속일자 2011년 6월 13일).

19) IMF 회원국이 출자금 납입으로 보유하게 되는 교환성통화를 수시로 인출할 수 있는 권리

[표 2] 외환보유액과 구성비 추이

	2007	2008	2009	2010	2011.3월	4월	(4월중)
외환보유액	2,622.2	2,012.2	2,699.9	2,915.7	2,986.2	3,072.0	85.8
유가증권[1)]	2,317.8	1,803.8	2,488.6	2,679.3	2,717.1	2,719.1	2.0
예치금	299.9	201.0	163.4	189.9	219.3	301.9	82.6
SDR	0.7	0.9	37.3	35.4	37.0	36.2	-0.8
IMF 포지션	3.1	5.8	9.8	10.2	11.9	14.0	2.1
금	0.7	0.7	0.8	0.8	0.8	0.8	-

주 : 1) 국채, 정부기관채, 국제기구채, 금융채, 자산유동화증권(MBS, ABS) 등

[표 3] 주요국의 외환보유액

순위	국가	외환보유액		순위	국가	외환보유액	
1	중국	30,447	(533)	6	인도[2)]	3,035	(27)
2	일본	11,160	(245)	7	한국	2,986	(9)
3	러시아	5,025	(87)	8	스위스	2,802	(52)
4	대만	3,926	(19)	9	홍콩	2,725	(-2)
5	브라질	3,171	(96)	10	싱가포르	2,334	(25)

주: 1) 잔액 기준, ( )내는 전월 말 대비 증감액

2) 2011.3.25일 기준

–CMIM과 통화 스왑 협정

최종분담금, 인출배수, 투표권을 확정하면서 2010년 3월 "치앙마이 이니셔티브 다자화 체제(CMIM : CMI Multilateralization)로 출범했다. 지역 유동성 기금으로서의 CMIM 이외에 한국은 다양한 국가들과 쌍무적 · 지역적 통화 스왑 협정을 체결하여 위기에 대비하고 있다. 현황은 다음 [표 4]와 같다.

[표 4] 주요국의 외환보유액

연도	일본	중 국	아세안 및 아세안+3	미국
1997	· 1997.12.19 체결 · 13억 달러 규모	–	–	–
2000	–	–	· CMI 출범	
2002	–	· 2002.6.24 체결 · 20억 달러 규모	· 태국과 10억 달러 · 필리핀과 10억 달러 · 말레이시아와 10억 달러	–
2003	–	–	· 인도네시아와 10억 달러	–
2004	· 2004.6.27 갱신 · 20억 달러 규모	–	–	–
2005	· 2005.5.27 체결 · 30억 달러 규모	· 2005.5.27 확대 갱신 · 40억 달러 규모	· CMI 총액 : 395억 달러로 확대	–
2006	–	–	· CMI 총액 : 750억 달러로 확대 · 아세안 + 3중심 위기 극복 완료 선언	–
2007	· ~2010.7.3 연장	–	· CMI의 다자화 기본 원칙 합의	–
2008	· 08.12.12~ 09.4.30 일시적 확대 · 200억 달러 규모 · 글로벌금융불안 대응	· 2008.12.12 CMI와 별도의 통화스왑 체결 · 1,800억 위안/38조원 규모의 원-위안 스왑 협정 · 유효기간 3년(연장 가능) · 수혜국 요청시 달러화 전환 가능	· 총액 800억 달러의 다자화(CMIM) 합의 · 아세안 : 한중일분담비율 2 : 8합의 · CMIM에 감시기능 강화(부여) 원칙 합의	· 2008.10.30~ 2009.4.30 · 300억 달러 규모 · 최초 체결시점에 원화 제공 달러 수령(만료시점에 달러 제공 원화 반환)
2009	· 규모확대 만료시기 2회 연장 · ~2009.10.30 · ~2010.2.1	–	· CMIM 규모 1200억 달러로 확대 합의 · 최종 분담금, 인출배수, 투표권 등 합의	· 2009.10.30까지 연장 · 2010.2.1까지 연장

2010	· 규모확대 만료시기 연장2010.4.30 · 2010.4.30 규모확대 만료 · 기존 계약 2013.7.3까지 연장	–	· 2010.3.24 CMIM 공식출범	· 2.17에 전액 환수하며 종료

IV. 한국의 경제외교 : 이론적 쟁점을 중심으로

1. 안보외교와 경제외교의 정합성

냉전기 동안 한미동맹에 기초하고 다자적인 측면이 가미된 한국의 경제외교전략은 일정한 정도의 성과를 가져왔다. 하지만 냉전의 해체 이후, 특히 1997년 동아시아 외환위기 이후 한미동맹에의 지나친 의존이 가져오는 긍정적인 효과보다는 부정적인 측면이 서서히 부각되기 시작하고 있다. 안보적 이익과 경제적 이익의 결합되었던(coupling) 시대로부터 분리되는(decoupling) 시대로 변화하고 있는 것이다. 대표적인 것이 한중관계의 경제적 진전이다. 이미 중국은 한국의 제1무역 상대국이 된지 오래고, 미국과의 무역 비중은 지속적인 감소추세에 있다. 중국은 한국의 경제 사활국이 되었고, 미국은 한국의 안보 사활국이다.

이러한 중국의 부상을 염두에 두고 미국과 중국만을 상대국으로 한 한국의 안보와 경제 파트너의 선택을 도식화해 보면 다음 [표 7]과 같다.

냉전기의 상황은 A로서 안보와 경제분야에서의 파트너는 미국이었

[표 5] 한국의 대일 · 대미 · 대중 수출 추이

	일본		미국		중국	
연도별	금 액	%*	금 액	%*	금 액	%*
2001	16,505,766	10.97	31,210,795	20.75	18,190,190	12.09
2002	15,143,183	9.32	32,780,188	20.18	23,753,586	14.62
2003	17,276,137	8.91	34,219,402	17.66	35,109,715	18.11
2004	21,701,337	8.55	42,849,193	16.88	49,763,175	19.60
2005	24,027,438	8.45	41,342,584	14.54	61,914,983	21.77
2006	26,534,015	8.15	43,183,502	13.27	69,459,178	21.34
2007	26,370,191	7.10	45,766,102	12.32	81,985,183	22.07
2008	28,252,471	6.69	46,376,610	10.99	91,388,900	21.66
2009	21,770,839	5.99	37,649,854	10.36	86,703,245	23.85
2010	28,176,281	6.04	49,816,058	10.68	116,837,833	25.05
2011(1~3월)	8,922,961	6.80	12,615,468	9.61	31,303,267	23.84

출처 : *Goldman Sachs Paper*, no. 170 (2007.7).

* 총 수입액 중의 비중

[표 6] 한국의 대일 · 대미 · 대중 수출 추이

	일본		미국		중국	
연도별	금 액	%*	금 액	%*	금 액	%*
2001	26,633,372	18.87	22,376,226	15.85	13,302,675	9.42
2002	29,856,228	19.62	23,008,635	15.12	17,399,779	11.43
2003	36,313,091	20.30	24,814,134	13.87	21,909,127	12.25
2004	46,144,463	20.55	28,782,652	12.82	29,584,874	13.18
2005	48,403,183	18.52	30,585,938	11.70	38,648,243	14.79
2006	51,926,292	16.78	33,654,171	10.87	48,556,675	15.69
2007	56,250,126	15.76	37,219,301	10.43	63,027,802	17.66
2008	60,956,391	14.00	38,364,783	8.81	76,930,272	17.67
2009	49,427,515	15.29	29,039,451	8.98	54,246,056	16.79
2010	64,296,117	14.65	40,402,691	9.50	71,573,603	16.83
2011(1~3월)	16,681,410	13.52	9,984,347	8.09	20,257,709	16.43

출처 : http://stat.kita.net/ (접속일자 : 2011.5.10).

* 총 수입액 중의 비중

[표 7] 한국 안보와 경제외교

		경제 파트너	
		미국	중국
안보 파트너	미국	A	B
	중국	C	D

고, 이는 전략적으로나 결과적으로나 매우 긍정적인 효과를 낳았다. 현재의 한미동맹을 생각해 볼 때, 그리고 한반도의 상황을 고려할 때 C, D의 선택은 어려울 것으로 판단된다. 현재 한국의 상황은 A로부터 B로 옮겨가고 있는 상황이라고 할 수 있다. 안보와 경제의 분리가 본격적으로 일어나고 있다. 속된 표현으로 "동맹을 따르자니 돈이 울고 돈을 따르자니 동맹이 운다"는 상황에 처할 수 있다. 하지만 안보의 근간이 경제라는 자명한 진리를 상기할 때 이러한 이분법적인 사고에 머무를 수는 없다. 경제와 안보를 정합적으로 관리할 수 있는 통합적인 외교체제가 필요한 시점이다.

경제와 안보에서의 특정한 파트너 선택이라는 전제를 가지고 있을 때 처하게 될 이러한 진퇴양난의 상황을 고려할 때 경제외교, 더 나아가 한국의 외교는 발상의 전환이 필요한 시점이다. 즉 이분법적이고 특정 파트너의 선택이라는 발상을 넘어서서 총체적인 외교전략을 모색해야 할 것이다. 이를 위해서는 다음과 같은 안보외교와 경제외교를 결합시킬 수 있는 방안이 모색되어야 할 것이다.

외환위기가 발생한 1997년까지 한국 외교는 A영역에 있어 왔다고 할 수 있다. 냉전기 경제외교 영역에서는 다자주의에 의존하는 정도보다는 한미관계에 의존하는 정도가 컸었지만 냉전 이후에는 한미관계와 다자주의가 공존하는 정도였다. 1997년 위기 이후에는 B영역으로의 전환이

[표 8] 한국 외교의 방안 모색

		경제외교	
		다자주의	지역주의(동아시아)
안보외교	한미동맹	A	B
	다자안보	C	D

이루어져 왔다. 다양한 동아시아 통합구상과 CMI 등이 그것이고, APT 등의 동아시아 다자안보 구상이 나오는 것은 C영역으로의 움직임의 예라고 할 수 있다. 만약 동아시아에서 유럽 형태의 다자안보와 통합 움직임이 이루어진다면 D영역으로의 전환 가능성도 점쳐진다고 할 수 있다. 한국의 경제외교와 전반적인 외교전략은 이러한 모든 가능성을 열어놓은 상태에서 모색되어야 할 것이다.

2. 중층적 경제외교전략의 상호 통합성 유지

2011년 현재 한국이 처한 통상환경은 장밋빛이 아니다. 다자간 무역개방 협상인 DDA는 진척되지 못하고 있고, 2007년 미국발 금융위기 이후 각국에서는 보호무역을 선호하는 정치세력이 등장하고 있으며, G20에서의 동결(Standstill)을 통하여 일정하게 제어되고는 있으나 잠재적인 위협요인이 되고 있다. 이러한 국제적 환경에서 동시다발적 FTA의 추진은 어쩔 수 없는 전략적 선택이라고 할 수도 있으나 이에 따른 어려움도 고려되어야 할 것이다.

첫 번째로 제기될 수 있는 문제는 쌍무적 FTA와 지역통합체의 참여, 그리고 다자적 기구에 참여가 가져올 수 있는 상호 모순점의 해소이다.

각각의 FTA가 포함하고 있는 양허의 내용이 차이가 나기 때문에 FTA 체결국들과의 사이에서 모순점이 발생할 수 있는 것은 물론이고, FTA에서 특정국에 양허한 내용과 지역통합체에서 요구 혹은 장차 요구될 내용의 차이, 더 나아가서는 WTO 등 다자기구에서 요구하는 내용과의 차이점에 대한 면밀한 검토가 필요하다. 중층적인 경제외교전략을 펴기 위해서는 바로 '중층적인 협정내용의 검토'가 필요한데, 이에 대한 한국의 대비는 매우 미약한 것으로 평가된다. FTA와 지역협력체 그리고 다자기구에서 사용하는 분쟁해결 방식이 상이할 경우 어떤 방식을 채택하게 될 것인지, 이에 대한 한국의 입장은 무엇이고 한국의 국익을 보장받을 방법은 무엇인지 등에 대한 검토도 필요하다.

3. 신중한 FTA 전략

FTA 로드맵에 따라 거대 경제권과의 FTA가 타결 또는 발효되었고, 또한 추진 중에 있는 FTA도 매우 많다. 피할 수 없는 측면이 있기는 하지만 내실 있는 FTA를 기하기 위해서는 속도 조절이 필요하다. 현재의 정부와 통상교섭 본부의 인력과 능력을 고려할 때 동시다발적인 FTA를 추진하기에는 역부족이다. 해야 한다는 목표달성적 접근보다는 어떠한 성과를 낼 것인지의 측면에서 접근하는 자세가 필요하다. 또한 FTA에 집중하다 보면 중층적으로 추진해야 할 지역주의, 다자주의에의 적극적인 참여라는 측면이 배제될 가능성이 너무 높다고 할 수 있다. 한정된 인력과 능력의 배분이라는 측면에서 보면 더욱 그러하다.

이에 더하여 FTA의 추진과정에서 그리고 발효 이후의 국내적 기반

조성에 관한 측면을 고려할 때 더욱 그러하다. 설사 FTA가 전체적인 국익에 도움이 된다고 할지라도 FTA의 국내적 결과는 승자와 패자를 가르는 배분적 성격을 가질 수밖에 없다. 국내적 파급효과가 상대적으로 작았던 한-칠레 FTA와 한-EU FTA 국회의 비준동의 과정에서 수많은 비용을 치렀고, 한-미 FTA 비준 동의 과정 또한 보다 큰 비용을 지불해야 할 것이다. 동시다발적 FTA의 추진은 반드시 국내적 비준 동의 과정에 대한 치밀한 대비와 함께 이루어져야 그 효과가 극대화될 수 있다. 이를 위해서는 선제적인 국내 산업의 구조조정 작업이 필요하고, 이와 더불어 개방에 따른 국내적 피해 보상책이 마련되어야 할 것이다. 중요한 점은 개별적인 FTA 때마다 특수 피해집단을 위한 보상책을 마련하는 것이 아니라, 현재 정부가 구상하고 있는 FTA 전체를 염두에 두고 국익 차원에서의 보편적인 보상기준과 구조조정정책을 마련해야 하고, 이를 적극적으로 활용하여 국민의 지지를 얻어야 할 것이다.

4. 외환과 금융시장에 대한 차별적 접근의 필요성

제2차 세계대전 이후의 연계된 자유주의(embedded liberalism) 질서는 무역은 풀고 금융은 묶는다는 대원칙하에 세워진 질서로서 세계경제의 불안정성을 줄이자는 목적을 가지고 있었다. 브레튼 우즈 체제의 붕괴 이후 묶였던 금융이 풀리면서 신자유주의 시대가 도래하였고, 21세기의 세계경제질서는 이에 기초하여 있다. 하지만 자유주의적인 금융(혹은 통화) 질서가 반드시 바람직한 것은 아니다. 변동성과 휘발성이 높고 개별 국가의 국내 경제정책에 거대한 제한요소로 작동하기도 한다.

1997년의 위기는 이러한 측면을 극명하게 보여준다. 한국도 여러 단계를 거치면서 자본시장과 외환시장을 개방하였고, 지금은 통제장치를 많은 부분 상실한 상태라고 볼 수 있다. 무역시장의 개방이 긍정적인 효과를 가져올 수 있는 부분에 비해 자본시장의 개방은 적절한 수준에서 통제되지 않는다면 정부의 경제정책을 무력화시키고 경제의 변동성을 극대화시킬 위험성이 매우 높아질 수 있는 정책 선택이다. 지금이라도 선별적으로 통제장치를 복원시키거나 혹은 경제외교의 차원에서 금융시장의 국제적 규제 논의에 적극적으로 참여해야 할 것이다.

이 영역에서 한국의 경제외교의 목표는 지나친 자본의 유동성을 규제할 수 있는 국제적 논의의 장에서 찾아질 수 있다. IMF의 지분율 재조정, 투표권, Basel, FSF, G20 등의 장이 경제외교의 무대가 될 수 있을 것이다. 또한 개별 국가 차원에서는 대응이 어려운 부분이 많을 수밖에 없기 때문에 지역적 공동 대처 노력도 필요하다. 2절에서 설명한 통화 스왑, 공동 외환보유고, 아시아 채권시장 통합, 더 나아가서는 유럽연합 방식의 통화통합을 위한 단계 설정을 통한 지역적 차원의 노력도 포함될 수 있다. 여기에는 지역적 환율변동 밴드의 설정(유럽의 snake, EMU 등), 가상지역통화(속칭 ACU : Asian Currency Unit), 아시아통화기금(AMF : Asian Monetary Fund) 등이 포함될 수 있다.

이 외에 외환시장에서의 변동성에 대한 국내적 대비로서 외환보유고를 둘러싼 전략을 들 수 있다. 적정 외환보유고의 산정기준과 확보, 속칭 포지셔닝(positioning)으로 불리는 외환보유고의 통화구성 방식, 그리고 외환보유고의 운용방식, 국부 펀드라고 할 수 있는 한국투자공사의 효율적 운용 등에 대한 총체적 점검이 필요하다.

5. 자원외교

석유와 천연가스를 필두로 하여 최근 쟁점이 되고 있는 희토류에 이르기까지 자원빈국인 한국에게 자원의 확보는 전략적으로 매우 중요한, 아니 사활적인 국가이익이 될 수밖에 없다. 자원을 둘러싼 경제외교는 다음 네 가지 쟁점으로 분류될 수 있다. 첫째, 자원의 안정적 물량 확보이다. 이는 안정적 공급선 확보를 위한 외교적 노력을 필요로 한다. 둘째, 환경과도 연결되는 문제로서 저자원 소비형의 경제구조로의 전환을 국내적으로 이루어야 한다.

셋째, 자원 수송로(sealane)의 안정성을 확보하는 문제이다. 현재 소말리아 해협에서의 해적이 급증하고 있는 상태이며, 우리의 사활적 해상수송로라고 할 수 있는 말레카 해협의 안정성도 쉽게 담보하기 어렵게 되는 상황이 전개될 수 있다. 한국군이 독자적으로 이 지역에 군사력을 투사할 수는 없지만 국제적 공동관리 체제로의 전환이 이루어질 경우에 대비하여 준비를 시작해야 한다. 또 다른 수송로는 대륙을 중심으로 이루어지고 있는 수송관(pipeline)의 건설인데, 이러한 프로젝트의 참여를 모색하는 방안이 모색되어야 할 것이다.

마지막으로 에너지 자원과 관련된 지역적 협력체 구상에 적극 참여하는 방안이 모색되어야 한다. 동아시아, 특히 한중일 삼국은 에너지의 블랙홀로 일컬어지며 전세계적 물량의 수급과 가격(예를 들어 동북아 프리미엄)에 큰 영향을 주고 있다. 이와 관련된 지역협력체 구상으로 제시될 수 있는 것들로 ① 수송로의 안정적 관리를 위한 지역협력 혹은 다자협력, ② 한중일 3개국의 공동구매와 해외개발의 공동 진출, ③ 공동 석유

비축과 공동활용, ④ 에너지와 관련된 과학적 공동연구와 공동조사 등의 낮은 수준의 협력 등이라고 할 수 있다.[20]

Ⅴ. 나오면서

냉전기 동안 한국의 경제외교는 한미동맹이라는 축을 근간으로 하면서 미국 시장에의 진출과 국내적 산업화 그리고 국제적 지원 등 비교적 단순한 구도 속에서 진행될 수 있었다. 이러한 단순한 구도는 냉전이 해체되기 시작하면서 복잡해지기 시작했고, 중국의 부상과 더불어 1997년의 위기국면을 거치면서 다차원적으로 변모하기 시작했다. 이러한 환경변화에 대응하여 다차원적이고 중층적인 경제외교가 펼쳐져 왔다. 1980-1990년대에는 다자적 기구에 대한 진출과 적극적인 참여가 집중적으로 이루어졌다. 특히 1997년 외환위기 이후에는 지역협력에 대한 정책적 관심이 증가하면서 다양한 정책제안과 시도가 이루어졌다.

하지만 DDA 협상의 지연과 전세계적 지역주의의 진척, 그리고 쌍무적 FTA의 증대라는 환경변화가 21세기에 이루어지면서 한국의 경제외교도 쌍무적인 차원의 FTA에 집중하고 있다. 2011년 현재 한국 경제외교의 특징은 동시다발적 FTA 추진을 근간으로 하면서 다자주의와 지역

20) 류석진, "에너지협력 : 해외개발과 지역협력을 통한 에너지 안보," 세종연구소 편, 『한국의 국가전략 2020』(성남 : 세종연구소, 2006), 164-173쪽.

주의가 혼재되어 나타나는 양상을 보이고 있다. 이와 함께 경제외교의 영역도 무역은 물론 통화, 금융, 자원, 환경 등의 다양한 영역을 포괄하게 되었다.

21세기 한국 경제외교는 안보동맹과의 관계를 어떻게 정립할 것인지, 중층적으로 진행되고 있는 경제외교들 간의 상호정 합성을 얼마나 확보할 수 있을 것인지, 그리고 새롭게 제기되는 이슈 영역에 대한 한국의 국익을 어떻게 설정하고 어떠한 방식으로 달성할 수 있을 것인지, 또한 민주화로 인하여 분출되는 다양한 국내 집단들의 이해관계를 어떻게 경제외교와 접목시켜 작은 비용을 치르면서 극대화된 효과를 낳을 것인지 등에 대한 종합적 검토가 필요하다.

국가전략 차원에서 경제외교전략이 모색되어야 하고, 타분야와의 상충관계나 긴장관계의 해소를 모색하는 작업과 아울러 국내적 기반이 되는 외교역량 확충과 국내적 합의의 기반을 구축해 나가는 작업은 빠를수록 좋다고 하겠다. 미네르바의 올빼미가 황혼이 되어서야 날지 않도록 말이다.

한국의 기여외교

김의영(서울대학교)

I. 들어가면서

기여외교란 국제적 대의를 위해 동일한 형태의 양과 즉각적 보답을 기대하지 않으면서 타국에 도움을 제공함으로써 자국의 국익을 보호·증진하는 외교행위를 의미하며, 이를 통하여 국제평화 및 경제발전에 기여하는 한편 공여국의 국격 향상의 목표를 달성 수 있다.[1] 가령 대표적인 기여외교 수단인 공적개발원조(ODA : Official Development Assistance)와 평화유지활동(PKO : Peace-keeping Operations)을 통하여 저개발국의 빈곤퇴치 및 개발을 위한 물적·인적 자원을 제공하고, 세계평화와 안전

1) 강선주, "신정부의 기여외교 : 공적개발원조의 과제와 전망," 『주요 국제문제분석』(서울 : 외교안보연구원, 2008), 2-4쪽.

유지를 위한 군대를 파견함으로써 세계적인 차원에서 인류 복리와 평화에 기여할 뿐만 아니라 공여국의 국제적 이미지와 위상을 제고시킬 수 있다는 것이다.

현 이명박 정부가 들어서면서 기여외교는 소위 '성숙한 세계국가'(Global Korea)를 실현하고 국격을 높이기 위한 주요 국정과제의 하나로 선정되었는데, 현 정부의 외교안보 비전과 전략을 담은 『성숙한 세계국가 : 이명박 정부 외교안보의 비전과 전략』을 보면 성숙한 세계국가의 기여외교 수단으로 ODA의 확대와 PKO의 강화를 제시한 바 있다.[2)]

그럼에도 불구하고 현 한국의 기여외교가 과연 소위 '수정(修正)된 개명(開明)한 국가이익관(國家利益觀)'[3)]에 기초하여 그 목표가 명확히 제시되고 있는지, 그 목표에 걸맞은 기여외교의 규모와 질적 수준은 확보되었는지, 그리고 목표를 달성하기 위한 기여외교전략과 수단은 구비되어 있는지 등 현 한국 기여외교의 현황과 그 한계 및 가능성에 대한 논의가 분분하다.[4)]

이러한 논의의 연장선상에서 이 글은 한국 기여외교의 목표, 수준 및

---

2) 청와대, 『성숙한 세계국가 : 이명박 정부 외교안보의 비전과 전략』(서울 : 청와대, 2009). 기여외교를 확대하기 위한 과제로서 ODA와 PKO 외에도 청년해외봉사단 등 대외기여 방식의 다양화를 포함하고 있다.

3) 구영록, 『한국의 국가이익』(서울 : 법문사, 1995). 이에 대해서는 다음 장에서 설명하고 있다.

4) 한국 기여외교에 대한 종합적인 분석에 기초한 보고서로는 김치욱 · 모종린 · 손열 · 유현석, 『한국의 세계공헌 전략 : 중견국 소프트파워 공헌의 전형』, 한국선진화재단 신발전패러다임 연구프로젝트(2010) ; 이승주, 『기여외교에 대한 평가와 보완점』, 국회입법조사처 연구용역보고서(2010) ; 전재성 외, 『이명박 정부 외교정책의 세부 실천 방안(2) : 포괄적 실리외교 분야』, 통일연구원 협동연구총서 12호(2010) 참고.

전략에 대한 분석을 시도하고 있다. 우선 2장에서는 '수정된 개명한 국가이익' 개념과 캐나다 등 기여외교 선진국들의 경우에 비추어 현 한국 기여외교 목표의 모호함과 불일치의 문제를 지적할 것이다. 3장에서는 현 한국의 기여외교 현황을 객관적으로 판단할 수 있는 기존 지표들—개발기여 지수(Commitment to Development Index), 세계화 지수(Globalization Index), 국가 브랜드 지수, Global Good Samaritan Report Card—에 대한 분석을 중심으로 한국 기여외교의 양적 · 질적 수준의 문제를 지적할 것이다. 4장은 현 한국 기여외교의 목표와 수준에 대한 비판적 분석에 기초하여 향후 우리가 추진할 수 있는 전략 및 모델에 대한 기본적인 아이디어들을 제시하고 있다. 특히 시민사회의 시각에서 보편적 국제규범에 기초한 기여외교 목표의 설정, 지구 시민의식 구축의 문제, 기여외교 실행에 있어 시민사회의 역할, 그리고 한국형 기여외교 모델의 적용 가능성 등에 대한 논의를 포함할 것이다.

II. 기여외교의 목표와 국가이익

먼저 기여외교를 통하여 추구하는 '수정된 개명한 국가이익'이란 무엇을 의미하는 것인가? 주지하다시피 현실주의에 있어 국가이익은 기본적으로 군사력과 경제력 등 물리적 힘에 기초하여 타국에 대한 자국의 상대적 이득과 배타적 이익을 추구하는 것으로서 무정부적 국제질서의 고정불변의 가치로 제시되어 왔다.

이에 대하여 기여외교에 있어 국가이익은 "우리에게 무슨 이득이 있는가?" (What's in it for us?) 라고 묻기보다는 "보다 나은 세상을 만드는 것이 궁극적으로 우리에게 이익일 것이며, 이를 위하여 우리가 무엇을 할 수 있는가?" (What can my state do to build a better world, which will be a better world for us in the end?) 라는 문제의식에서 새롭게 구성(construct)될 수 있는 구성주의적 국익 개념이다.[5] 여기서 기여외교는 보편적 · 세계주의적(cosmopolitan) 가치와 정체성에 기초하여 전지구적으로 당면한 문제들을 해결하기 위하여 협력하고 보완하는 외교전략을 의미하는데, 한편으로 상호 의존의 시대에 있어 상호성의 원칙에 기초하여 타국과의 협력을 통한 호혜적 국익을 추구하고, 다른 한편으로 보편적 가치와 기여의 원칙에 입각한 외교정책을 추진함으로써 자국에 대한 호감과 매력, 즉 연성권력(soft power)을 확대시킬 수 있다는 것이다.[6] 결국 기여외교에 있어 국가이익은 상호성에 입각한 호혜적 국익과 소프트 파워를 바탕으로 한 국익추구에 기초하고 있다고 할 수 있을 것이다.

이러한 기여외교의 전형은 캐나다의 사례에서 찾아볼 수 있는데, 2004년 캐나다 정부가 캐나다 외교정책 기조에 대한 대국민 홍보를 위하여 만든 책자인 *A Dialogue on Foreign Policy*는 기여외교의 목표 및 국가이익의 관계를 매우 쉽고 명료하게 설명하고 있다.[7] 일찍이 1995년 캐나다 정부가 발표한 외교정책 보고서인 *Canada in the World*에 의하면, 캐

---

5) Alison Brysk, *Global Good Samaritans : Human Rights as Foreign Policy* (Oxford : Oxford University Press, 2009), p. 32.

6) Joseph S. Nye, *Soft Power : The Means to Success in the World Politics* (New York : BBS Public Affairs, 2004).

7) DFAIT(Department of Foreign Affairs and International Trade), *A Dialogue on Foreign Policy : Report to Canadians* (2004).

나다 외교정책의 목표는 세 가지 기조(pillar)—캐나다의 안보와 세계 안보에 대한 기여, 캐나다의 번영과 세계 번영의 증진, 캐나다의 가치와 문화의 촉진—로 제시되어 있다. *A Dialogue on Foreign Policy*는 이 세 가지 기조를 "A Better Canada, a Better World"로 요약하고 있는데, 우선 앞의 두 기조와 관련하여 상호 의존의 세계화 시대에 캐나다의 외교는 자국의 안보와 번영뿐만 아니라 전세계의 안보와 번영을 고려해야 한다는 점을 강조하고 있으며, 결국 세계의 안보와 번영이 캐나다의 안보와 번영을 가능하게 한다는 것이다.

> … 외국의 사건들이 더욱 더 내부에 직접적인 영향을 미치며 캐나다인들의 선택에 영향을 미치는 것이 사실이다. 세계는 고질적인 빈곤, 질병 및 기후변화로부터 조직적 범죄와 테러리즘에 이르기까지 많은 위험과 불확실성에 직면해 있다. 이러한 상황에서 캐나다인들은 외국인들에게 옳은 일을 하는 것(doing what is right for others)이 대부분 자신들의 장기적 이익에 부합한다는 사실을 인식하고 있다. 더 깨끗하고 안전하며 건강한 세계는 더 깨끗하고 안전하며 건강한 캐나다에 기여할 것이다. 개방되고 부유한 지구공동체는 캐나다인들에게 새로운 기회들을 만들어낼 것이다.[8)]

세 번째 기조인 캐나다 가치와 문화의 촉진과 관련해서도 캐나다 가치와 문화의 세계적 확산이 다른 두 기조, 즉 안보와 번영에 기여할 수 있으며, 궁극적으로 캐나다의 안보와 번영에 유리한 지구적 조건을 촉진

---

8) DFAIT, *A Dialogue on Foreign Policy*, p. 4.

한다고 지적하고 있다.

> … 캐나다는 외국에 매우 성공한 사회로 비치고 있다. 이 자산은 우리의 가치와 문화를 우리 외교정책의 진정한 기조(true pillar)로 만들고 있으며, 다른 두 기조인 안보와 번영을 필수적으로 보완할 수 있게 한다. 외국에 대하여 캐나다의 가치를 옹호(champion)할 수 있는 위치를 활용함으로써 우리는 캐나다인들이 오랫동안 소중하게 여겨온 인도주의적 관심사를 향상시키고 많은 우리의 동맹국들이 지지하는 우리의 사회 모델을 촉진시키고 있는 것이다. 동시에 우리는 우리 자신의 안보와 번영에 도움이 되는 전지구적 여건을 형성하도록 돕는 것이다. 우리가 국내에서 우리의 사회적 · 정치적 가치들을 더욱 더 실현하기 위하여 노력하면서 이러한 가치들을 외국에 장려하는 것이 우리 자신에게 득이 될 수 있는 것이다.[9)]

독일의 ODA에 대한 한 연구는 독일의 기여외교가 현실주의적 패러다임을 지양하면서 '공유되는 좋은 가치'를 만들어 나가는 구성주의적 패러다임을 지향하고 있다고 주장한다. 즉 독일 정부의 ODA 운영방식이 직접적인 경제적 효과보다는 가치에 기초한 국제협력을 통하여 국제적으로 인정(recognition)받으려는 목표에 기초하고 있다는 것이다. 독일 정부의 ODA 정책은 유엔의 새천년 선언목표(Millenium Declaration

---

9) DFAIT, *A Dialogue on Foreign Policy*(2004), pp. 13–14. 이러한 기여외교의 원칙에 입각한 캐나다의 외교정책 및 대인지뢰금지조약의 사례에 대해서는 김의영, "시민사회와 글로벌 거버넌스 : 캐나다의 경험과 한국적 함의," 『국제정치논총』 제45집 1호 (2005) 참고.

Goals)에 입각하여 빈곤타파, 환경 및 기후보호, 평화보존 및 민주주의 촉진, 지구화의 올바른 조정 등 인류의 보편적 가치를 반영하여 추진되고 있다. 여기서 ODA 정책의 본질은 가치의 공유에 입각한 국제사회를 형성시키는 데 있는데, 이를 통하여 독일적 가치가 자연스럽게 국제사회에서 이중적으로 인정받을 수 있다는 점이 중요하다. 즉 보편적 가치와 규범을 반영한 ODA를 통하여 이러한 가치를 공유하는 국제사회로부터 인정받는 동시에 원조 수원국에 이러한 가치가 재생산되도록 유도함으로써 결국 독일적 가치가 원조 수원국에 의해 인정받게 된다는 것이다.[10)]

이에 비하여 일본의 ODA 정책과 운영방식은 현실주의와 경제적 도구주의에 기초하고 있다는 비판을 받아 왔다. 일본은 한때 최대 ODA 공여국이라는 위상을 유지한 적이 있었지만 기본적으로 ODA를 자국 기업의 수원국 시장 진출을 위한 수단으로 이용함으로써 국제사회로부터의 비난을 받아 왔던 것이 사실이다. 가령 원조 수원국의 인프라 구축에 집중적으로 공여하면서 자국의 자본재를 구입하게 하는 구속성 원조의 성격을 띠는 경제적 실리주의 추구했다는 것이다.

그러나 일본의 경우도 최근 들어 변화의 조짐을 보이고 있는데, 2003년에 개정된 일본 ODA 대강(charter)을 보면 ODA의 목적을 "국제사회의 평화와 발전에 공헌하며, 이를 통해 일본의 안전과 번영의 확보에 기여"하는 것으로 설정하고 있는 것을 알 수 있다. 특히 개정된 ODA 대강

---

10) 장준호 · 정복철, "국제개발협력의 두 가지 모델 비교연구 : 독일과 일본의 공적개발원조(ODA)를 중심으로," 『세계지역연구논총』 26집 3호(2009).

에서는 '열린 국익' 개념이 제시되었고, 제로섬적인 자기 이익 추구가 아니라 국제질서의 유지 · 강화와 개도국의 발전 및 민주화 등 국제 공공선에 기여함으로써 타국과 함께 일본도 혜택을 입을 수 있으며, 결국 세계적으로 존경받고 평가받는 매력국가로서의 소프트 파워를 추구하는 것이 넓은 의미에서의 장기적인 '열린 국익'이라는 점을 강조하고 있다.[11)]

위 사례들, 즉 캐나다의 기여외교 전형, 독일 기여외교의 구성주의적 패러다임, 일본의 ODA 대강의 열린 국익 개념 등은 기여외교의 목표와 국가이익과 관련하여 일종의 전범 혹은 준거 틀로 제시될 수 있다.[12)] 그렇다면 현 한국의 기여외교의 목표와 국가이익은 어떻게 설정되어 있는가?

현 한국 기여외교의 목표와 국가이익 개념은 서론 부분에서 언급한

---

11) 고경민 외, "공적개발원조(ODA)와 국익 : 한국 ODA 정책의 발전을 위한 함의," 『한국과 국제정치』 제26권 제3호(2010).

12) 물론 각국의 외교정책 문서의 내용을 있는 그대로 받아들일 수는 없으며, 실제 이러한 기여외교의 목표와 국가이익관이 어느 정도 실현되고 있는가는 다른 문제다. 가령 기여외교의 전형으로 일컫는 캐나다의 경우도 시민적 활동주의(civic activism)의 쇠퇴, 테러리즘에 의한 전통적 안보의 강조, 이민(migration) 문제에 대한 방어적 자세 등 대내외적 도전에 처해 있으며, 독일 정부는 ODA로 인해 발생하는 장기적인 경제적 효과(예 : 수출 및 일자리 창출 등)를 ODA 정책의 정당성의 근거로 제시하면서 ODA를 단순한 원조가 아닌 장기적인 차원의 경제적 투자로 인식하고 있는 경향이 있다는 지적이 존재한다. 특히 일본의 경우는 2003년 ODA 대강이 개정된 이후에도 원조의 양적 확대가 나타나지 않았을 뿐만 아니라 원조의 질적 측면에서도 세계에서 가장 높은 유상원조의 비율을 보이고 있다는 비판적 평가가 있다. 캐나다의 경우 Brysk, *Global Good Samaritans,* chapter 4 참고. 독일과 일본의 경우는 장준호 · 정복철, "국제개발 협력의 두 가지 모델 비교연구," 323쪽과 고경민 외, "공적개발원조(ODA)와 국익," 107쪽 참고.

바 있는 『성숙한 세계국가 : 이명박 정부 외교안보의 비전과 전략』에 요약되어 있다. 우선 성숙한 세계국가는 "더 넓은 시야, 보다 능동적인 자세로 국제사회와 교류하고 이를 통해 세계의 평화와 발전에 적극적으로 기여하는", 그리고 "범세계 차원에서 지구촌 공통 관심사에 관해 적극 협력하고 처방을 내리는 나라"로서 "단기적이고 단편적인 이익만 추구함으로써 구현할 수 있는 국가상"이 아니라, "장기적이고 종합적인 국제관계의 틀 속에서 국익 개념을 설정하고 이를 추구해야 한다"고 개념화하고 있다. 또한 "제로섬(zero-sum)의 경쟁이 아닌 윈-윈(win-win)을 위한 공존"과 "강하면서도 부드러운 나라"(연성강국, Soft Strong Power)를 강조하기도 한다. 이러한 표현들을 보면 최소한 수사적인 차원에서는 기여외교 본연의 목표라 할 수 있는 상호 호혜적인 국익과 소프트 파워 추구의 시각을 공유하고 있다고 볼 수 있다.[13)]

그러나 이러한 원론 차원의 논의를 넘어 각론으로 들어가게 되면 기여외교의 목표 및 추구하는 국가이익에 있어 모호성과 불일치 혹은 부조화의 문제가 나타난다. 우선 『성숙한 세계국가』 내에서도 일종의 불일치 내지는 부조화의 문제가 잠재되어 있다는 우려가 제기되어 왔다. 가령 『성숙한 세계국가』를 보면 '창조적 실용주의'가 실천원칙으로 제시되어 있는데, 이는 "투입한 노력과 비용에 대한 최대의 성과를 거두는 행동규범을 뜻한다." 그러나 기여외교는 본질적으로 중장기적인 차원에서 추진하는 전략으로서 그 성과 및 국익에 미치는 효과가 천천히, 그리고 덜 명확하게 나타난다는 데서 양자 간 상호 조화가 어려울 수 있다는

13) 청와대, 『성숙한 세계국가 : 이명박 정부 외교안보의 비전과 전략』, 12-14쪽.

문제가 존재한다.[14)]

다음으로 현 정부의 외교안보전략 목표인 '포괄적 실리외교'의 이름 하에 인도적 지원/기여와 경제적 실리 및 정치적 목적과의 부조화 문제가 생길 수 있으며, 심지어 기여외교가 경제적 실리와 정치적 목적을 위한 수단으로 전락할 수 있다는 문제가 있다. 이 문제도 역시 『성숙한 세계국가』 내에 이미 잠재되어 있는데, 가령 기여외교의 확대와 관련하여 "대외개발원조를 개발도상국과의 경제협력 강화 계기로 삼아 우리 기업의 해외진출 및 에너지 · 자원 확보에도 도움이 되도록 할 것"이라는 목적을 명시하고 있는 것을 알 수 있다.[15)] 또한 현 정부 출범 초기 ODA 정책을 자원 · 에너지 외교와 연계하여 중동과 아프리카 등의 자원 부국에 ODA를 집중하는 방안을 고려했던 사실도 이러한 우려가 단순히 기우가 아닐 수 있다는 점을 시사하고 있다.

기여외교가 정치적 목적에 종속될 수 있다는 우려의 목소리도 있다. 특히 한미동맹과 ODA 정책을 연계하려는 시도는 현 정부 초기부터 이어져 왔는데, 가령 2009년부터 청와대 차원에서 미국과 공동으로 국제개발원조 모델 및 원조정책을 추진하기 위한 노력을 해왔으며, 2010년 아프카니스탄 재건과 한미동맹 관리 차원에서 아프칸에 ODA 예산으로 활동하는 지방재건팀(PRT)을 파견한 바 있고, 또한 향후 5년 간 추가 지원키로 한 5억 달러의 재원 대부분을 ODA 예산에서 충당키로 해 논란이 일고 있다. 즉 한미동맹에 ODA 정책을 종속시키고 ODA 예산 증액

14) 강선주, "신정부의 기여외교 : 공적개발원조의 과제와 전망"과 고경민 외, "공적개발원조(ODA)와 국익 : 한국 ODA 정책의 발전을 위한 함의" 참고.
15) 청와대, 『성숙한 세계국가 : 이명박 정부 외교안보의 비전과 전략』, 32쪽.

분을 빈곤퇴치라는 당초 취지와 달리 정치적 목적으로 전용하는 발상이라는 것이다.[16)]

한국은 ODA의 담당기관이 유·무상 원조에 따라 분산되어 개별적으로 시행되고 있는데, 무상원조와 유상원조 관련법에 나타난 목표의 불일치성을 지적하기도 한다. 즉 무상원조와 기술협력의 집행을 담당하는 한국국제협력단(KOICA)은 원조의 목적 중 국제사회가 지향하는 공동규범 내지 윤리와 관련 있는 보다 규범적 목적을 강조한다면, 유상원조를 담당하는 대외경제협력기금(EDCF)에서 제시하는 목적은 한국의 국제정치적 위상과 경제적 이익과 같은 보다 국익 차원에서 접근한다는 점이다.[17)]

비록 공식적인 정부의 입장을 대변하는 것은 아니지만 PKO와 관련하여 아예 기여외교의 현실주의적 국익을 내놓고 강조하는 시각도 있다. 즉 국제사회의 일원으로서 책임과 역할을 담당한다는 차원이나 현지 주둔국의 인명손실 감축, 정치적 안정상태 달성과 지속, 경제적 성장 혹은 정치적 민주화 등의 목표보다 현실주의적인 입장에서 공여국의 국가안보를 중시하는 입장이다.

> 그러나 기여외교의 목적이나 목표를 그렇게 순수하게 설정한다면 국제관계를 과도하게 자유주의 시각에서 접근하는 셈이 될 것이다. 한국은 앞에서 언급했듯 정치, 경제 및 군사 면에 걸쳐 선진국 반열에 완전 진입하기까지 아

---

16) "한·미 동맹에 종속된 개발원조," 『경향신문』, 2011년 4월 16일.

17) 전재성 외, 『이명박 정부 외교정책의 세부 실천 방안(2) : 포괄적 실리외교 분야』, 112-113쪽.

직 많은 위협과 도전을 직면해 이를 극복해야 하는 국가적 비전과 사명이 있다. 이것은 국가사회가 비록 탈냉전적 상황으로 변화되면서 자유주의 또는 구성주의 시각으로 국제관계를 인식하려는 노력이 확산된 면이 있음에도 불구하고 한국이 지정학적으로 견지하는 가치는 국가안보에 대한 현실주의적 시각이다. 이명박 정부가 국정과제로서 국제 평화유지 활동을 강화하여 기여외교를 추진하려는 배경은 중장기적으로 국가이익을 보호하고 확대할 수 있는 여건을 유리하게 조성하는 데 있다고 보는 것이 현실적이며 타당하다.[18)]

결국 현 한국 기여외교의 목표와 추구하는 국가이익이 불명료 · 부조화 · 불일치의 문제를 안고 있고 자칫 기여외교에 있어 기여보다 국익을 강조하며 심지어 기여외교가 단기적인 성과와 실익을 챙기려는 배타적 국익의 방향으로 흐를 수 있다는 우려가 존재하는 것이다. 그렇다면 '성숙한 세계국가'를 지향하는 한국의 기여외교의 수준은 어느 정도인가?

III. 기여외교의 양적 · 질적 수준 : 기여외교 관련 지표를 중심으로

이 장에서는 세계적으로 잘 알려진 기여외교 관련 주요 지수를 통하

18) 전경만, "국제평화유지활동의 기여외교 정책적 평가와 발전방안," 『국방정책연구』 제6권 제2호(2010), 16쪽.

여 현 한국 기여외교의 양적 · 질적 수준의 문제를 분석하고자 한다. 이에 앞서 외교통상부 외교백서와 관련 자료에 나온 우리의 주요 기여외교 현황을 ODA와 PKO를 중심으로 간략하게 살펴보면 다음과 같다.[19)]

ODA와 관련하여 한국은 2009년에 국제사회에 대한 기여의 일환으로 총 8.2억 달러 규모의 ODA(GNI의 0.1%)를 제공했으며, 중기 ODA 확대 계획에 따라 2015년까지 ODA를 GNI의 0.25%로 확대해 나갈 예정이다([표 1] 참고). ODA 규모 확대와 함께 OECD 개발원조위원회(DAC : Developmental Assistance Committee)[20)] 가입을 계기로 ODA의 질적

[표 1] 한국의 ODA 현황(2002-2009)

(단위 : 백만 달러, 순지출 기준)

구 분	2002	2003	2004	2005	2006	2007	2008	2009
공적개발원조(CDA)	278.76	355.91	423.32	752.32	455.25	606.11	802.34	615.54
양자 간 협력	206.76	245.17	390.76	463.30	376.06	460.52	539.22	550.6
· 무상원조	66.7014	145.46	212.09	318.00	356.33	330	368.67	366.47
· EDCF 차관	0.05	99.71	110.66	145.30	171.11	132.19	170.55	214.13
다자간 협력	72.02	120.74	92.56	269.01	76.19	205.59	263.12	234.94
CDA/GNI(%)	0.06	0.06	0.06	0.10	0.05	0.07	0.09	0.11

출처 : OECD, *Internation Development Statistions Online DB*

19) 외교통상부, 『외교백서 2010』(서울 : 외교통상부, 2010) 참고. http://www.mofat.go.kr/state/publication/whitepaper/index.jsp 외교통상부 『외교백서』를 보면 "국제사회 내 역할과 위상제고"란 제목의 장에서 ODA와 PKO 외에 인권 · 민주주의 증진에의 기여, 국제 군축 · 비확산 체제 강화 기여, 대테러 국제협력 등 기타 유엔 및 국제기구 참여 활동을 기여외교의 일부로 제시하고 있다. 여기서는 가장 대표적인 기여외교 수단이라 할 수 있는 ODA와 PKO에 초점을 두고 있다. http://www.mofat.go.kr/state/publication/whitepaper/index.jsp

20) 공적개발원조(ODA) 총액이 1억 달러 이상이거나 국민총소득(GNI) 대비 0.2%를 넘어야 가입할 수 있다.

제고를 위해서도 노력을 경주해 왔는데, 그 일환으로 2010년 7월 26일에는 국제개발협력기본법 및 동법 시행령이 발효되어 개발협력 선진화를 위한 법적 기반이 마련된 바 있다.[21] 나아가 ODA 선진화를 위한 3대 전략인 개발협력 콘텐츠 개발, 원조 시스템의 효과적 개편, 국제활동 참여 강화를 규정한 '국제개발협력 선진화 방안' 도 채택되었다. 이와 함께 국제무대의 개발 논의 및 규범 형성과정에도 참여해 왔는데, 가령 지난 서울 G20 정상회의에서는 개발 이슈를 정상회의 의제로 제안하고, "다함께 성장을 위한 서울개발 컨센서스"(Seoul Development Consensus for Shared Growth) 및 개발 관련 9개 분야에 대한 "다년간 개발 행동계획"(Multi-Year Action Plan)을 채택함으로써 선진국과 개도국 간 개발격차 해소 및 국제사회 규범 형성과정에 기여하기 위한 노력을 한 바 있다.

한국은 또한 유엔 PKO 참여 확대를 통해 국제사회에 대한 기여를 강화하기 위해 노력해 왔는데, 2010년 2월 말 현재 전세계 11개 임무단에 총 645명의 국군과 경찰을 파견하고 있으며, 이는 1993년 최초 유엔 PKO 참여 이후 최대 규모이다([표 2] 참고). 또한 국내적으로는 신속한 유엔 PKO 참여를 위해 2010년 1월 "유엔 PKO 참여법"[22]을 제정한 바

21) 동 법은 첫째, 범정부 차원의 국제개발 협력의 기본정신 및 목표를 규정함으로써 우리 원조의 정책적 일관성을 제고하고 둘째, 국제개발협력위원회의 심의기능을 강화하고 원조 주관기관을 지정함으로써 원조 분절화 문제를 개선하며 셋째, 기본계획(5년), 연간시행계획 수립 및 평가기준 마련 등 종합적인 개발협력 추진체계를 구축하고 넷째, '관계기관 협의체' 및 '현지 협의체' 등 주관기관과 시행기관 간 협력을 강화하고 효율적 사업 추진을 위한 제도적 장치를 마련했다는 데 의의가 있다. 법 3조를 보면 ODA의 주요 목표로 "개발도상국의 빈곤감소, 여성과 아동의 인권향상 및 성평등 실현, 지속 가능한 발전 및 인도주의 실현"으로 규정하고 있다.

22) 본 법은 유엔 평화유지활동 파병시 정부가 국회 동의 없이 1,000명 이내에서 파병시

있다.

최근 한국 정부가 보여준 노력에도 불구하고 한국 기여외교의 양적 · 질적 수준에 대한 기존 연구들의 평가는 대부분 부정적이다. 우선 한국의 ODA는 OECD DAC이 권고하고 있는 ODA 가이드라인(guideline)—GNI(국민총소득) 대비 0.7% 유지, 무상원조, 비구속성 원조, 최빈국 우선 지원, 참여 · 민주화 · 굿 거버넌스 · 인권향상, ODA의 효율성 제고—에 비추어 보았을 때 여러 가지 문제들을 노정하고 있다. 가령 GNI 대비 ODA 지출비율을 보면 OECD DAC이 권고하는 0.7%에 크게 못 미치는 0.1% 내외에 불과하며, 이는 OECD 평균인 0.3%에도 못 미치고 있다. ODA 규모로 보면 OECD DAC의 23개 회원국 중 ODA 전체 규모 순위는 19위이며, GNI 대비 ODA 비율 순위와 1인당 ODA 규모는 최하위인 23위로 꼴찌다.

또한 아직 구속성(tied) 지원과 유상원조의 비중이 다른 DAC 회원국에 비해 상대적으로 높은 수준인 점도 문제로 지적되고 있다.[23] 또한 지역별 · 소득별 ODA의 편향성 문제로서 최빈국에 우선지원 원칙과 달리 한국의 ODA는 최빈국이나 기타 저소득국보다는 주로 하위 중소득국의

기와 인력, 주둔지 등에 대해 유엔과 잠정 합의해 파병할 수 있도록 하는 것을 골자로 한다.

23) 구속성 원조는 조달품의 국적을 공여국으로 제한하는 것으로 간단히 정리할 수 있는데, 현재 구속성 대 비구속성 원조비율은 약 80 : 20 비율이다. 유상원조로 보면 2007년 기준으로 무상 대 유상비율이 71 : 29로 나와 있다. 참고로 2008년 북유럽 3국의 전체 ODA 규모는 115억 달러(GNI 대비 0.9%)로 유엔 권고기준인 0.7%를 이미 넘고 있다. 또한 비구속성 원조비율은 OECD 회원국 기준으로 15%이며, DAC 국가의 무상원조 평균은 95%에 이르고 있다. 전재성, 『이명박 정부 외교정책의 세부 실천방안(2) : 포괄적 실리외교 분야』, 106–107쪽 및 115쪽 참고.

비중이 높은 편이며, 지역적으로도 아시아 및 중동지역에 편중되어 있다는 점이 지적되고 있다.[24] PKO의 경우도 낮은 수준의 병력 공여, 한정된 공적 구성원 중심의 참여(즉 주로 비전투 부대의 파병문제와 저조한 경찰 및 민간 참여율의 문제) 등의 문제가 제기되어 왔다.[25]

현 한국 기여외교의 전반적인 현황을 보다 객관적으로 알 수 있는 방법은 세계 각국의 기여 정도를 평가하고 있는 지표들을 살펴보는 것이다. 우선 미국의 Center for Global Development는 2003년부터 매해 세계에서 가장 부유한 22개국의 개발기여 지수(CDI : Commitment to Development Index)를 발표하고 있는데 한국은 2008년부터 포함되어 발표되고 있다. CDI는 빈곤국가에게 혜택을 주는 정책 기여도를 ① 해외원조(원조의 양과 질), ② 무역(빈곤국의 수출에 대한 개방도), ③ 투자(빈곤국에 대한 투자정책), ④ 이민(빈곤국 노동자이주허용정책), ⑤ 환경(기후변화, 수산업, 생물다양성 관련 환경정책), ⑥ 안보(평화유지 공헌 정도), ⑦ 기술(빈곤국에 대한 기술이전정책)의 7가지 지수를 기준으로 22개국의 순위를 정하고 있다. 다음의 [그림 1] 에서 볼 수 있듯이 한국은 2010년 이들 22개국 중 22위 최하위를 기록했는데 2008년 이후 3년 연속 최하위를 차지하고 있다.[26] 또한 2010년 부문별 순위를 보면 기술(3위)과 투자(8위) 부문을

---

24) 고경민 외, "공적개발원조(ODA)와 국익 : 한국 ODA 정책의 발전을 위한 함의," 109-110쪽 참고.

25) 전재성, 『이명박 정부 외교정책의 세부 실천 방안(2) : 포괄적 실리외교 분야』, 116-117쪽. 경제적 기여에 있어서도 유엔 분담금의 경우 전체 예산의 2%를 분담하여 분담금 기여 공동 10위에 위치하고 있긴 하나 분담금 체납순위가 상위에 있다는 점도 지적되고 있다.

26) 2010년 순위를 보면 스웨덴, 덴마크, 네덜란드, 노르웨이, 뉴질랜드, 아일랜드, 핀란드, 포르투갈, 캐나다, 스페인, 미국, 오스트리아, 호주, 독일, 벨기에, 영국, 프랑스, 이

[그림 1] 2010년 개발기여 지수

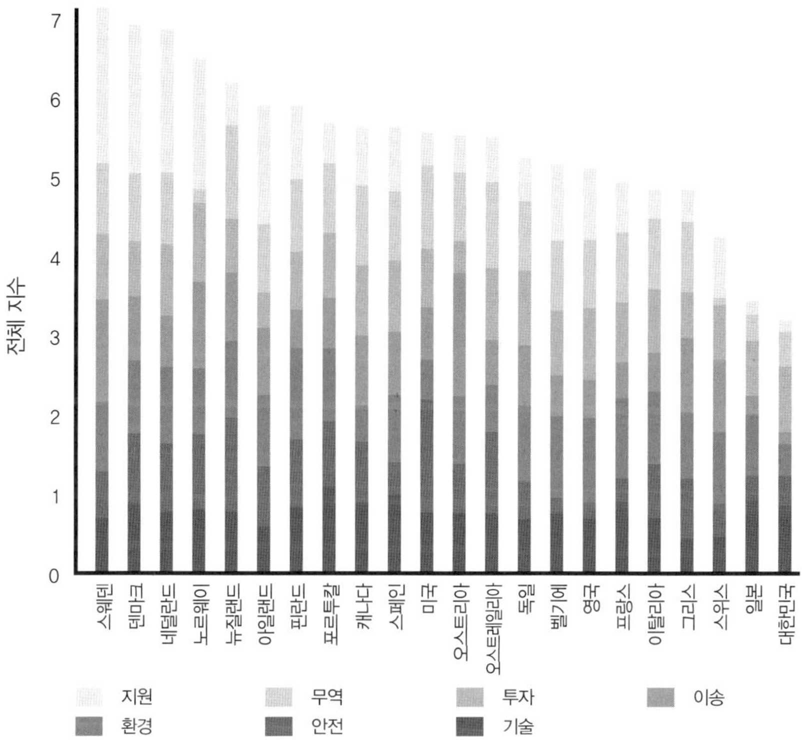

제외하고 원조(21위), 무역(19위), 이민(22위), 환경(22위), 안보(20위) 등 기여외교 관련 주요 부문에 있어서 거의 최하위를 면치 못하고 있는 실정이다.[27]

탈리아, 그리스, 스위스, 일본, 한국 순이다. http//www.cgdev.org/section/initiatives/_active/cdi/ 참고.

27) 기술부문에 있어 한국이 3위를 차지한 이유로 CDI는 비교적 강력하지 않은 지적재산권 체제와 비교적 높은 R&D에 대한 정부지출 및 지원을 들고 있다. 투자의 경우는 해외에서의 기업수익에 대한 이중과세를 방지하기 위한 면세협정을 채택했고, 국내 또는 외국계 기업을 위한 정치적 위험에 대한 보험을 제공하며 신흥시장의 연금기금 투자에 대한 규제사항이 없다는 점을 높게 평가했다.

다음으로 미국의 컨설팅 회사인 A.T. Kearney와 유명 시사저널인 *Foreign Policy*가 발표하는 세계화 지수(GI : Globalization Index)는 72개 국가들의 세계화 정도를 ① 경제적 통합(무역, 해외직접투자), ② 개인적 접촉(전화, 여행, 해외송금과 개인의 자금이체 등), ③ 기술적 연결성(인터넷 사용자, 인터넷 호스트, 서버 수 등) 그리고 ④ 정치적 연계(political engagement : 국제기구 가입, UN 평화유지활동 참여, 국제조약 가입 등)로 평가하고 있는데, 이 중 정치적 연계는 기여외교 수준을 보여주는 항목이다. GI는 2007년에 마지막으로 발표되었으며, 당시 한국의 GI 종합순위는 전체 72개국 중 35위로 나와 있으나 단지 기술적 연결성 부문에서만 전체 순위보다 높은 20위를 기록하였고, 우리의 관심사인 정치적 연계에 있어서는 44위(국제기구 가입 42위, UN 평화유지활동 27위, 국제조약 가입 40위, 정부 대외지출 및 수입 53위)로 전체 순위에 못 미치는 것을 알 수 있다. 이는 특히 정치적 연계에 있어 슬로바키아(12위), 헝가리(14위), 세네갈(17위), 아르헨티나(20위) 등 개발도상국들보다도 뒤처져 있다는 점을 고려할 때 한국의 기여외교 수준이 그 경제적 위상에 크게 미치지 못하고 있는 것을 보여주고 있다고 평가할 수 있다.[28)]

국가 브랜드와 관련하여 Anholt-GfK Roper Nation Brands Index(NBI)는 세계 50개국의 브랜드 이미지와 관련한 6가지 항목 중 '거버넌스' 항목을 통하여 해당 국가가 얼마나 국제적 안보, 평화, 환경보호 및 빈곤문제 해결에 기여하는지 등 기여외교의 수준을 측정할 수 있는 지수들을 제시하고 있다. 2008년 조사결과를 보면 한국은 종합 국가

---

28) http://www.atkearney.com/images/global/pdf/GIndex_2007.pdf 참고.

브랜드 지수에서 50개 국가 중 33위로 나와 있는데, 거버넌스 항목에서는 31위를 차지했으며, 이는 전체 50개 국가 중 중간 이하의 성적으로 브라질(26위), 에스토니아(27위), 루마니아(30위)에도 뒤지고 있다.[29)]

끝으로 전문가 개인 차원에서 각국의 기여외교 수준을 비교한 시도로서 알리슨 브리스크(Alison Brisk)의 "지구적 착한 사마리아인 성적표"(Global Good Samaritan Report Card)를 들 수 있다. 이 성적표는 기여외교와 관련 있는 5가지 항목, 즉 다자주의(인권조약 체결 수, 유엔인권위원회에 대한 재정적 기여, 국제형사재판소에 대한 외교적 지지 여부)[30)], 양자주의(pariah state)[31)]를 지탄하는 유엔 결의안 지지 건수, 중국의 눈치를 안 보고 달라이 라마의 자국 방문을 허용했는지 여부, 아동성착취범에 대한 치외법권 허용 여부, 대외원조(CDI 지수, ODA 액수, GNI 대비 ODA%), 평화(평화유지군 수, 평화유지 미션 수, 대인지뢰 철거를 위한 재정적 지원), 난민(난민의 수, 정치적 망명자 수용률) 등을 고려하여 각국에 대한 '착한 사마리아인 성적'을 매기고 있다. [표 2]는 Global Good Samaritans의 부문별 기여외교 성적표와 비교하여 한국의 수준을 보여주고 있는데, 한국의 기여외교는 종합적으로 C점수를 받은 것을 알 수 있다.[32)]

---

29) http://www.gfkamerica.com/practice_areas/roper_pam/nbi_index/index.en.html 참고. 2008 NBI 결과는 모종린 외, 『한국의 세계공헌 전략 : 중견국 소프트파워 공헌의 전형』, 63–64쪽 참고.

30) 특히 이 지표는 ICC에 반대하는 미국이 요구한 'bilateral exceptional immunity agreement'에 대한 체결에 동조하지 않음으로써 미국으로부터의 대외원조에 있어 손해를 본 정도를 측정하고 있다.

31) 국제적 규범에 어긋난 행위를 하는 국가로서 북한과 같은 깡패국가(rogue state)를 지칭한다.

32) 이 성적표는 비록 전문가의 임의적인 성적으로 평가하고 있고, 특별히 인권외교의

[표 2] 주요국에 대한 Global Good Samaritan Report Card

	다자주의	양자주의	대외원조	평화	난민	종합성적
캐나다	A	A	B	A	A	A−
스웨덴	B	A	A	A	B	A−
네덜란드	A	A	A	A	B	A−
남아프리카	A	C	?	B	A	B+
코스타리카	A	B+	?	?	B+	B+
일본	C+	A	C	C+	C−	C+
한국	B	C	?	C	D	C

출처 : Brysk(2009).

[표 3]은 한국과 Global Good Samaritan 국가들을 기여외교 잠재력(potential)과 성과(performance)의 상관관계에 따라 비교해 본 표다. 여기서 기여외교 잠재력은 경제적 세계화와 민주화의 정도 및 중위국(middle power)으로서의 위상을 의미하는데, 간단히 설명하자면 경제적 세계화의 수준이 높고 민주주의적 정체성을 공유하며 중위국/중견국의 위상 및 정향(mentality)을 소유한 국가일수록 기여외교 성과가 높을 것이라는 가설에 기초하고 있다. 이러한 국가일수록 더욱 상호 호혜적인 국익을 추구하고자 하고, 민주주의적 가치공동체로서 평화친화적이며, 강대국 힘의 외교와 차별하여 인도주의와 법치 및 다자주의에 기초한 외교를

측면을 강조하고 있으며, 소수국가의 몇몇 지표에 대한 성적이 누락되어 있다는 문제가 있다. 그러나 이 성적표는 ODA와 PKO 관련 지표 그리고 위에서 살펴본 CDI(Commitment to Development Index)뿐만 아니라 인권외교와 직접적인 관련이 있는 여러 지표들을 고려하고 있다는 점에서 매우 포괄적이라는 데에 의의가 있다. Brysk, *Glosbal Good Samaritans : Human Rights as Foreign Po-licy* 참고.

[표 3] 기여외교 잠재력과 성과에 따른 국가 분류

<table>
<tr><td colspan="2" rowspan="2"></td><td colspan="2">기여외교 성과(performance)</td></tr>
<tr><td>High</td><td>Low</td></tr>
<tr><td rowspan="2">기여외교 잠재력
(potential) :
경제적 세계화
민주화
중위국 위상 등</td><td>High</td><td>선두주자
LEADERS :
Sweden, Canada,
the Netherlands</td><td>느림보
LAGGARDs :
Japan, Korea</td></tr>
<tr><td>Low</td><td>예외 사례
Least Likely Cases :
Costa Rica, South Africa</td><td>일반 개발도상국
LDCs</td></tr>
</table>

추구하고자 할 것이며, 따라서 더욱 기여외교를 중시할 가능성이 높기 때문이다.

스웨덴, 캐나다, 네덜란드가 대표적이며, 이들은 명실공이 Global Good Samaritans의 전형이자 기여외교의 선두주자로서 기여외교의 잠재력에 걸맞은 기여외교 성과를 보여주고 있는 경우다. 그런데 한국은 일본과 함께 잠재력에 비해 성과가 저조한 느림보 혹은 늦깎이(laggard)의 전형이라 볼 수 있다. 즉 그 경제적 위치, 민주주의적 지위, 그리고 중견국으로서의 위상에도 불구하고 낮은 수준의 기여외교 성과를 보이고 있다. 한국의 기여외교 성적이 기대 이하 수준이라는 점은 위에서 살펴본 다른 모든 지표들을 통해서도 확인된 사실이다.

먼저 ODA와 PKO의 경우 OECD DAC의 ODA 가이드라인의 제반 지표와 UN PKO 관련 지표들(즉 병력공여 수준 및 PKO 인적 구성)은 기여외교 수준이 우리의 국력과 위상에 걸맞지 않는다는 사실을 나타내고 있다. 또한 이 점은 CDI, GI, NBI 지수에도 그대로 나타나고 있는데, 가령 CDI에 의하면 한국은 세계 10위권의 경제력을 소유했음에도 불구하고 세계 22개 선진국 중 기여외교 수준에서는 최하위로 평가되었으며, GI와 NBI 지수들을 보더라도 소수 개발도상국들이 기여외교의 측면에서는 우리보다 앞서 있다는 것을 알 수 있다.

마지막으로 코스타리카와 남아프리카의 경우는 기여외교의 잠재력이 상대적으로 낮았음에도 높은 성과를 보인 예외적인 사례들(least likely cases)이다. 여기서 한 가지 시사하는 바는 한 국가의 기여외교 성과가 그 국가의 객관적인 잠재력과 직접적인 상관이 없다는 것이다. 즉 잠재력을 잘 활용하여 선두주자가 된 스웨덴, 캐나다, 네덜란드 같은 국가들이 있는가 하면 한국과 같이 잠재력을 살리지 못하고 늦깎이로 전락하기도 하고, 코스타리카나 남아프리카처럼 잠재력이 결여되어 있어도 노력 여하에 따라 Global Good Samaritan의 지위를 얻을 수도 있다는 것이다. 그렇다면 늦깎이로서의 한국은 어떤 노력과 전략이 필요한가?

IV. 기여외교의 추진전략 : 시민사회의 시각을 중심으로

1. 기여외교의 목표 및 국가이익의 문제

기여외교는 공여국의 국익추구와 국민적 요구로부터 자유로울 수 없다. 보편적 규범과 가치라는 세계주의적 대의명분이 아무리 중요하더라도 자국의 국익을 고려하지 않은 순수한 이상주의 시각에서 기여외교를 수행하는 것은 어려운 것이다. 그러나 기여외교를 통해서 추구하는 국익은 단기적·단편적인 경제적 실익 혹은 정치적 전략보다 국제규범에 부합되는 보편타당한 국익이어야 하며, 그것은 장기적·종합적으로 얻어질 수 있는 국익이다. 국익을 앞세운 근시안적 기여외교는 오히려 국격을 훼손할 뿐만 아니라, 장기적으로 국익과 국격 그 어느 것도 달성하지 못하는 패착이 될 수 있다. 현 정부의 창조적 실용주의나 포괄적 실리외교와 같은 일반적인 외교원칙 및 전략과 기여외교를 통해서 얻고자 하는 국익을 분리하여 규정할 필요가 있다.

다만 선후와 장단기의 문제가 중요하다. 선후의 문제란 기여와 국익 추구에서 무엇이 우선적인 관심사가 되어야 하는 것이고, 장단기의 문제는 기여와 국익의 문제를 단기적 관점에서 보느냐 아니면 장기적 시각으로 보느냐 하는 것이다. 또한 기여외교가 수원국의 발전과 복지에 도움이 될 뿐만 아니라 공여국인 한국에게도 결국 이익이 된다는 사실을 국민들에게 적극적으로 설명하고 홍보할 필요가 있으며, 보다 중장기적으로 기여외교에 대한 국민적 지지와 합의를 이끌어내기 위한 노력이 중요하다.[33] 이는 지속적으로 기여외교를 가능하게 하는 동력이 될 수 있는 것이다.

---

33) 국내적 지지기반 조성을 위한 우리 정부의 노력은 다음과 같다. 우리 ODA에 대한 국민들의 이해와 참여를 확대하고, 국민적 지지기반을 강화하고자 제6차 국제개발협력위원회(2009년 12월)에서 인지도 제고, 개발교육 강화 및 국민참여 강화를 중점 분야로 하는 "범정부적 ODA 홍보 강화방안"을 의결하였다. 또한 ODA 국민인식 제고를 위해 2009년 11월 서울에서 "국제개발협력 환경의 변화와 새로운 글로벌 개발 파트너십"을 주제로 제3회 ODA 서울 국제 컨퍼런스를 개최하였으며, 국문과 영문으로 개설된 ODA Korea 홈페이지를 통해 국제사회에 대한 우리나라의 기여현황을 소개하고 있다. 외교통상부, 『2010 외교백서』.

2. 캐나다 사례에 대한 벤치마킹

캐나다인들의 가장 강력한 정체성 중 하나는 자신들이 훌륭한 세계시민(good citizens of the world)이라는 믿음이다. 일반적으로 그들은 자신들이 국제관계에 있어서 유용하고 건설적인 역할, 가령 UN 평화유지군으로서 국제적 갈등의 "정직한 중재자"(honest brokers)로서, 그리고 국제형사재판소와 대인지뢰금지협약 등 거의 모든 중요한 국제법적 혹은 다자주의적 시도에 대한 후원자로서의 역할을 담당해 왔다고 믿고 있다. 이러한 훌륭한 세계시민의 역할은 캐나다 시민의 의무로 여겨지고 있으며, 킴릭카(Will Kymlicka)에 의하면 캐나다에서 세계시민으로서의 의무를 무시한다면 캐나다인이 아니라고 간주된다는 것이다(In Canada, to be indifferent to our obligations as citizens of the world is seen as 'unCanadian'). 또한 캐나다인들은 캐나다가 세계평화와 인권을 위하여 노력하는 세계 지도국이라고 믿고 있는 것으로 나타났다. 킴릭카는 이러한 점에서 캐나다인들은 자신들을 고립주의, 일방주의, 그리고 UN, UNESCO와 같은 국제기구에 대하여 과도한 의심을 보내는 미국인들과 차별하기를 원한다고 지적한다.[34)]

캐나다의 시민사회는 인권촉진(human rights promotion)에 있어서 가장 훌륭한 경우라 할 수 있다. 즉 다양한 국제주의적(internationalist) 조직들이

34) Will Kymlicka, "Being Canadian," *Government and Opposition*(2003).

조밀하게 연결되어 외교정책에 대한 영향력을 행사하고 있는 것이다. 정책주창 NGO들(advocacy NGOs)의 존재는 인권외교정책의 출현을 위한 필요조건으로 작동하고 있으며, 보다 호의적인 여론 및 정치세력들은 인권외교정책의 집행을 촉진하고 타협이 필요할 경우 힘을 실어주는 역할(tip the balance in assessing trade-offs)을 하고 있다.[35]

3. 국내 시민사회단체의 기여외교 현황[36]

OECD 회원국 중 ODA 순위 최하위권 기부 후진국이라는 오명과 달리 국내 민간단체 성과는 결코 선진국에 뒤지지 않는다. ODA는 국가원조 예산만 집계되어 민간단체 모금액은 잡히지 않는데 월드비전, 유니세프, 굿네이버스, 세이브더칠드런, 지구촌나눔운동, 한국해비타트 등 50개 국제구호단체가 모여 만든 한국해외원조단체협의회(해원협)에 모인 2010년 모금액은 총 3292억 원에 이른다. 이는 KOICA의 올해 해외무상원조 예산(총 3500억 원)에 육박한다. 여기에 컴패션 같은 비회원 단체나 교회, 사찰 등 종교단체까지 합하면 훨씬 더 많을 것으로 추정된다.

기부자들의 절대수치는 선진국에 비해 적은 편이지만 1인당 기부규모는 소득 수준과 비교했을 때 선진국에 결코 뒤지지 않는다. 유니세프 연차 보고서에 따르면, 전세계 36개 유니세프 위원회 중 한국은 2009년

35) Alison Brysk, *Global Good Samaritans : Human Rights as Foreign Policy* (Oxford : Oxford University Press, 2009), p. 87.
36) "PUMASSI/한국형 원조 노하우를 찾아라," 『동아일보』, 2011년 1월 17일.

모금액 규모 세계 10위다. 월드비전의 경우도 모금액의 가장 큰 비중을 차지하는 해외아동 결연사업의 경우 소속 20개 회원국 중 한국이 미국, 캐나다, 호주에 이어 4위다. 한국 컴패션 역시 2010년 말 기준으로 11개 회원국 중 한국이 미국, 호주에 이어 3위다.

4. 한국형 모델과 시민사회

정부가 ODA와 PKO 등 기여외교 관련 예산을 지속적으로 증가시키고 있음에도 불구하고 선진 공여국에 비하면 여전히 소규모라는 한계를 근본적으로 벗어나기 어렵다. 이는 미국과 유럽의 전통적 선진 공여국뿐만 아니라, 최근 새롭게 부상하는 신흥 공여국인 중국과의 양적 경쟁도 사실상 불가능하다. 기여외교 추진에 있어 선택과 집중이 중요하며, 특히 우리가 비교우위와 경쟁력을 갖춘 분야를 특화할 필요가 있다.

중견국으로서 한국은 주변국, 약소국과 함께 가는 상호 강화의 과정으로서 소프트파워 개념에 착안하여 실천할 필요가 있다. 지배, 시혜의 인상을 주지 말고 상대방과의 소통행위를 통해 일치된 행동(concerted action)을 이끌어내는 방식이다. 한국의 기여외교는 기존 강대국들에 비해 비강압적이고 보편가치 지향적으로 비칠 수 있다.

> 한국은 과거 일본처럼 제국주의적인 역사도 없고 중국처럼 제국적이지도 않았다. 또한 한국은 일본이나 중국이 경험하지 못했던 기층으로부터의 민주화에 성공한 나라이며, 동시에 경제적으로 세계 10위권의 성장을 이룩한 어느 정도 성공한 국가라 볼 수 있기 때문이다. 이런 점에서 아시아의 시민단체

들은 한국의 시민사회에 대해 신뢰를 갖고 있어 한국 시민사회의 경험을 공유하려 할 뿐만 아니라, 한국에 대해 적어도 아시아 지역에서의 주도적 역할을 기대하고 있다.[37]

개도국들은 대부분 과거 식민지여서 선진국 원조를 당연하게 여기거나 내정간섭으로까지 받아들이는 경향이 있는데, 한국과는 식민에 대한 부채가 없는 데다 오히려 똑같은 식민지 경험을 가졌던 나라가 도와준다는 점에서 더 진정성을 느낀다.[38]

캄보디아와 라오스의 새마을운동의 사례를 벤치마킹할 수 있을 것이다.[39]

---

37) 국무총리자문 시민사회발전위원회, 『한국시민사회 발전을 위한 청사진』(서울 : 국무총리실, 2004), 137쪽.

38) KOICA 박대원 이사장 인터뷰, "PUMASSI/한국형 원조 노하우를 찾아라. 〈3〉 한국의 존재 자체가 희망," 『동아일보』, 2011년 1월 17일.

39) "PUMASSI/한국형 원조 노하우를 찾아라. 〈4〉 캄보디아에서의 한국형 원조," 『동아일보』, 2011년 1월 18일 ; 소진광, "아시아 개발도상국에서의 새마을운동 시범사업 성과평가 : 라오스와 캄보디아를 중심으로," 『한국지역개발학회지』 제19권 제4호(2007) ; 김영미, 『그들의 새마을운동』(서울 : 푸른 역사, 2010).

한국의 문화외교

홍태영(국방대학교)

문화를 외교정책의 수단으로 삼는 한국의 대외정책은 전세계를 한국화하려는 패권주의적인 것일 수도 없고, 우리의 가치를 다른 국가에게 정치적으로 강요하는 강대국들의 독선적인 정책일 수도 없다. 한국 문화의 활성화는 첫째 우리나라를 아름다운 나라로 만들고자 하는 것이고, 둘째 우리의 아름다운 문화를 다른 국가에 소개함으로써 자연스럽게 우리나라의 대외정책기조에 도움을 줄 수 있는 환경을 만드는 것이다.

구영록, 『한국의 국가이익』, 제8장 국가이익과 문화정책, 269쪽.

I. 세계화와 문화정치

21세기에 들어선 지금 세계화는 이제 너무나 당연한 현상이자 대세가 되었다. 특히 1972년 브레튼우드 체제의 붕괴, 오일 쇼크 등으로 전후

30년의 영광이 끝나고 서유럽의 복지국가 역시 위기를 맞기 시작하면서 신자유주의적 세계화가 서서히 힘을 얻기 시작했다. 그리고 WTO 체제의 출범, 유럽의 통합, 자본의 자유로운 이동, 그에 따른 합법적 혹은 불법적인 노동력의 이동, 그리고 무엇보다도 정보통신 기술의 획기적인 발달에 따라 이 모든 이동들을 어느 때보다도 빠르고 자유롭게 만들고 있다. 사실 기든스가 이미 지적했듯이 세계화는 이미 자본주의 자체, 근대성 자체에 내재된 것이었다. 근대성의 속성으로 간주된 장소귀속 탈피(disembedding)과정은 시간과 공간의 분리 그리고 사회적 활동이 특정 맥락의 현상으로 귀속되지 않게 하는 속성을 말한다. 자본주의의 발전, 산업의 발달에 대한 국제 노동분업의 강화, 세계 군사질서는 이른바 지구촌화를 이루어낸 것이다.[1] 현재 진행되고 있는 세계의 단일화 혹은 네트워크를 통한 경계 허물기의 과정은 기존의 국민국가 권력을 무력화시키면서 네트워크를 통한 새로운 공동체의 방식을 보이고 있다.[2]

하지만 이러한 지구촌의 형성이 기존의 국민국가 간 갈등의 소지를 제거한 것은 아니나. 오히려 냉전종식에 따른 이데올로기적 갈등의 약화는 국민국가의 동원 이데올로기였던 민족주의의 강화, 특히 사회주의권에서의 민족주의의 강화를 가져왔다. 특히 사회주의라는 통합 이데올로기의 상실 속에서 종교, 인종 간 갈등이 민족주의를 부추기면서 극단적인 인종청소라는 비극을 낳기도 하였다. 사회주의와 자본주의라는 냉

---

1) A. Giddens, *The consequence of modernity* (Standford : Stanford University Press, 1990).

2) M. Castells, 『네트워크 사회의 도래』, 김묵한 외 역(서울 : 한울, 2003) ; A. Negri & M. Hardt, 『제국』, 윤수종 역(서울 : 이학사, 2001).

전시대의 갈등이 사라진 자리에 '문화' 라는 개념 속에 포괄되는 다양한 요인들이 자리를 차지하면서 국제정치의 갈등을 만들어내고 있다.

'문화' 혹은 '문명' 은 냉전시대 이후 국제질서를 가늠하는 새로운 잣대이자 새로운 쟁점이 되고 있다. 특히 문화나 문명이 새로운 쟁점으로 부각되기 시작한 것은 세계화와 밀접한 관련을 맺는다. 세계화는 국민국가 중심의 국제관계 질서를 흔들어 놓으면서 새로운 국제관계의 행위자들을 등장시켰으며, 또한 국민국가 구성원들 간의 접촉을 확장시키면서 그들의 삶의 양식인 문화와 문명 간의 접촉과 충돌을 더욱 빈번하게 만들었다. 냉전 이데올로기가 지배했던 국제관계가 신자유주의적 세계화에 의해 자본의 논리에 의해 주도되고, 그러한 자본에 대항하는 논리로서 자국보호의 원칙에 따른 문화 혹은 문화 정체성이 주요한 문제로 등장했다. 근대의 중심적 권력체였던 국민국가의 위상이 흔들리면서 정체성 역시 새로운 논의의 대상이 된다. 권력의 새로운 모습, 그것은 권력의 새로운 작동방식에 대한 이해일 수도 있고, 권력의 본질 자체의 변화일 수도 있다. 그러한 변화를 가져온 것은 분명 세계화가 주요하게 작동했고, 탈근대라는 규정 역시 권력의 새로운 모습을 드러나게 했다. 카스텔의 지적처럼 시 · 공간에 대한 국가의 통제는 점점 자본, 재화, 서비스, 기술, 통신, 정보의 흐름에 의해 압도되고 있으며, 국가가 전통을 전유하고 국민적 정체성을 구성함으로써 역사적 시간을 장악하려 했던 것은 자율적 주체로 정의되는 다원화된 정체성에 의해 도전받고 있다.[3] 국민국가의 시대에 국민적 정체성이 지배적 정체성으로 개인을 구성하고 시

3) M. Castells, 『정체성권력』, 정병순 역(서울 : 한울, 2008), 391쪽.

민으로서 그리고 국민으로서의 동일성을 부여했다면 이제 다양한 층위의 정체성이 새롭게 경쟁적으로 형성된다. 국민적 정체성의 형성에서와 마찬가지로 '문화'는 정체성의 형성과 전환에서 항상 중요한 계기이자 변수이다.

헌팅톤의 '문명충돌론'은 현재의 상황을 문명/문화라는 개념을 통해 보고자 한 본격적인 시도 중의 하나였다. 그는 탈냉전적 세계에서 더 이상 이념, 정치, 경제가 아닌 역사, 조상, 언어 등으로 정의되는 문명적 요소들로부터 국제갈등이 비롯되리라고 예측한다. 특히 서구의 오만, 이슬람의 비관용, 중화의 자기 주장이 상호작용하여 국제분쟁을 유발할 것이며, 유럽과 미국은 서로 단결하여 타문명에 대한 우위를 유지해야 한다고 역설한다. 이때 헌팅톤이 말하는 문명은 엘리아스(N. Elias)가 말하는 보편주의에 기반한 문명이라기보다는 오히려 문화 개념에 가깝다.

헌팅톤 역시 "문명과 문화는 모든 사람들의 총체적 생활방식을 가리키고 문명은 조상, 언어, 역사, 종교, 가치관, 관습, 제도와 같은 공통된 객관적 요소와 사람들의 주관적 귀속감 모두에 의해 정의된다"고 명확한 구별없이 느슨하게 정의하고 있다.[4] 사실 헌팅톤의 논의는 냉전 이후 새로운 적을 찾아 미국의 패권적인 대외정책을 정당화하고자 하는 미국 내 강경보수파들의 입장을 대변하는 이데올로기적 고안물로서 기존의 현실주의적 시각의 연장선상에 존재할 뿐이라는 비판을 면하기 어렵다.[5] 이러한 '현실주의적 미국식 국제관계학'을 비판한 뮐러는 지구화

---

4) S. Huntington, 『문명의 충돌』, 이희재 역(서울 : 김영사, 1997).
5) 강정인, "문명충돌론 : 국제정치 이론의 새로운 대안인가?" 『계간 사상』(2003년 봄

의 복합적 과정들, 체계의 복합성은 물론 행위자들의 복합성 및 비동시적인 것들의 동시성 등을 고려해야 하며, 그에 따른 문명의 공존의 필요성을 역설하고 있다.[6)]

특히 9·11 이후 세계 곳곳에서 문화적 충돌이 발생하고 참혹한 테러가 발생하고 있는 이 시점에서 다양한 문화들의 공존이라는 문제의식이 필요하다. 그러한 의미에서 유럽연합이라는 새로운 공동체의 실험은 정체성 문제와 관련하여 많은 문제와 쟁점들을 보여주고 있다. 국민국가의 시공간을 넘어 새로운 시공간을 만들어내고 있는 지금 유럽은 일종의 정체성들의 각축이 발생하고 있다. 유럽통합을 주도했던 초국적 자본은 신자유주의적 유럽이라는 정체성을 부여하려 하지만 이에 대항하여 사회적 유럽이라는 정체성이 대립하여 제시된다. 또한 다문화적 유럽에 대항하여 기독교적 유럽 역시 제시된다.

물론 유럽의 정체성에 대항하여 과거 국민적 정체성을 강조하면서 그 배타적 정체성을 더욱 강화시키려는 경향 역시 존재한다. 유럽이라는 새로운 공동체 형성의 실험 속에서 정체성들의 경쟁이 발생하고 충돌이 발생하고 있다. 그 과정에서 테러 혹은 집단폭동 역시 끊임없이 발생하고 있다. 그것은 벤자민 바버의 지적처럼 현재 맥월드로 상징화되는 세계화, 그리고 종교적 근본주의로 상징되는 지하드는 모두 다 근대 국민

호) ; 양준희, "비판적 시각에서 본 헌팅턴의 문명충돌론," 『국제정치논총』 42집 1호(2002). 구영록 교수는 헌팅톤의 문명충돌론이 미국의 보편적 가치라는 환상과 문화우월주의에 기초한 독선적인 세계정책의 맥락의 산물이라고 본다. 구영록, 『한국의 국가이익』(서울 : 법문사, 1996), 245–46쪽.

6) H. Muller, 『문명의 공존』, 이영희 역(서울 : 푸른숲, 2000).

국가라는 틀을 통해 형성 · 발전되어 온 민주주의를 해체시키면서 국민국가의 주권성을 침해하고 있다는 것을 의미한다.[7] 따라서 국민국가 시기의 민주주의를 유럽연합이라는 새로운 공동체를 통해 더욱 확장할 수 있는 계기를 만들어야 할 필요성이 제기된다. 또한 그것은 과거 국민국가 형성과정에서 국민문화 및 그에 의한 국민적 정체성의 형성에서 나타났던 것과는 다른 방식, 즉 배제가 없는, 그리고 공통의 적이 없는 정체성의 모색이다. 이러한 유럽의 정체성에 대한 모색은 미국적인 신자유주의와 그로 인한 세계화 그리고 미국의 제국적 권력의 행동양태에 대한 대항적 정체성의 구성이라고 볼 수 있다.

그러한 의미에서 본다면 세계화는 반드시 미국화 혹은 글로벌 문화로의 동질화를 의미하거나 문명의 충돌이라는 것으로 환원되지 않는 제3의 가능성을 열어둔다. 물론 미국이 주도하는 신자유주의적 세계화는 문화의 영역에서도 자본의 논리에 충실한 새로운 글로벌 문화를 만들어 내고 있다.[8] 그럼에도 불구하고 아파두라이의 지적처럼 오히려 상이한 각각의 사회들이 현대성의 물질적 토대를 자신들에게 합당한 방식으로 적용하고 있듯이 다수의 지역들과 역사들, 언어들에 대한 개별적인 연구를 심화시킬 수 있는 공간은 많이 남아 있다.[9] 아파두라이는 이러한

---

7) B. Barber, 『지하드 vs. 맥월드』, 박의경 역(서울 : 문화디자인, 2003).

8) 실리우드—실리콘밸리와 할리우드의 연합—를 통한 미국적 가치와 문화규범의 확산은 정보화 시대 세계 문화정치 속에서 형성되고 있는 미국의 글로벌 문화패권의 확산을 대변하고 있다. 김상배, "문화제국과 네트워크 지식국가," 하영선 · 김상배 편, 『네트워크 지식국가』(서울 : 을유문화사, 2006). 이에 대한 대응으로서 '실리우드 따라잡기 방식'에 대해서는 깊이 있고 다층적인 논의가 필요하다.

9) A. Appadurai, 『고삐풀린 현대성』, 배개화 외 역(서울 : 현실문화연구, 2004), 37쪽.

전지구적 문화경제를 “복합적이고 중층적이며 탈구적인 질서”로 파악하고 있다.

톰린슨 역시 세계화가 거대한 세계적 구조에 의해 사건이 결정되는 일방향적 과정이 아니라, 적어도 전세계적 과정에서 지역적인 것이 개입할 가능성을 지니고 있다고 보며 그 예로 문화적 정치를 들고 있다.[10] 세계화 과정을 미국 문화의 전일화라는 문화제국주의적 관점이 아닌 새로운 가능성, 즉 전지구적 자본의 압박을 받으면서도 개인은 국민국가의 포섭으로부터 벗어날 수 있는 공간을 열어줄 수 있다고 보는 일종의 낙관론이다. 이들이 주목하는 개념은 ‘문화횡단’ 혹은 ‘혼종성’ 등의 개념이다. 비서구가 서구문화와 만나면서 일방적으로 서구화되는 것이 아니라, 독자적인 혹은 다중적인 정체성과 문화를 만들어낼 수 있다는 것이다.

Ⅱ. 문화와 문화정치

근대 이후 문화가 국제정치 혹은 국제관계에서 중요한 역할을 하게 된 계기는 서구의 제국주의적 침략과 관련이 있다. 서구의 자본주의 발달과 그에 따른 제3세계로의 제국주의 진출과정에서 주요한 이데올로기적 무기는 문명화 이론이었다. 사실 제국주의 침략이 본격화되기 이

10) J. Tomlinson, 『세계화와 문화』, 김승현 외 역(서울 : 나남출판, 2004), 45쪽.

전부터 이미 계몽주의적 세계관은 문명화론의 기저에 있었다. 엘리아스(N. Elias)는 중세시대 궁정예절이었던 '쿠르투아지'(courtoisie)가 귀족들의 예의범절이라고 할 수 있는 '시빌리테'(civilitè)로 확대되었고, 그것이 일반 민중의 삶의 예절로까지 확대되는 과정을 '문명화'(civilisation)라 부르면서 그 과정을 설명하였다.[11] 자본주의가 막 발흥하기 시작한 유럽에서 19세기 동안 노동자는 '위험한 계급'으로 규정되었고 문명화의 대상이었다.

19세기 말 서구 유럽의 제국주의적 침략과정은 동일하게 제3세계에 대한 '야만' 규정과 그들에 대한 '문명화'의 진행이었다. 조선은 그들에게 '야만'의 세계였고, 그들은 '문명'의 전도사로서 그들의 침략을 정당화하였다.[12] 서구의 중심에 있었던 삶의 방식은 '예의범절'이라는 이름으로, 그리고 문명이라는 이름으로 지구 곳곳에서 보편적인 규범으로 자리 잡고 있다. '문명화'라는 개념은 '인간 몸의 역사적 발전과정'을 설명한다. 그것은 근대인들이 예의범절이라는 사회적 규율을 체현(體現)하는 과정이며, 규율을 내면화하는 과정이다. 개항 직후 조선인들은 자신들의 습속을 '야만적'이라고 규정하면서 '문명인'이 되기 위해 얼마나 노력했던가! 문명의 장치로 도입된 기차의 시간, 학교의 시간, 그리고 청결함과 위생에 대한 강조 속에서 단행된 단발령과 서구식 복장 등 우

---

11) N. Elias, 『문명화과정』, 박미애 역(서울 : 한길사, 1996).

12) 개항과 더불어 들어온 서구 문물과 서구적 가치관들은 급속한 속도로 조선인의 삶 속에 침투했다. 무엇보다도 서구의 '문명/야만'이라는 이분법적 담론구조는 오히려 우리 지식인들의 말과 글을 통해 더욱 확산되었다. 김진송, 『서울에 딴스홀을 許하라』(서울 : 현실문화연구, 1999) ; 박노자, 『우승열패의 신화』(서울 : 한겨레, 2005).

리의 삶을 장악한 모든 것들은 서구식으로 개조되기 시작하면서 우리의 몸을 길들였다. 사실 그 흔적은 지금도 우리 주변에 남아 있다. 서구적 방식, 세계인들의 눈을 의식하면서 우리는 '일등국민' 혹은 '문화시민'이 되기 위해 얼마나 노력하고 있는가! 이미 의식적인 노력의 수준을 넘어 많은 것들이 자연스럽게 진행되고 있는 것을 보면 우리의 몸은 이제 '문명화' 된 것이다.

프랑스 혁명 이후 19세기 유럽은 서서히 국민국가의 틀을 마련하기 위한 작업들을 진행시켜 나갔다. 이 과정에서 근대적 개인에 기초한 사회적 관계의 형성, 즉 국민 혹은 민족, 계급, 성, 인종 등의 다양한 사회적 관계들과 그것들을 둘러싸고 있는 근대적 시공간, 상징 등 문화적 요소들이 중첩된다. 문화적 요소들은 근대적 개인들을 근대라는 시공간 속에서 주체로 구성해낸다. 그 작업은 주요하게 '문명화' 라는 이름으로 진행되었고, 이러한 보편주의적 문명 개념에 맞서 제시되어 왔던 것이 문화이다. 즉 지역적 · 역사적 특수성을 제시하면서 각각의 공동체에 고유한 것으로 '문화' 개념이 제시된 것이다. 프랑스의 계몽주의적 보편주의에 기반한 문명화 개념에 대항하여 독일의 낭만주의자들은 독일적인 것을 강조하는 '문화' 개념을 정교화하였다. 피히테는 삼색기와 칼을 든 나폴레옹의 군대에 맞서 독일에 고유한 것을 찾았고, 그를 통해 독일 민족을 '만들고자' 하였다.

공동체에 고유한 것으로서 문화는 그 고유성으로 인해 공동체 구성원들의 정체성 형성에 결정적인 역할을 한다. 19세기 이후 국민국가 형성에 주요한 동학을 제공한 민족주의 역시 그 역할은 국민이라는 '상상의 공동체' 를 만드는 작업이었고, 그 과정에서 국민 내부의 차이를 소멸시키면서 동일성을 만들어내고 외부와는 극명한 차이를 드러내고자 하였다. 국민의 정체성 형성에 국민문화는 내재적인 것이었다. 이렇게 국민 정체성 개념에 내재적인 것으로 국민문화 개념이 형성되면서 문화는 단지 문예라는 좁은 의미로 환원될 수 없었다. 문화라는 개념은 정치나 경제의 파생물 혹은 심미적 탁월함을 대상으로 하는 좁은 의미로 한정되는 것이 아니라, 문화는 일상적인 삶 속에 이루어지는 다양한 실천들이자 표현의 형식으로 이해된다. 다양한 근대성의 양식들은 근대성의 문화이자 곧 우리의 삶의 방식이다. 그러한 의미에서 문화 간의 충돌은 그 의미들의 충돌이자 삶의 양식의 충돌이다.

문화 개념에 대한 이러한 확장은 지난 문화정책에 관한 유네스코 국제회의(UNESCO world conference on cultural policies)에서 문화에 대한 다음과 같은 정의에서도 드러난다 : "광의의 문화란 어떤 사회나 집단의 성격을 나타내는 독특한 영적 · 물질적 · 지적 · 정서적 특성들의 총체적인 복합체라고 할 수 있다. 그것은 예술과 문자뿐만 아니라 삶의 양식, 인간의 기본권, 가치체계, 전통, 믿음을 포함한다."[13] 이러한 문화에 대한 확대된 해석은 삶의 공간과 삶의 질의 문제로 문화를 확장하면서 민주주의의 확대를 가져올 수 있는 문화정치를 사고할 수 있게 한다. 문화적 공간 속에서 사회구성원은 공동체와 자신과의 관계설정, 그리고 구성원 상호간의 관계설정을 통해 자신의 정체성을 형성해 나가면서 주체로서 설 수 있게 된다. 문화적 공간은 단순히 심미적 차원을 넘어서 개인의 내면성을 드러낼 수 있는 공간, 또한 새로운 세계를 생성해 나가는 공간으로서의 의미를 획득하고 있다. 감각적 이미지의 다양성이 자유롭게

13) 문화체육관광부, 『창의한국』(서울 : 문화체육관광부, 2004), 20쪽.

분출되는 문화적 일상이 형성되고 있으며, 그러한 문화적 일상을 통해 인간의 삶이 형성되고 있다.

그리고 이러한 문화 개념의 확장과 함께 최근에 중요하게 제기된 문제가 문화의 다양성 및 다문화주의이다. 2001년 유네스코에서 채택된 "유네스코 세계문화 다양성 선언"은 1조에서 문화 다양성이 인류공동의 유산임을 규정하고, 4조에서 문화 다양성 보호가 인간 존엄성의 존중과 분리될 수 없으며, 특히 소수집단과 원주민의 자유와 인권을 지키는 것임을 의미한다고 주장하고 있다. 11조는 시장의 힘만으로 보장될 수 없는 문화 다양성의 보전과 증진에 공공부문, 민간부문, 시민사회의 협력이 중요함을 강조하고 있다. 그리고 2005년 프랑스 파리에서 개최된 제33차 유네스코 총회에서 채택한 "문화적 표현의 다양성 보호와 증진을 위한 협약"은 완전개방을 요구하는 신자유주의적 세계화의 경제논리로부터 각국의 고유한 문화주권을 지키고자 하는 노력이라고 할 수 있다. 특히 협약의 2조 2항은 "국가는 유엔헌장과 국제법의 원칙에 따라 자국 영토 내에서 문화적 표현의 다양성을 보호하고 증진하기 위한 조치와 정책을 채택하는 주권적 권리를 갖는다"라고 국민국가의 주권적 권리를 강조하고 있다. 문화 다양성에 대한 강조는 문화 개념이 가진 특성을 명확히 한 것이다. 문화가 삶의 양식이자 의미화의 양식이라면 그것의 역사 특수성, 고유성은 존재할 수밖에 없고, 그것들의 공존이 곧 사회의 민주주의의 기본적인 전제임은 분명하다. 문화적 상대주의나 선험적 보편성을 전제하지 않으면서 공존의 논리와 문화를 모색·형성해 가려는 서로의 노력이 요구된다.

Ⅲ. 한국의 문화와 문화정책

한국 사회에서 문화는 오랫동안 제한된 개념이거나 잊혀진 개념이었다. 민주화 이전에 문화는 검열과 통제수단의 의미였고, 향락주의와 관련되거나 혹은 고급스러운 사치의 영역이었다. 물론 그러한 문화 개념에 대항하여 저항의 수단으로 문화가 활용되기도 하였다. 세계화와 함께 글로벌 문화가 유입되면서부터는 그것은 경계의 대상이었고, 한류의 바람이 일기 시작하면서 문화는 상품 혹은 이익추구의 대상이 되었다. 한국 사회에서 문화는 정치적 · 사회경제적 상황에 따라서 상이한 의미와 역할을 부여받으면서 존재해 왔다.

해방과 한국전쟁을 거치면서 자연스럽게 친미 반공 이데올로기를 반영하는 형태로, 그리고 미국 문화의 절대적인 영향력 속에서 전개되었다. 박정희 군사정권의 성립과 함께 경제성장의 길로 접어들면서 대중매체—TV 시대—가 급속히 보급되면서 대중문화는 더욱 확대된다. 군사정권은 자신의 정당성 확보라는 측면에서 대중문화를 적절하게 이용했다. 정권은 다양한 문화정책—민족문화 창달 혹은 문화한국 건설이라는 목표—등을 통해 혹은 검열과 규제—금지곡, 방송규제, 장발 및 미니스커트 단속 등—를 통해 적극적으로 개입했다.

이 시기 정부에 의한 문화정책도 이러한 상황을 그대로 반영했다. 1948년 정부수립 이후 문화와 관련한 업무는 문교부와 공보처로 이원화되다가 1968년 문화공보부로 일원화되었다. 정부의 문화예산은 문화공보부 출범 이래 0.4-0.6% 내외로 큰 변동 없이 유지되었지만 그 예산의

2/3 이상이 문화보다는 공보, 즉 방송이나 홍보 예산으로 편성되었다. 명확한 의미에서 문화정책이라는 것이 부재했으며, 단지 정권의 유지와 홍보라는 차원, 그리고 대중의 통제와 정권의 정당성 확보를 위한 정책만이 존재했다고 할 수 있다.

1980년대 이후 대중문화는 한국의 경제력에 맞추어 더욱 성장했다. 1980년대 새로운 군사정권은 대규모 이벤트—80 미스유니버스대회, 국풍81, 86아시안게임, 88올림픽, 그리고 프로스포츠 등—를 통해 자신의 취약한 정당성을 만회하려 했다. 이 시기 특징 중의 하나는 문화영역에 대기업들이 진출하기 시작하면서 그 규모 면에서 확대되었다는 점이다. 그리고 이러한 성장 속에서 10대 청소년층이 새로운 소비자집단으로 부상하기 시작했다.[14] 또 다른 특징 중의 하나는 정권에 대항하는 민중운동 측에서 민중문화라는 방식의 대항문화를 만들어냈다는 점이다. 하지만 1987년 민주화 이후 이러한 다양한 흐름들은 대중문화의 팽창과 다양화 속에서 흡수된다. 세계화 속에서 문화시장이 개방되고 독점자본의 문화산업에의 진출은 더욱 확대되었다. 새로운 신세대들의 등장은 강력한 문화 소비세력으로 등장했다.

하지만 신세대들의 대중문화 소비는 과거 세대와 같은 수동적인 방식에만 머무르지 않는다. 그들은 기성세대의 문화와는 다른 방식으로 자신들의 독자적인 문화와 그들만의 정체성을 만들어낸다. 그리고 그것을 통해 기성의 권위에 대한 도전과 새로운 욕망을 표현한다. 1980년대가 이성의 세대, 활자의 세대였다면 신세대는 감성의 세대, 그리고 영상세

14) 김창남, 『대중문화의 이해』(서울 : 한울 아카데미, 1998).

대이다. 1980년대 민중음악이 가사를 통해 메시지를 전달하고자 했다면 그들은 몸을 통해 자신들의 욕망을 표현하고 느낀다. 인터넷 문화 역시 그들에게는 새로운 문화적 공간으로 등장했고, 그들만의 언어를 통해 그들의 공간을 만들어 간다. 신세대들의 감성적인 자기 표현과 기성세대의 규칙으로부터의 의도적인 일탈 등은 대중문화 속에서 그들의 문화를 만들어내는 방식이다. 하지만 이러한 일탈과 도발적인 표현들은 사실 곧바로 기존의 대중문화 속에 포섭되고 만다. 광고 카피에 '도전', '일탈', '저항' 등의 단어가 등장하는 것을 심심치 않게 발견한다. 과거 랩음악이 백인들의 문화에 대한 흑인들의 저항성을 표현하는 방식이었다면 이제는 거대한 음반산업에 포섭된 상품으로 존재하고 있다.

이러한 새로운 변화상황 속에서 정부조직 역시 변화를 겪었다. 1990년에 이르러 문화부가 창설되어 문화행정을 전담했다. 하지만 곧 1993년 체육부가 문화에 통합됨으로써 문화체육부가 되었다. 그리고 1998년 이후 다시 문화관광부로 개편되었다. 그럼에도 불구하고 정부예산은 1990년대 초반 문화체육부가 되면서 증가세를 보이다가 1997년 문화관광부의 설치와 함께 전체 예산의 1%를 상회하는 수준에 이른다.[15] 그리고 문화체육부 출범 이후에야 문예진흥 예산의 비중이 점차 확대되기 시작했다.

하지만 김대중 정부 출범과 함께 출범한 문화관광부 시기 예산은 문화산업과 관광진흥 예산에 집중되었다. IMF와 신자유주의적 세계화가

---

15) 이병량, "한국 문화정책의 변화 추이와 내용에 관한 분석: 문화예산을 중심으로," 『한국정책과학회보』 8집 3호(2004).

강화되는 상황 속에서 문화의 경제적 가치의 극대화에 집중하는 방향으로 정부의 문화정책이 흐르고 있음을 알 수 있다. 참여정부의 문화정책 역시 '자율, 참여, 분권' 의 정신을 반영한 문화향유권의 확대라는 방향성이 제시되면서 문화가 더 많은 사람들에게 제한 없이 전달되어야 한다는 문화민주주의의 실현이 기대되었다. 또한 2006년 5월 21일 공표된 '문화헌장' 은 문화적 권리의 보장과 그를 위한 문화정책의 필요성을 명문화했다는 점에 의의가 있다고 할 수 있다.

하지만 동시에 참여정부는 시장주의 원칙에 의거한 문화산업 정책에 집중하는 모순적인 모습을 보인 것도 사실이다.[16] 이명박 정부에서 문화는 문화체육관광부에서 주관하고 있다. 정부가 제시하는 "품격 있는 문화국가"라는 비전 속에는 문화예술, 문화산업, 관광, 체육을 모두 포함한 비전임을 명시하고 있다. 특히 정부 정책기조가 전반적으로 경제 위주로 이루어지면서 문화정책 역시 예외가 되지 못하고 있으며, 이미 국민의 정부 이래 점점 더 강화되고 있는 문화산업 경쟁력 강화라는 기조가 이명박 정부에 와서는 더욱 더 분명해지면서 문화행정의 자율성이나 문화정치의 가능성은 거의 사라졌다고 할 수 있다.[17]

문화체육관광부가 발간한 『2009년 문화정책 백서』에 따르면 "품격 있는 문화국가, 대한민국"이라는 구호 아래 4대 목표—멋있는 한국인, 창조적 문화예술의 나라, 잘사는 한국인, 콘텐츠 산업으로 부유한 나라,

---

16) 원도연, "참여정부 문화정책의 의미와 차기정부의 과제," 『경제와 사회』 통권 79호(2008년 가을호).

17) 원용진, "이명박 정권의 문화정책 : 전위적 · 전제적 국정홍보로의 급선회," 『문화과학』(2009년 여름호).

정겨운 한국인, 세계인이 다시 찾는 관광의 나라, 신나는 한국인, 어디서나 스포츠를 즐기는 나라—와 그에 따른 32대 중점과제를 제시하고 있다. 현 정부에서 문화는 특히 IT, BT와 더불어 CT라는 개념화와 함께 콘텐츠 산업의 주요한 분야로 부각되고 있다. 따라서 문화 콘텐츠는 "녹색성장을 위해 신성장동력과 일자리를 창출해야 하는 과제에 대해 적극 대응할 수 있는 최적 분야"로 주목된다. 문화 콘텐츠 산업은 고용과 성장의 기반을 제공할 수 있으며, 그와 함께 해외 마케팅 강화를 통해 국가 경쟁력을 강화하고 한국의 위상을 강화할 수 있는 분야로 제시되고 있다.

해방 직후 이미 김구 선생은 한국의 미래로 문화국가라는 희망을 제시한 바 있다. 백범이 문화국가에 대한 희망을 제시했을 때 그것은 물질적인 풍요를 넘어서 삶의 질이 풍요로운 사회를 의미했다. 해방 이후 60여 년이 흐른 지금에서 한국 사회는 경제적 발전과 정치적 민주화를 이루었고, 더 나은 삶을 위한 노력을 경주하고 있다. 그것은 그간 이루어놓은 경제적 발전과 민주주의를 좀 더 공고히 하는 과정으로서 제시되기도 하는 것이며, 무엇보다도 한국 사회를 이루고 사는 우리 공동체 구성원의 삶의 질이 풍요롭고 안정적이기를 지향하는 것이다. 이러한 문제들이 제기된 것은 한국 사회의 수준에서는 1987년 민주화 이후 20여 년이 지난 현재의 시점에서 민주주의의 공고화 및 심화의 문제와 더불어 제기된 것이며, 세계사적 수준에서는 냉전의 종식 및 사회주의의 몰락 이후 새로운 국제관계의 질서와 관련되어 제기되는 문제이기도 하다.

IV. 한국의 문화외교와 한류

한국의 문화외교가 활발하게 논의되기 시작한 시점은 한국 내부의 문화정책이 활성화되면서부터이다. 내부적으로 문화 자체에 대한 인식과 평가가 이루어지면서 그것의 외부적 발현이라는 측면에서 문화외교가 서서히 주목받기 시작했다. 물론 문화외교가 우리 외교의 관심이 되기 시작한 것은 한국 사회의 정치적 · 경제적 발전의 결과이다. 그것은 마치 문화가 우리의 관심이 된 것과 유사한 현상이다. 거기에 덧붙여 세계사적인 변화, 즉 탈냉전과 신자유주의적 세계화라는 상황 등과 맞물려 문화가 외교의 한 축을 이루기 시작한 것이다.

『2009년 문화정책 백서』는 문화교류를 통한 공공외교의 강화와 국가의 긍정적 이미지, 국가 간 친근감 형성이 국가의 위상강화로 이어진다는 기본 방향을 설정하고 있다. 이러한 방향설정 속에서 이미 2008년 2월 29일의 정부조직법 개정을 통해 국정홍보처 소속 해외 홍보원이 해외 문화홍보원으로 개편되어 문화체육관광부로 이관되면서 그간 문화관광부 국제협력과와 이원화되어 있던 해외홍보 기능을 일원화했다.

또한 형식적으로 운영되던 국가이미지위원회를 폐지하고 국가브랜드위원회를 중심으로 정부 차원에서 국가 위상강화를 추진하는 제도적 방안을 모색하였다. 해외지역에서 문화홍보를 강화하기 위해 2010년 현재 20여 개인 한국문화원을 2012년 37개 문화원으로 확대할 것을 계획하고 있으며, 문화원과 연계하여 한국 문화 수요에 대응하기 위한 코리아센터를 뉴욕, LA, 북경, 상해, 동경 등에 설치하여 운영하고 있다. 이러한 해외문화 교류의 거점을 활용하여 상호주의적 쌍방향 문화교류의 추진, 다양한 문화권에 대한 이해 수준 제고 등의 방향을 설정하여 문화외교를 활발하게 추진하고자 하는 것이 정부의 기본정책이다.

현 시점에서 한국 문화외교의 주요한 축으로 등장하고 있는 것은 '한류'(韓流)이다. '한류'와 함께 내부적으로도 문화산업과 관련한 문화정책이 형성되기 시작했고, 그 일환 속에 문화외교가 설정되고 있다. 아시아권에서 일고 있는 한국 대중문화의 열기를 의미하는 한류는 특히 1990년대 말 이후 한국의 텔레비전 프로그램이 아시아 지역에 수출되기 시작하면서 아시아 수용자들에게 큰 인기를 얻게 되면서 붙여진 이름이다. 하지만 최근 한류현상은 아시아 지역에 한정되지 않고 그 지역을 확대해 가면서 유럽·북미 지역에서 한류의 흐름이 형성되고 있다. 또한 그 분야에 있어서도 대중문화를 넘어서 한국 문화 자체, 한국 상품 등 한국 자체에 대한 선호로 확대되고 있는 듯하다. 많은 연구자들이 규정하고 있듯이 21세기 벽두에 동아시아의 화두로 등장하고 있는 것 중의 하나가 한류이다. 한국의 대중문화가 국경을 넘어 동아시아, 그리고 그 너머까지 영향을 미치고 있는 현상을 한류라고 규정할 수 있을 것이다.

그렇다면 우선 아시아에서 한국을 소비한다는 것은 무엇을 의미하는가? 일본에서 한류의 의미와 중국, 대만 혹은 베트남 등 동남아에서 한류의 의미는 다를 수밖에 없다. 일본의 한국 문화 사랑은 일종의 노스텔지어와 관련을 맺는 것으로 본다. 일본에서의 한류 붐을 고도 근대화 사회에서 일종의 상상적인 과거 회귀방식으로 타자성을 고도 소비하는 현상으로 해석할 수 있다.[18)] 특히 "겨울연가"는 일본이 고도 자본주의 사회가 되면서 잃어버린 것들에 대한 향수를 자극했던 것이다. 하지만 이것은 이중적일 수 있는데, 그것은 한국이라는 타자에 대한 인식을 통해 자

신의 민족주의적 의식을 확장하고자 하는 내심이 존재하기도 하기 때문이다.[19]

중국의 한국 드라마에 대한 선호는 또 다른 측면을 가지고 있다. 중국인들에게 한국 드라마는 그것이 갖는 문화적 근접성과 동양적 사고와 정서, 친근한 인물형상을 통한 공감대 등 일종의 문화적 할인이 존재한다. 그리고 덧붙여 한국 드라마의 현대성, 상업적 요소의 세련된 표현, 외모, 의상, 촬영기법, 영상미 등에서 탁월함 등이 매력을 갖게 하고 있다. 중국에의 한류열풍이 불면서 한국의 대중문화에 대한 우호적, 나아가 열광적인 선호가 드러나는 것은 한국의 대중문화가 갖는 혼종성이 한몫을 한다. 중국은 문화상의 차이 때문에 구미문화를 직접 받아들이지 못하는데, 한국 문화는 아시아 문화와 유럽문화를 융합하여 개조한 것이라는 점에서 비교적 용이하게 받아들일 수 있다는 것이다.[20] 한국적 자본주의 발전 모델을 꿈꾸는 베트남에서 한류는 한국을 롤모델로 하면서 한국적 경제발전을 모방하고자 하는 욕구의 반영일 수 있다. 한류는 그간의 서구문화를 대신하는 역할을 한다는 것이다. 자본주의 문화의 글로벌화 과정에서 중국, 동남아 등 후발 자본주의 국가들이 겪고 있는 문화적 정체성의 혼돈상태를 한국의 대중문화가 파고들고 있다고 볼 수 있다.

이처럼 한류는 나라에 따라 상이한 이유에서 아시아 지역에서 다양

18) 이와부치 고이치, 『아시아를 잇는 대중문화』, 히라타 유키에, 전오경 역(서울 : 또하나의 문화, 2002).

19) 오쿠라 키조오, "한류와 혐한류의 공통성," 『창작과 비평』 34권 2호(2006).

20) 이은숙, "중국에서의 '한류' 열풍 고찰," 『문학과 영상』(2002년 가을 · 겨울호).

한 층위에서 다양한 요인들로 인해 붐을 일으키고 있다. 그렇다면 이러한 한류에 대한 애정의 자극요인이 사라진다면 한류는 일시적인 현상으로 끝날 것인가? 중국이나 베트남의 경우 이들 나라가 경제적 · 정치적으로 일정한 성장을 이룬 뒤 서구문화의 대체제였던 한류는 금방 사그러들 가능성은 다분히 존재한다. 이것이 일시적인 현상으로 끝나고 말 것인지, 아니면 일정한 지속성을 가지면서 '한류'를 넘어서 아시아 문화에 있어서 하나의 장르로 남을 것인지는 여러 가지 요인에 대한 점검과 그 대응의 문제이다.

한국 사회는 한류를 바라보는 시각은 다양하게 존재하며, 그에 따른 미래의 한류의 방향성 역시 상이하게 나타난다. 우선 한국의 대중문화가 아시아 곳곳에서 영향을 미치면서 우선 일반적으로 깨닫게 된 사실은 문화가 '돈'이 된다는 것이었다. 많은 경우 연예기획사를 통해 양성된 걸그룹, 아이돌 그룹이 한류의 선봉에 있었고, 드라마 역시 한몫을 하고 있다. 이렇게 형성된 한류열풍의 배후에는 한국과 동아시아의 거대한 문화적 네트워크가 존재하고 거기에는 자본의 논리가 지배하고 있다. 문화자본의 논리는 세계적인 신자유주의의 득세와 맞물려 작동하고 있다. 한류열풍에 기대어 정부나 경제적 관점으로 무장한 문화산업 관계자들은 한국 대중문화 상품의 경쟁력, 한류의 경제적 효과를 분석하고 그 활용방안을 찾는 데 주력하고 있다. 최근 한류열풍 속에서 가장 지배적인 시각이기도 한 이러한 견해들은 한국 대중문화 및 콘텐츠의 소비, 그리고 이것들의 해외수출을 통한 문화적 자긍심의 고양과 경제적 이익을 위한 자원으로서 차세대 기간산업이나 국부의 원천으로 바라보는 입장이다. 이 경우 두 개의 입장이 결합되어 있다고 볼 수 있는데, 한편으로 문화주변국 혹은 수입국에서 문화수출국으로 전환되었음에 대한 일종의 문화민족주의 혹은 아류제국주의적 경향을 근저에 가지고 있으면서 이와 함께 신자유주의적 관점을 덧붙여 대중문화 콘텐츠 수출을 통한 경제적 이익의 극대화라는 국가전략의 제시로 확대된다.

이번 정부의 문화체육관광부에서 제시하고 있는 "품격 있는 문화국가"라는 비전은 이전 정부에서 제시했던 "창조적 예술진흥을 통한 문화국가 건설"이라는 전략과제에 그에 따른 문화강국과 문화 복지의 청사진과 크게 다를 바 없다. 매년 발행되는 『문화산업 백서』가 그것을 말해주고 있다. 1990년대 말 이후 신자유주의적 경제관점에 입각하여 새로운 시장개척과 이윤추구의 새로운 질료이자 동력으로서 문화가 제시되면서 그 적극적 역할과 가치를 부여받게 된 것이다.

이러한 문화민족주의 혹은 문화제국주의 시각에 대한 비판이 제기된다. 특히 정부 관료나 대중들 사이에서 발견되는 정서적·담론적 우월성은 새로운 형태의 문화민족주의에 근거한 동아시아에 일정한 정치적·외교적 헤게모니를 행사하려 한다는 비판을 받는다.[21] 현실적으로 지나친 경제논리에 입각한 문화산업의 공략은 시간이 지나면서 일본이나 중국, 동남아 등 한류 소비국에서 한류에 대한 역풍이 제기되고 있다. 혐한류라는 표현이 동시에 등장하고 있듯이 한류에 대한 거부감, 나아가 한국 자체에 대한 거부감으로 이어지고 있으며, 여타의 분야에도 영향을 미쳐 지난 2010 베이징 아시안게임에서 보였듯이 스포츠 경기에서도 반한감정을 드러내기도 하였다. 예를 들어 일본에서는 지난 2005년 7월 『만화 혐한류(嫌韓流)』가 발간되어 2009년까지 4권이 발행되었고, 90만

21) 이동연, 『아시아 문화 연구를 상상하기』(서울 : 그린비, 2006), 183-188쪽.

부가 팔릴 정도로 인기를 누렸다. 이러한 혐한류의 근저에는 한류에 대한 반감과 더불어 한국의 부상에 대한 위기감이 공통적으로 흐르고 있는 것으로 파악된다.[22)]

자본의 이윤논리 혹은 문화제국주의라는 시각을 극복하고 그에 대한 대안으로서 탈상업주의적 · 탈식민주의적 시각에서 한류를 접근하려는 시도가 존재한다. 조한혜정은 현재의 한류는 '터보자본주의의 승리' 로 볼 수밖에 없을 정도로 한국이 팔고 있는 문화제품은 '미국 상업문화' 의 '한국 버전' 일 뿐이라고 비판한다.[23)] 따라서 한류의 변화의 필요성이 제기된다. 백원담은 "동아시아 하늘을 뒤덮은 칙칙한 역사의 장막을 활연히 벗어젖히고 모두가 사는 평화공존의 세상을 만들어 가기 위해 그 발랄한 민간주도의 파장을 동반과 상생의 문화기획으로 바꿔내야" 한다고 역설한다.[24)] 신자유주의적 문화자본의 논리가 주도하는 문화상품으로서 한류가 아니라 평화와 공존의 문화국가의 논리가 필요함을 강조하고 있다.

한류열풍을 탈식민주의적 관점에서 아시아 지역 문화교류의 계기로

---

22) 『만화 혐한류(嫌韓流)』의 주요 내용은 한류에 대한 '혐오' 라기보다 한국의 전반적인 사항, 특히 재일 한국인에 대한 '혐오' 가 주류를 이루었다. 박수옥, "일본의 혐한류와 미디어 내셔널리즘 : 2ch와 일본 4대 일간지를 중심으로," 『한국언론정보학보』 통권 47호(2009년 가을호). 하지만 한류열풍을 만들어낸 "겨울연가" 로 인해 확대된 한국에 대한 관심은 일본 내부에서 재일 한국인을 정치적 · 사회적으로 승인하는 계기가 되기도 하였다. 오미영, "일본 내 한류 수용과 타자 인식의 변화," 『현상과 인식』 (2006년 봄 · 여름호).

23) 조한혜정, "글로벌 지각변동의 징후로 읽는 '한류열풍'," 조한혜정 편, 『'한류' 와 아시아의 대중문화』(서울 : 연세대출판부, 2003).

24) 백원담, 『동아시아의 문화선택, 한류』(서울 : 펜타그램, 2005), 40쪽.

보고 나아가 아시아 문화공동체의 가능성을 보고자 한다. 이러한 혼종성(hybridity) 개념은 호미 바바(Homi Bhabha), 사이드(E. Said), 스피박(G. C. Spivak) 등의 이른바 탈식민주의 문화이론으로부터 도출된 것이다. 호미 바바의 핵심적 개념인 혼종성이란 권위적인 서구적 근대의 원본보다도 그 원본을 뒤틀어 버린 제3세계의 잡종성 혹은 혼성성에서 해방의 전망이 나타난다는 주장이다.[25] 혼종성의 시각에서 제3세계의 타자인 서구에 대한 배타적인 관점이 없으면서 동시에 그것을 통해 자기 자신의 주체적인 문화, 즉 제3의 가능성에 주목하고 있다. 문화의 혼종화 그리고 혼종화의 정치는 정체성이 '순수'하거나 '진정한' 것으로 간주되는 것을 경계하면서 역사가 문화들 간의 전쟁으로 변하지 않도록 하는 민주적 정치의 길을 제시할 수 있다.

아시아 대중문화의 흐름과 그 흐름 속에서 생성되고 있는 혼종적인 문화에 대해 깊이 있는 연구결과를 내놓았던 이와부치 고이치는 생산, 상징, 소비가 복잡하게 뒤섞인 장에서 세계의 문화적인 권력구조가 어떻게 형성되고 작용하는지를 세밀하게 살펴보아야 한다고 강조한다. 그는 근대화를 세계 자원배분의 불균형을 조장하는 과정으로 보면서 기존의 문화제국주의론보다 더 복잡하고 깊이 있는 방식으로 초국가적인 문화 왕래에 나타나는 권력관계를 이해하려 한다.[26] 현재 다국적 기업자본이 국경을 넘는 제휴와 협력을 하면서 미디어 산업과 시장의 전지구화를 촉진한 결과 초국가적 문화 네트워크는 이제껏 독점적이던 막강한

25) H. Bhabha, 『문화의 위치』, 나병철 역(서울 : 소명출판, 2002).
26) 이와부치 고이치, 『아시아를 잇는 대중문화』, 49–55쪽.

미국의 일국 지배구조를 점차 분산시키고 있다. 이와부치는 문화횡단이라는 개념에 주목한다. 문화횡단 개념은 세계가 서구 지배 아래 동질화되고 있다는 논의와 달리, 지역에서 의미가 창조적으로 사용되고 소비된다는 다른 문화와의 상호작용과 여기서 항상 새로운 것이 탄생된다는 점을 중시한다. 이 역시 혼종적인 문화의 형성이다.

이러한 혼종성의 개념을 통한 한류에 대한 이해는 이른바 문화연구에서 수용자 위주의 관점이라는 점에서 문화제국주의론이 다루지 못한 문화의 유통과 수용의 문제, 미디어의 지역화 문제들을 다루고 있다는 점에서 주목할 만하다. 그럼에도 불구하고 이러한 문화론적 접근은 다시 이른바 정치경제학적 접근 혹은 구조주의적 입장으로부터 비판을 받는다. 즉 각 지역의 정치, 사회환경, 시장조건, 특수한 역사적 배경, 수용자의 사회 · 경제적 조건이나 문화정체성, 개별 국가의 의제와 정책, 그리고 담론정치와 통치성 등 문화의 정치경제학을 구성하는 주요한 변수들이 간과되고 있다는 비판이 그것이다.[27] 문화가 정치적인 요소를 담고 있다는 사실을 넘어서 문화 자체가 정치라는 것이 강조될 필요가 있는 것은 사실이지만 그렇다고 모든 정치적인 것들이 문화로 환원될 수는 없다. 간혹 정치가 문화가 되면서 정치적인 차이, 즉 정치적 불평등이나 경제적 착취로 인해 발생하는 차이들이 갖는 본래의 정치적 의미가 중화되어 '문화적' 차이, 즉 '생활방식'의 차이로 변질되어 버릴 가능성이 존재하는 것이다.[28]

---

27) 류웅재, "한국 문화연구의 정치경제학적 패러다임에 대한 모색–한류의 혼종성 논의를 중심으로," 『언론과 사회』 제16권 4호(2008년 겨울호).

28) 지젝, "관용은 이데올로기다," 『폭력이란 무엇인가』(서울 : 난장이, 2011), 199쪽.

한류는 단순히 화폐자본으로만 환산되는 것이 아니라 자본, 제도, 담론이 혼합된 일종의 문화구성체 안에서 형성된다는 사실에 주목해야 한다.[29] 한류 문화자본은 대중음악, 영화, 드라마 등에서 벌어들인 매출규모로 한정되지 않고 한류문화 상품이나 스타들이 아시아 문화 소비자들에게 행사하는 잠재적 · 상징적 영향력을 전제로 한다. 문화가 삶의 양식이자 의미화된 실천이라는 의미에서 한류 역시 삶의 새로운 방식과 의미를 생성해낼 수 있어야 한다.

V. 진정한 문화소통을 통한 아시아공동체를 위하여

냉전시대 이데올로기가 차지했던 자리에 냉전과 함께 문화가 들어서기 시작했다. 국제정치에서 충돌이나 분쟁의 빌미가 문화가 되고 신자유주의적 세계화 과정에서 실리우드는 글로벌 문화를 만드는 첨병역할을 하고 있다. 역사적으로 특히 자본주의의 발달 속에서 세계화는 자연스러운 현상이었다. 자본주의 발흥과 함께 세계화가 상품, 노동, 자본의 자유로운 움직임 속에서 형성되어 왔고, 그 속에서 서구적 가치—자본주의, 국민국가 체계, 개인에 기초한 사회적 삶의 형태 등—를 전파했다. 이렇게 형성된 세계체제는 기본적으로 국민국가들의 체제였으며, 국민문화를 통한 국민적 정체성이 국민국가의 구성원에게 주어졌다. 하지만

29) 이동연, 『아시아 문화 연구를 상상하기』, 184쪽.

1980년대 이후 신자유주의적 세계화의 가속화와 더불어 냉전의 해체는 문화에게 새로운 동력을 부여했다. 세계화가 기존의 것과는 질적으로 다른 차원에서 진행되면서 국민국가 체계가 흔들리기 시작했다. 국민문화를 통한 국민적 정체성과 경쟁적인 새로운 문화적 정체성, 특히 다양한 문화적 정체성의 흐름이 형성되면서 정체성들의 경쟁이 발생하고 있다.

이러한 상황에서 한국의 문화정책과 문화외교의 중심에 들어선 '한류'가 어떠한 방향성과 지향을 지녀야 하는가에 대한 진지한 논의가 필요한 시점이다. 한류라는 새로운 문화적 현상이 일시적인 것으로 그치지 않으면서 동시에 그것이 다른 아시아 나라들에게는 이윤추구를 위한 문화제국주의적 침략으로 인식되지 않고 실질적으로 그러할 수 있어야 한다는 점이 중요하다. 사실 후자의 문제, 즉 한류의 배타성이 아닌 새로운 공존의 문화형성이 이루어져야 전자의 문제, 즉 한류의 일시성이 아닌 지속성이 가능할 것이다. 한류가 일시적인 현상이 아니라 지속적으로 유지되기 위한 다양한 모색이 필요하다.

그러기 위해서 우선 한류가 단지 경제적인 관점에서만 접근해서는 안 된다. 경제적인 이윤추구의 입장에서 접근할 경우 한계를 지닐 수밖에 없다. 경제적인 관점의 경우 문화상품의 생산자와 소비자의 관계가 설정되고 새로운 상품을 좇는 소비자로부터 언제든지 한류는 퇴출될 수 있는 하나의 상품에 지나지 않게 된다. 아시아에서 팝 유행의 흐름을 본다면 그러한 현상을 짐작할 수 있다. 1970-1980년대 칸토팝(Canto-pop)에서 1990년대 제이팝(J-pop)으로, 이후 케이팝(K-pop)으로 이어지는 유행이 형성되어 왔다. 유행이 아니라 하나의 새로운 문화를 형성함으로써 지속성을 지닐 수 있으며, 문화로서 자리 잡게 된다. 따라서 단순히 소비되는 상품으로서 한류가 아닌 아시아공동체의 끈을 형성하는 문화로서 자리잡을 수 있는 한류를 만들어야 한다.

현재 한류에 대한 역풍의 가능성이 보이는 시점에서 드라마 콘텐츠의 작품 완성도 부족, 반복적 서사전략의 구사, 콘텐츠 제작과 유통 문제, 정체성 문제 등 콘텐츠 자체의 질에 대한 우려와 한류의 한계가 지적되고 있다. 현재의 한계를 극복하면서 형성해야 할 새로운 문화는 한국 문화의 수출이나 이식이 아니라 제3의 문화의 형성이다. 한류를 채우는 한국의 대중문화가 서구문화에 대한 대체제의 성격이나 지나치게 민족주의적 색채이거나 단지 서구문화를 모방하는 수준의 문화가 아닌 제3의 문화가 필요한 것이다. 혼종문화로서 한류는 아시아 지역에서 서구적 근대성으로부터 출발한 서구문화를 아시아적으로 흡수하면서 탄생시킨 새로운 문화여야 하며, 그것을 통해 아시아인들의 공통의 정체성을 형성시킬 수 있는 가능성을 제공해야 한다. 한국, 중국, 일본의 대중문화의 상호 교류가 지속적으로 이루어지고, 나아가 그것이 공동의 정서와 유대감의 형성으로까지 이어지기 위해서는 단순한 대중문화의 교류만으로 그칠 문제는 아니다. 한국 문화를 통한 아시아에서 혼종문화의 형성은 새로운 가능성, 즉 '역전이' 의 가능성 역시 열려 있어야 하며, 그것은 자연스러운 현상이 될 것이라는 것을 받아들여야 한다. 즉 한국 문화의 질적인 변화의 가능성이 열려 있어야 한다.

현재 한국에서 아시아 다른 나라의 문화를 받아들이는 속도는 수출의 속도에 비한다면 느린 편이다. 중국 텔레비전 드라마의 경우 별다른 규제가 없지만 지상파 방송에서는 거의 편성되지 않고 있다. 2005년 "칭키스칸"이 방영된 시점에서 그것이 타당성에 대한 논란이 일어날 정도로 아직은 익숙치 않다. 일본 텔레비전 드라마의 경우 아직까지 정부 차원에서 지상파 방송에서의 방송을 허용하지 않고 있다.[30] 중국이나 일본의 드라마나 음악이 들어오는 것이 단순히 하나의 문화상품이 들어오는 것이 아니라, 그 나라의 삶의 양식이자 이미지가 들어오는 것이기 때문이다. 중국의 드라마는 그들의 동북공정과 맞물려 있고, 일본의 문화는 과거의 역사가 겹쳐서 들어오고 있는 것이다. 설사 간혹 한국에서 일본 문화가 호의적으로 받아들여지는 경우가 있지만, 한국인들이 폭력적인 식민지배를 행한 나라로서의 일본의 이미지를 새롭게 인식하게 된 것과는 쉽게 연결되지 않는다.[31]

하지만 한국 드라마가 NHK의 주요한 시간대에서 상영되고 있듯이 장기적으로 한국의 TV에서도 일본 드라마가 아무런 거부감 없이 상영될 수 있어야만 한다. 그것은 당연히 일본과 일본 문화에 대한 거부감이 사라지면서 가능할 것이다. 그것을 위해 필요한 작업이 우리의 문화외교일 것이다. 한류를 통한 단순한 이윤추구라는 일면성을 넘어서 아시아의 공동의 삶을 형성해 나가고, 나아가 세계공동체 형성의 희망을 위해 한류를 세계인들이 공유하는 문화로 거듭나게 해야 할 것이다. 세계화 과정에서 문화제국주의적 글로벌 문화의 침투에 대항하여 문화민족주의적인 대응방식인 저항적 민족주의 혹은 국민정체성 강화를 위한 문화정

---

30) 정부는 지난 2004년 1월 1일 일본 대중문화에 대한 4차 개방을 실시했다. 이에 따라 현재 지상파 방송에서는 기존에 개방된 스포츠, 다큐멘터리, 보도 프로그램에 이어 생활정정보 등 교양 프로그램을 방송할 수 있지만 드라마의 경우 양국 공동제작물만 방송할 수 있다. 하지만 케이블 TV와 위성방송에서는 12세 이상 시청가 등급까지 방송할 수 있다.

31) 이와부치 고이치, "일본 대중문화의 이용가치 : 초국가주의와 아시아에 대한 탈식민적 욕망," 조한혜정 편, 『한류와 아시아의 대중문화』(서울 : 연세대출판부, 2003), 113쪽.

책보다는 세계화 속에서의 문화정치를 추구할 필요가 있다. 그러할 때 아시아공동체, 나아가 지구촌의 의미가 형성되는 것이다.

백창재 서울대학교 정치외교학부 교수
구갑우 북한대학원대학교 교수
장달중 서울대학교 정치외교학부 교수
김갑식 국회입법조사처 입법조사관
함택영 북한대학원대학교 교수
한용섭 국방대학교 안전보장대학원 교수
류석진 서강대학교 정치외교학과 교수
김의영 서울대학교 정치외교학부 교수
홍태영 국방대학교 안전보장대학원 교수

구영록 선생의 정치학

발행일 1쇄 2011년 12월 20일
지은이 구영록 선생 10주기 추모학술대회추진위원회 **펴낸이** 여국동

펴낸곳 도서출판 인간사랑
출판등록 1983. 1. 26. 제일-3호
주소 경기도 고양시 일산동구 백석동 1178-1번지 2층
전화 031)901-8144(대표) | 977-3073(영업부) | 031)907-2003(편집부)
팩스 031)905-5815
전자우편 igsr@naver.com | igsr@yahoo.co.kr
인쇄 백왕인쇄 **출력** 현대미디어 **종이** 세원지업사

값 35,000원
ISBN 978-89-7418-045-4 93340